HEYNE <

DAS NEUE GROSSE

WeightWatchers

KOCHBUCH

Nr. 1 & Nr. 2

Die beiden Bestseller
jetzt in einem Band

WILHELM HEYNE VERLAG
MÜNCHEN

FSC
Mix
Produktgruppe aus vorbildlich bewirtschafteten Wäldern und anderen kontrollierten Herkünften
Zert.-Nr. GFA-COC-001526
www.fsc.org
© 1996 Forest Stewardship Council

Verlagsgruppe Random House FSC-DEU-0100
Das für dieses Buch verwendete FSC-zertifizierte Papier
Opus Praximatt liefert Deutsche Papier Vertriebs GmbH.

Taschenbuch-Gesamtausgabe 06/2008

Printed in Germany 2008
Umschlaggestaltung: Eisele Grafik-Design, München
Umschlagillustration: © Roulier/Turiot/photocuisine/Corbis
Innenfotos: The Food Professionals Köhnen GmbH, Sprockhövel
Satz: Gramma GmbH, Germering
Druck und Bindung: Druckerei Uhl, Radolfzell

ISBN 978-3-453-85555-7

DAS NEUE GROSSE

WeightWatchers

KOCHBUCH Nr. 1

Über 200 Rezepte und Tipps

INHALT

Legende

Kreatives Kochen

Preiswert

Für die Familie

Schnell und einfach

EINFÜHRUNG

Abnehmen und Gewichthalten mit *Weight Watchers*

Willkommen bei Weight Watchers – Ihren Experten für Abnehmen und Gewichthalten

Es war die Amerikanerin Jean Nidetch, die 1963 *Weight Watchers* ins Leben rief. Sie hatte die Erfahrung gemacht, dass Diäten schwer durchzuhalten sind und oft nur mäßigen und kurzfristigen Erfolg bescheren. So war die Idee entstanden, sich mit gleichgesinnten Bekannten und Freunden zusammenzutun und sich beim Abnehmen gegenseitig zu unterstützen. Der Erfolg dieses Gruppen-Konzepts war durchschlagend.

Von Jean Nidetchs Wohnzimmer verbreitete sich die Idee von *Weight Watchers* in die ganze Welt. Seit 1963 haben mehr als 30 Millionen Mitglieder in über 30 000 Gruppen erfolgreich abgenommen. Heute ist *Weight Watchers* Ihr Experte in Sachen Gewichtsreduzierung und Gewichtserhaltung. Das Programm wird ständig auf den neuesten Stand der Ernährungsforschung gebracht, damit gewährleistet ist, dass Sie sicher und gesund abnehmen.

Die erste Stufe zum Erfolg – die wichtigen 10 Prozent

Langjährige Erfahrungen haben gezeigt, dass es besser ist, in mehreren Stufen abzunehmen. Das Ziel der ersten Stufe besteht darin, 10% des Körpergewichts zu verlieren, denn das kann medizinischen Forschungsergebnissen zufolge dafür sorgen, das Risiko für das Auftreten bestimmter Krankheiten zu senken. So kann diese Gewichtsreduktion u. a. zu einer Senkung des Blutdrucks und des Cholesterinspiegels führen und die Gelenke entlasten.

Das Erreichen des 10%-Ziels ist bereits ein großartiger Meilenstein auf dem Weg zu Ihrem Zielgewicht!

Das Zielgewicht erreichen

Der nächste Schritt führt Sie zum Zielgewicht, das mit Hilfe des Body Mass Index (BMI) errechnet wird. Der BMI wird von Ärzten zur gesundheitlichen Beurteilung des Körpergewichts herangezogen. Wenn Sie Ihr Zielgewicht erreicht haben, erhalten Sie bei *Weight Watchers* einen speziellen 6-Wochen-Plan, der Ihnen helfen soll, dieses Gewicht dauerhaft zu halten.

Nach Abschluss dieser Wochen werden Sie übrigens ein *Weight Watchers* Gold-Mitglied, das heißt, Sie können kostenlos die Gruppentreffen besuchen, solange Sie Ihr Zielgewicht um nicht mehr als 2 Kilo überschreiten.

Was passiert in den Weight Watchers Gruppen?

Die wöchentlichen Gruppentreffen sind der Schlüssel zum erfolgreichen Abnehmen und zur Gewichtserhaltung. Teilnehmer können jederzeit starten, denn die Gruppen sind »offene« Gruppen. Ein Treffen dauert ca. eine 3/4 Stunde. Eine von *Weight Watchers* ausgebildete Gruppenleiterin vermittelt im Dialog mit der Gruppe das nötige Wissen und die Techniken, mit denen man erfolgreich abnimmt. In den Gruppen erhalten die Teilnehmer außerdem weiterführende Broschüren, Rezepte und Ernährungstipps.

Das Fernprogramm: Bequem abnehmen von zu Hause

Wenn Ihr Terminkalender aus allen Nähten platzt und Sie nicht wissen, wo Sie die Zeit für die Gruppentreffen hernehmen sollen – warum nicht einfach von zu Hause aus abnehmen? Das Zuhause-Paket versorgt Sie mit dem gesamten Material. Und Ihre Fragen werden von Ernährungsberaterinnen per Telefon beantwortet.

Points Plus: Das neue Ernährungsprogramm

Points, Points, Points

Den Rezepten dieses Buches liegt das erfolgreiche *Weight Watchers* Programm zugrunde: *Points Plus.* Bei diesem System wird allem, was Sie essen und trinken, eine gewisse Points-Zahl zugeordnet, die sich aus dem

Kalorien- und Fettgehalt eines Lebensmittels errechnet. Hier ein paar Beispiele:

Für die meisten Früchte und Gemüse müssen Sie sich gar keine Points anrechnen, eine unbegrenzte Menge an Kartoffeln pro Mahlzeit zählt lediglich 2 Points, ein Rosinenbrötchen oder eine Scheibe Brot hat 2 Points, ein Hamburger dagegen 5 Points.

Je nach Körpergewicht und Geschlecht, also entsprechend Ihrem Grundumsatz, steht Ihnen täglich eine gewisse Anzahl von Points zur Verfügung. Wenn Sie also z. B. eine Frau sind und 80 kg wiegen, haben Sie 20 Points pro Tag zur Verfügung.

Zu welcher Tageszeit und in welcher Form Sie die Points zu sich nehmen, entscheiden Sie selbst. Flexibel wie nie, ohne Abwiegen und Abmessen, passt sich *Points Plus* Ihren Lebensumständen an.

Extrapoints sammeln durch Bewegung

Bewegung beschleunigt das Abnehmen, strafft die Haut und macht fit.

Außerdem können Sie durch Bewegung zusätzliche Points sammeln. Dazu müssen Sie nicht täglich stundenlang im Fitnessstudio schwitzen. Es reichen schon 15 Minuten Gartenarbeit, Staubsaugen, schnelles Gehen, Heimwerken oder Spielen mit Kindern aus.

Tätigkeit	15 Minuten	30 Minuten
Aerobic	1,5	3
Badminton	1,5	3
Gartenarbeit	1	2
Gymnastik	1	2
Hausarbeit (Putzen)	0,5	1
Joggen	2	4
Rad fahren (langsam)	1	2
Schwimmen	2	4
Spazieren gehen	1	2
Walking (schnelles Gehen)	2	4

Die Energie, die Sie dadurch verbrauchen, können Sie sich als Bonus-Points gutschreiben und zusätzlich zu sich nehmen, z. B. wenn Sie eingeladen sind oder einer Süßigkeit nicht widerstehen können.

Vor dem Beginn eines intensiven Bewegungstrainings ist es allerdings ratsam, einen Arzt um Rat zu fragen.

Gesund abnehmen durch gesunde Ernährung

Das wichtigste Anliegen von *Weight Watchers* ist es, dass Sie auf gesunde Weise abnehmen. Wenn Sie nach den Rezepten in diesem Buch kochen, werden Sie automatisch weniger Kalorien und Fett zu sich nehmen. Wenn Sie sich außerdem noch an folgende generelle Leitlinien halten, können Sie sicher sein, dass Sie sich gesund und ausgewogen ernähren.

Die Abwechslung macht's!

Auch beim Abnehmen ist es wichtig, dass Sie alle lebenswichtigen Nährstoffe zu sich nehmen. Indem Sie sich abwechslungsreich ernähren, bekommt Ihr Körper die Vitamine und Mineralstoffe, die er braucht.

Kalzium für kräftige Knochen

Kalzium ist mengenmäßig der wichtigste Mineralstoff im Körper. Es ist der Baustein für Zähne und Knochen und kräftigt sie auch noch, wenn man nicht mehr wächst. Kalziummangel kann zu Knochenentkalkung (med. Osteoporose) führen. Kalzium hilft auch bei der Blutgerinnung sowie der Muskelkontraktion und ist gut für die Nerven.
Milchprodukte, besonders Milch und Joghurt, ebenso bestimmte Käsesorten (Emmentaler, Bergkäse, Parmesan), sind sehr kalziumreich. Aber auch andere Lebensmittel wie zum Beispiel Broccoli, Grünkohl oder manche Mineralwasser enthalten Kalzium.

Fünfmal Obst und Gemüse

Obst und Gemüse sind so gut wie fettfrei und enthalten Vitamine, Mineral- und Ballaststoffe – letztere kurbeln die Verdauung an und helfen so beim Abnehmen. Experten in aller Welt empfehlen deshalb fünf Portionen Obst und/oder Gemüse pro Tag. Essen Sie insgesamt täglich mindestens 300 g Gemüse und 200 g Obst. Variieren Sie die Sorten, das stellt die Versorgung mit allen wichtigen Nährstoffen sicher. Und wenn mal wenig Zeit ist, trinken Sie Obst- oder Gemüsesaft.

In Maßen erlaubt: Alkohol und Süßigkeiten
Gönnen Sie sich dann und wann mal ein Glas Wein oder süße Leckereien, bevor Sie der Heißhunger überwältigt. Aber denken Sie daran: Alkohol und Süßigkeiten enthalten Kalorien, aber kaum Nährstoffe. Genießen Sie also Süßes und »Süffiges« in kleinen Mengen, dafür aber ganz bewusst und ohne Reue.

Trinken Sie sich fit
Ihr Körper benötigt Flüssigkeit, während des Abnehmens noch mehr als sonst. Ob Wasser, Kräuter- oder Früchtetee – diese Getränke helfen, die beim Fettabbau entstehenden Stoffe aus dem Körper zu spülen. Mit 1,5 bis zwei Liter (ca. acht Gläser) sind Sie täglich gut versorgt.

Vorsicht Fett-Falle!
Gesünder essen bedeutet meist auch, weniger Fett zu essen, vor allem weniger versteckte gesättigte Fette, wie sie z. B. in Wurst, Käse oder Fleisch enthalten sind. Mit *Points Plus* ernähren Sie sich fettarm. Trotzdem ist der völlige Verzicht auf Fett nicht ratsam, denn Fett ist nicht gleich Fett! Ihr Körper braucht bestimmte Fettsäuren.

Die meisten pflanzlichen Fette enthalten viele ungesättigte Fettsäuren. Sie sind die Basis für den Aufbau und die Reparatur der Zellen und enthalten außerdem das fettlösliche Vitamin E, das eine wichtige Schutzfunktion im Körper ausübt. Bevorzugen Sie pflanzliche Fette wie z. B. Sonnenblumen- oder Keimöle zum Salat oder hochwertige Pflanzenmargarine als Brotaufstrich.

Vermeiden Sie beim Abnehmen »Fettnäpfchen«! Große Mengen an Fett lauern oft da, wo man es nicht unbedingt vermutet:

- in Butter-, Sahne-, Braten- und Salatsoßen
- in Chips und Nüssen
- in Croissants und Blätterteigbackwaren
- in fetten Wurst- und Käsesorten
- in Mayonnaise und Remoulade
- in panierten Schnitzeln und frittierten Kroketten
- in Pizza und Pommes
- in Schokolade und Cremetorten
- in Vollmilch oder Sahne im Kaffee oder Tee

Lebensmittel mit einem hohen Anteil versteckter Fett haben auch viele Points. Fett sparen heißt also auch Points sparen. Sie haben die Wahl:

Fettreiche Lebensmittel	Fettarme Alternative
Aal, geräuchert	Forelle, geräuchert
Apfelkuchen mit Mürbeteig	Hefeteilchen mit Äpfeln
Chips	Salzstangen
Cocktail-Dressing	Vinaigrette
Crème fraîche	saure Sahne
Doppelrahmfrischkäse	Magerquark
Mayonnaise, 80% Fett	Mayonnaise, 20% Fett
Pommes frites	Salzkartoffeln in beliebiger Menge
Salami	Lachsschinken
Schweinebratwurst	Geflügelwürstchen
Schweinehackfleisch	Tatar
Vollmilch (3,5% Fett)	Fettarme Milch (1,5% Fett)

Folgende Tipps helfen Ihnen, beim Einkaufen und Kochen Fett zu sparen:

- Fragen Sie Ihren Metzger nach fettarmen Fleisch- und Wurstwaren und lassen Sie sichtbares Fett entfernen.
- Fettarme Milchprodukte und Käsesorten gibt es in reicher Auswahl im Kühlregal oder an der Käsetheke.
- Bei Geflügel sitzt das meiste Fett unter der Haut - deshalb die Haut möglichst vor der Zubereitung entfernen!
- Mit einer beschichteten Pfanne oder Bratfolie können Sie ganz ohne Fett braten. Außerdem sparen Sie Öl, indem Sie es mit einem Pinsel oder etwas Küchenkrepp verreiben.
- Nutzen Sie den Gartengrill, die Grillfunktion des Backofens oder der Mikrowelle, um Fleisch und Gemüse ganz ohne Fett zuzubereiten.
- Pfannenrühren im Wok ist eine Fett sparende Zubereitungsart, und das so zubereitete Gemüse bleibt knackig und vitaminreich.
- Saucen können Sie statt mit Sahne ebenso gut mit fettarmem Joghurt, Buttermilch, fettarmer Kondensmilch oder saurer Sahne binden. Nehmen Sie auch Instantprodukte zum Binden, sie sind weniger fettreich als klassische Mehlschwitzen.

Der heiße Draht zu den *Weight Watchers*

Wollen Sie mehr wissen? Dann rufen Sie uns an – wir informieren Sie über Gruppen in Ihrer Nähe, *Weight Watchers* ZUHAUSE und unsere Angebote.

Deutschland:
01802 23 45 64 (0,06 € pro Gespräch) oder www.weightwatchers.de

Schweiz:
0900 57 05 06 (36 Rappen pro Minute) oder www.weightwatchers.ch

Eine Woche mit *Points Plus*

Damit Sie unser neues Ernährungsprogramm testen können, haben wir für Sie eine Woche mit *Points Plus* zusammengestellt. An jedem Tag nehmen Sie insgesamt 20 Points zu sich: ein Frühstück, zwei Snacks, eine leichte Mahlzeit und eine Hauptmahlzeit, deren Abfolge Sie frei wählen können – je nach Ihrem individuellen Tagesablauf. Alle Rezepte zu den Mahlzeiten finden Sie in diesem Kochbuch. Natürlich können Sie jedes Gericht auch durch ein anderes mit der gleichen Points-Zahl ersetzen.

Möchten Sie zwischendurch noch weitere Snacks, dann knabbern Sie rohes, gekochtes oder sauer eingelegtes Gemüse, essen Sie Obst (z. B. Ananas, Apfel, Birne, Beeren, Kiwi, Melone, Orange) oder trinken Sie Gemüsesäfte. Das alles schlägt mit 0 Points zu Buche.

Wir wünschen Ihnen viel Erfolg beim Abnehmen und guten Appetit!
Ihr *Weight Watchers* Team

1. Tag

Frühstück: Bananen-Schinken-Toast (S. 62)
Leichte Mahlzeit: Bunter Salat mit Käse (S. 52) und 1 Brötchen (jede Sorte)
Hauptmahlzeit: Nudel-Zucchini-Auflauf (S. 116)
Snack 1: Feiner Walnusskuchen (1 Stück) (S. 276)
Snack 2: 2 Handvoll Weintrauben und 1 Glas Apfelsaft (ohne Zuckerzusatz)

Trinken Sie sich fit! 1,5–2 Liter täglich (Wasser, Früchte- oder Kräutertee)

▶ **TIPP** Sie möchten sich heute ein Glas Wein gönnen? Dann ersetzen Sie den Apfelsaft durch 1 kleines Glas trockenen Rotwein.

2. Tag

Frühstück: Birnen-Camembert-Snack (S. 56)
Leichte Mahlzeit: Feldsalat mit Champignondressing (S. 49) und 2 Toast
Hauptmahlzeit: Lachsfilet mit Fruchtsauce (S. 198)
1. Snack: Obstsalat »Fitness« (S. 261)
2. Snack: 250 g Fruchtjoghurt, extra leicht (jede Sorte)

Trinken Sie sich fit! 1,5–2 Liter täglich (Wasser, Früchte- oder Kräutertee)

▶ **TIPP** Als Menü für Gäste eignet sich der Feldsalat als Vorspeise, das Lachsfilet als Hauptspeise und eine frische Melone als Nachspeise.

3. Tag

Frühstück: 1 Brötchen, 2 TL Halbfettmargarine, 2 Scheiben Geflügelwurstaufschnitt und 1 Kiwi
Leichte Mahlzeit: Feine Tomatensuppe (S. 28) und 1 Scheibe Brot (jede Sorte)
Hauptmahlzeit: Ofengemüse mit Käsesauce (S. 138)
1. Snack: Italienischer Brotaufstrich (S. 73 und 1 Brötchen)
2. Snack: Orangen-Crêpes (S. 255)

Trinken Sie sich fit! 1,5–2 Liter täglich (Wasser, Früchte- oder Kräutertee)

▶ **TIPP** Statt Geflügelwurstaufschnitt können Sie auch 1 Scheibe Käse (30% Fett i.Tr.), 4 Scheiben Kassleraufschnitt oder 2 dünne Scheiben gekochten Schinken ohne Fett nehmen.

4. Tag

Frühstück: Roastbeef-Sandwich (S. 63) und 1 Banane
Leichte Mahlzeit: Orientalischer Bulgur-Salat (S. 50) und 1 Glas Buttermilch

Hauptmahlzeit: Scharfes Wok-Gemüse mit Lamm (S. 240)
1. Snack: Lachstoast »Kopenhagen« (S. 72)
2. Snack: Himbeer-Shake aus 250 ml fettarmer Milch, 100 g Himbeeren (TK oder frisch) und 2 TL Honig

Trinken Sie sich fit! 1,5–2 Liter täglich (Wasser, Früchte- oder Kräutertee)

▶ **TIPP** Der Bulgur-Salat eignet sich sehr gut zum Mitnehmen ins Büro oder für den Familienausflug.

5. Tag

Frühstück: 1 Brötchen, 2 TL Halbfettmargarine, 1 gekochtes Ei, 1 TL Marmelade
Leichte Mahlzeit: Bunte Bratkartoffeln mit Salat (S. 80)
Hauptmahlzeit: Käse-Wirsing-Makkaroni (S. 106)
1. Snack: Mini-Quiches (S. 174)
2. Snack: Festlicher Obstsalat (S. 249)

Trinken Sie sich fit! 1,5–2 Liter täglich (Wasser, Früchte- oder Kräutertee)

▶ **TIPP** Die Mini-Quiches sind garantiert Ihr nächster Party-Hit.

6. Tag

Frühstück: 1 Scheibe Brot, 2 TL Halbfettmargarine, 40 g Camembert, 30 % Fett i.Tr., 1 Orange
Leichte Mahlzeit: Tortellini-Salat (S. 59)
Hauptmahlzeit: Schweinefilet in Curry-Aprikosen-Sauce (S. 231)
1. Snack: Birnen-Carpaccio mit Käse und Nüssen (S. 70)
2. Snack: 1 Muffin (S. 271)

Trinken Sie sich fit! 1,5–2 Liter täglich (Wasser, Früchte- oder Kräutertee)

▶ **TIPP** Sie können den Muffin auch durch 3 Butterkekse ersetzen.

7. Tag

Frühstück: Milchreis-Kirsch-Auflauf (S. 244)
Leichte Mahlzeit: Afrikanische Gemüsesuppe (S. 26) und 250 g Fruchtjoghurt, extra leicht
Hauptmahlzeit: Coq au vin (S. 207)
1. Snack: Mango-Sprossen-Salat (S. 36)
2. Snack: 1 Toast, 1 TL Halbfettmargarine, 1 TL Honig

Trinken Sie sich fit! 1,5–2 Liter täglich (Wasser, Früchte- oder Kräutertee)

▶ **TIPP** Kochen Sie eine größere Menge Afrikanische Gemüsesuppe und frieren Sie sie portionsweise ein.

SUPPEN, SALATE, SNACKS

CURRY-SUPPE MIT ÄPFELN

Für 4 Personen:

4 Äpfel
3 TL Butter
Currypulver
Salz
800 ml Geflügelfond (Glas)
(ersatzweise
800 ml Gemüsebrühe,
3 TL Instant)
150 g Magermilch-Joghurt
einige Tropfen
flüssiger Süßstoff

1. Äpfel würfeln, einige Spalten zurückhalten und die Apfelwürfel in Butter schmoren. Mit Currypulver und 1 Prise Salz würzen. Geflügelfond zugeben und ca. 10 Minuten köcheln lassen.

2. 3 Esslöffel Joghurt in die Suppe einrühren und mit Süßstoff abschmecken. Restlichen Joghurt mit Currypulver vermengen. Curry-Suppe mit Apfelspalten und einem Curry-Joghurt-Klecks servieren.

Zubereitungszeit: ca. 10 Minuten
Garzeit: ca. 10 Minuten

Pro Person: 1 Point

NUDEL-PAPRIKA-SUPPE

1. Zwiebeln und Paprikaschoten würfeln, mit Öl in einem Topf anschwitzen und mit Salz, Pfeffer und Paprikapulver würzen. Mit Gemüsebrühe ablöschen, Suppennudeln zufügen und zugedeckt ca. 10 Minuten garen.

2. Suppe nochmals pikant mit Salz, Pfeffer und Paprikapulver abschmecken und heiß servieren.

Zubereitungszeit: ca. 5 Minuten
Garzeit: ca. 15 Minuten

Für 4 Personen:

3 Zwiebeln
je 3 rote und grüne Paprikaschoten
1 TL Pflanzenöl
Salz
Pfeffer
Paprikapulver
1000 ml Gemüsebrühe (3 TL Instant)
140 g Suppennudeln, trocken

Pro Person: 2 Points

KERBEL-KARTOFFEL-CREMESUPPE

Für 1 Person:

3 mittelgroße Kartoffeln
1 Zwiebel
1 TL Pflanzenmargarine
250 ml Gemüsebrühe
(2 TL Instant)
3 Karotten
125 ml fettarme Milch
4 TL grob gehackter Kerbel
Salz
Pfeffer

1. Kartoffeln und Zwiebel würfeln, Margarine in einem Topf zerlassen und Kartoffel- und Zwiebelwürfel darin andünsten. Gemüsebrühe angießen und zugedeckt ca. 10 Minuten garen.

2. Karotten in sehr feine Streifen schneiden, mit Milch in die Suppe geben und weitere 5 Minuten garen. Etwa die Hälfte der Suppe herausnehmen, pürieren und zurückgeben. Kerbel hinzugeben und mit Salz und Pfeffer abgeschmeckt servieren.

Zubereitungszeit: ca. 10 Minuten
Garzeit: ca. 15 Minuten

Pro Person: 4 Points

FEINE CHAMPIGNONSUPPE

Für 2 Personen:

2 Zwiebeln
500 g Champignons
1 Liter Gemüsebrühe
(2 TL Instant)
1 Bund Petersilie
Salz
Pfeffer

1. Zwiebeln fein würfeln und Champignons in Scheiben schneiden. Einige Champignonscheiben beiseite legen.

2. Zwiebelwürfel in einem Topf fettfrei andünsten, Champignonscheiben zufügen und unter Rühren kurz anbraten. Brühe angießen, aufkochen und ca. 10 Minuten garen.

3. Etwas Petersilie beiseite legen, restliche Petersilie fein hacken, einrühren und mit Salz und Pfeffer abschmecken. Champignonsuppe mit restlichen Champignonscheiben und Petersilie garniert servieren.

Zubereitungszeit: ca. 5 Minuten
Garzeit: ca. 20 Minuten

Pro Person: 0 Points

GEEISTE GAZPACHO

1. Paprikaschote, Gurke und Knoblauchzehen würfeln und mit stückigen Tomaten pürieren.

2. Gazpacho mit Essig, Salz und Pfeffer abschmecken und ca. 1–2 Stunden einfrieren. Geeiste Gazpacho dekorativ mit Eiswürfeln anrichten und servieren.

Zubereitungszeit: ca. 5 Minuten
Gefrierzeit: ca. 1–2 Stunden

Für 1 Person:

1 rote Paprikaschote
½ Salatgurke
2 Knoblauchzehen
150 g stückige Tomaten (Konserve)
2 TL Balsamicoessig
Salz
Pfeffer

Pro Person: 0 Points

AFRIKANISCHE GEMÜSESUPPE

Für 1 Person:

1 Zwiebel
1 mittelgroße Kartoffel
1 Karotte
1/8 Kopf Weißkohl
300 ml Gemüsebrühe (2 TL Instant)
2 Tomaten
100 g Okraschoten (ersatzweise grüne Stangenbohnen)
1 TL Erdnusscreme
Salz
Cayennepfeffer
einige Blätter Zitronenmelisse

1. Zwiebel und Kartoffel würfeln, Karotte in Scheiben, Weißkohl in Streifen schneiden und alles fettfrei anrösten. Gemüsebrühe angießen und zugedeckt ca. 25 Minuten schmoren.

2. Tomaten überbrühen, häuten, entkernen und in Spalten schneiden. Tomatenspalten und Okraschoten in die Suppe geben und weitere 5 Minuten garen.

3. Suppe mit Erdnusscreme, Salz und Cayennepfeffer abschmecken und mit Zitronenmelisse bestreut servieren.

Zubereitungszeit: ca. 15 Minuten
Garzeit: ca. 30 Minuten

Pro Person: 2 Points

MELONEN-SUPPE

Für 2 Personen:

1 Honigmelone
1 Galiamelone
4 EL Frischkäse
(30% Fett i. Tr.)
Saft einer Limette
4 EL Mineralwasser
Salz
Pfeffer
einige Spritzer scharfe
Chilisauce
1 rote Paprikaschote

1. Honig- und Galiamelone grob würfeln und mit Frischkäse und Limettensaft pürieren. Mineralwasser unterrühren und mit Salz, Pfeffer und Chilisauce abschmecken.

2. Paprikaschote fein würfeln. Melonensuppe in tiefe Teller geben und mit Paprikawürfeln bestreut servieren.

Zubereitungszeit: ca. 10 Minuten

Pro Person: 1 Point

BASILIKUM-SUPPE

1. Lauchzwiebeln in Ringe schneiden und in erhitztem Öl kurz andünsten. Mehl darüber stäuben und mit Milch und Gemüsebrühe unter Rühren ablöschen. Basilikum bis auf einige Blätter für die Dekoration fein hacken, zur Suppe geben und alles pürieren.

2. Tomaten kreuzweise einritzen, überbrühen, häuten, in Würfel schneiden, mit der sauren Sahne in die Suppe geben und alles mit Salz und Pfeffer abschmecken. Mit restlichem Basilikum bestreut servieren.

Zubereitungszeit: ca. 10 Minuten
Garzeit: ca. 10 Minuten

VORSPEISE

Für 4 Personen:

1 Bund Lauchzwiebeln
2 TL Pflanzenöl
1 TL Mehl
250 ml fettarme Milch
600 ml Gemüsebrühe
(3 TL Instant)
1 Bund Basilikum
4 Tomaten
4 EL saure Sahne
Salz
Pfeffer

Pro Person: 1,5 Points

FEINE TOMATENSUPPE

Für 1 Person:

1 Zwiebel
1 Knoblauchzehe
1 TL Pflanzenöl
2 TL Tomatenmark
100 g geschälte Tomaten (Konserve)
½ TL Rosmarin
½ kleines Glas trockener Rotwein
150 ml Gemüsebrühe (½ TL Instant)
1 Prise Zucker
1 TL Zitronensaft
Salz
Pfeffer
1 EL geriebener Parmesan (32% Fett i. Tr.)

1. Zwiebel und Knoblauchzehe fein hacken. Öl in einem Topf erhitzen und beides darin glasig anschwitzen.

2. Tomatenmark, Tomaten und Rosmarin hinzugeben. Rotwein und Gemüsebrühe angießen und ca. 5 Minuten unter Rühren etwas einkochen lassen.

3. Tomatensuppe mit Zucker, Zitronensaft, Salz und Pfeffer abschmecken. Parmesan darüber streuen und servieren.

Zubereitungszeit: ca. 5 Minuten
Garzeit: ca. 10 Minuten

Pro Person: 2 Points

ROTE LINSENSUPPE MIT CURRY-CROÛTONS

VORSPEISE

Für 4 Personen:

8 Tomaten
3 Zwiebeln
4 Karotten
2 TL Pflanzenöl
120 g rote Linsen (trocken)
1000 ml Gemüsebrühe
(4 TL Instant)
2 Scheiben Toastbrot
2 TL Currypulver
Salz
Pfeffer
Koriander
Kurkuma (ersatzweise
Currypulver)
4 TL Schnittlauchringe

1. Tomaten kreuzweise einritzen, überbrühen, häuten und mit den Zwiebeln und Karotten in feine Würfel schneiden. Öl in einem Topf erhitzen, Zwiebel-, Tomaten- und Karottenwürfel mit Linsen kurz andünsten, mit Brühe ablöschen und ca. 10 Minuten garen. Für die Curry-Croûtons Toastbrot in Würfel schneiden, mit Currypulver bestäuben und in einer beschichteten Pfanne fettfrei anrösten.

2. Die Suppe mit Salz, Pfeffer, Koriander und Kurkuma abschmecken und mit Croûtons sowie Schnittlauchringen bestreut servieren.

Zubereitungszeit: ca. 10 Minuten
Garzeit: ca. 10 Minuten

Pro Person: 2,5 Points

DEFTIGE GULASCHSUPPE

1. Rindfleisch und Zwiebeln in Würfel schneiden. Karotten in Scheiben schneiden.

2. Öl in einem Topf erhitzen, Fleisch darin von allen Seiten anbraten. Zwiebelwürfel und Karottenscheiben zufügen, mit Salz und Pfeffer würzen und unter Rühren einige Minuten mitbraten. Fond und 500 ml Wasser angießen und die Suppe ca. 20 Minuten garen.

3. Tomaten und Paprikaschoten in Spalten schneiden, zur Suppe geben und weitere ca. 5 Minuten garen. Mit Salz, Pfeffer, Paprikapulver und Majoran abschmecken und servieren.

Zubereitungszeit: ca. 10 Minuten
Garzeit: ca. 30 Minuten

Für 4 Personen:

375 g Rindfleisch, mager
4 Zwiebeln
4 Karotten
1 TL Pflanzenöl
Salz
Pfeffer
1 Liter Fleischfond (Glas)
(ersatzweise Gemüsebrühe)
4 Tomaten
je 1 grüne und gelbe Paprikaschote
Paprikapulver
getrockneter Majoran

Pro Person: 2,5 Points

KÄSE-CREMESUPPE

Für 1 Person:

1 mittelgroße Kartoffel
3 Karotten
250 ml Gemüsebrühe
(1 TL Instant)
3 EL Schmelzkäse
(25% Fett i. Tr.)
½ kleines Glas trockener Weißwein
Salz
Pfeffer
1 TL Schnittlauchringe

1. Kartoffel und Karotten fein würfeln, mit Gemüsebrühe aufkochen. Alles zugedeckt ca. 20 Minuten garen und pürieren.

2. Schmelzkäse in die Suppe geben und Weißwein angießen. Suppe mit Salz und Pfeffer abschmecken und mit Schnittlauchringen bestreut servieren.

Zubereitungszeit: ca. 5 Minuten
Garzeit: ca. 20 Minuten

Pro Person: 3 Points

RUSSISCHER BORSCHTSCH

1. Rindfleisch mit 500 ml Wasser aufsetzen und zugedeckt bei kleiner Hitze ca. 30 Minuten garen.

2. Weißkohl und Lauch in Streifen schneiden, Rote Bete und Kartoffeln würfeln. Knoblauchzehen zerdrücken, mit Gemüse, Kümmel und Brühe zum Fleisch geben. Eintopf zugedeckt weitere 20 Minuten garen.

3. Fleisch herausnehmen, würfeln und zurückgeben. Borschtsch mit Essig, Zucker, Salz und Pfeffer abschmecken und mit einem Klecks saurer Sahne servieren.

Zubereitungszeit: ca. 10 Minuten
Garzeit: ca. 50 Minuten

Für 4 Personen:

375 g Rindfleisch, mager
1 kleiner Kopf Weißkohl
2 Stangen Lauch
200 g Rote Bete (Konserve)
4 mittelgroße Kartoffeln
2 Knoblauchzehen
1 TL Kümmel
300 ml Gemüsebrühe
(3 TL Instant)
2 EL Weißweinessig
2 EL Zucker
Salz
Pfeffer
2 EL saure Sahne

Pro Person: 4 Points

MANGO-SPROSSEN-SALAT

Für 4 Personen:

1 Blattsalat
2 Chicorée
2 rote Paprikaschoten
2 kleine frische Mangos (400 g)
200 g frische Sojasprossen
8 EL Kresse
2 kleine Zwiebeln
8 TL Sherry-Essig
4 TL Pflanzenöl
4 TL Sojasauce
grob geschroteter Pfeffer

1. Blattsalat in mundgerechte Stücke zupfen, Chicorée in Blätter teilen, Paprikaschoten in feine Streifen, Mango in dünne Spalten schneiden und alles mit Sojasprossen und Kresse mischen.

2. Zwiebeln fein hacken, mit Essig, Öl und Sojasauce verrühren und mit Pfeffer abschmecken. Dressing über den Salat geben und servieren.

Zubereitungszeit: ca. 10 Minuten

Pro Person: 2 Points

GAISBURGER MARSCH

Für 1 Person:

1 kleines Stück Rindfleisch, mager (125 g)
1 Karotte
1 Stange Bleichsellerie
1 Stange Lauch
1 EL gegarte Spätzle
2 TL Gemüsebrühe (Instant)
Salz
Pfeffer

1. Rindfleisch mit 500 ml Wasser bedecken und zugedeckt ca. 20 Minuten garen.

2. Karotte und Bleichsellerie in Scheiben, Lauch in Ringe schneiden, zu dem Fleisch geben und weitere 10 Minuten garen.

3. Fleisch herausnehmen und würfeln. Fleischwürfel und Spätzle in die Suppe geben und erhitzen. Gemüsebrühe in der Suppe auflösen und mit Salz und Pfeffer abgeschmeckt servieren.

Zubereitungszeit: ca. 5 Minuten
Garzeit: ca. 30 Minuten

Pro Person: 4 Points

PAPRIKA-CHINAKOHL-SALAT

1. Paprikaschoten in Rauten, Chinakohl in Streifen schneiden und mit Sprossen mischen. Petersilie unterheben.

2. Brühe mit Senf und Essig verrühren, Öl unterschlagen und mit Salz, Pfeffer und Süßstoff abschmecken. Salat mit Dressing vermengen und servieren.

Zubereitungszeit: ca. 10 Minuten

Für 4 Personen:

2 rote und 1 gelbe Paprikaschote
1 Chinakohl
250 g gemischte Sprossen (z. B. Mungobohnensprossen, Alfalfasprossen, Radieschensprossen)
8 EL gehackte Petersilie
200 ml Gemüsebrühe (1 TL Instant)
4 TL Senf
8 EL Weißweinessig
8 TL Walnussöl
Salz
Pfeffer
einige Tropfen flüssiger Süßstoff

Pro Person: 2 Points

GROSSER FITNESS-SALAT

Für 4 Personen:

200 g Broccoli
1 kleiner Blumenkohl
200 g Rosenkohl
1 Fenchelknolle
je 1 rote und grüne Paprikaschote
150 g Champignons
1 Kopf Lollo rossa
2 Kohlrabi
1 Bund Karotten
100 g Zuckererbsenschoten
Salz
100 g Alfalfasprossen (ersatzweise andere Sprossen)
1 Glas Buttermilch
150 g fettarmer Joghurt
Saft einer halben Zitrone
Pfeffer
einige Tropfen flüssiger Süßstoff

1. Broccoli und Blumenkohl in Röschen teilen, Rosenkohl halbieren, Fenchelknolle vierteln und den Strunk herausschneiden, mit den Paprikaschoten in Streifen und Pilze in Scheiben schneiden. Lollo rossa in mundgerechte Stükke zupfen, Kohlrabi in Stifte schneiden, die Karotten schälen, aber etwas von dem Grün stehen lassen.

2. Broccoli- und Blumenkohlröschen, Zuckererbsenschoten, Rosenkohl, Fenchel, Kohlrabistifte und Karotten in kochendem Salzwasser ca. 5 Minuten blanchieren, abgießen und abtropfen lassen.

3. Blanchiertes Gemüse mit Paprikastreifen, Lollo rossa und Pilzscheiben mischen, auf Tellern anrichten und die Sprossen darauf verteilen. Für das Dressing Buttermilch, Joghurt und Zitronensaft verrühren, mit Salz, Pfeffer und Süßstoff abschmecken und über den Salat geben.

Zubereitungszeit: ca. 25 Minuten
Garzeit: ca. 5 Minuten

Pro Person: 1 Point

Fenchel, ein Hauch von Anis!

Die Heimat des Gemüsefenchels sind die Mittelmeerländer, wo er gerne gegart als Gemüse oder knackig-frisch für Salate verwendet wird. Die Fenchelwurzel besteht aus mehreren Blattschichten, die eine zwiebelartige Knolle bilden. Aus den kleinen gelben Blütendolden der Pflanze entstehen jeweils zwei längliche, gerippte hellgrüne Samen, die hauptsächlich für Teeaufgüsse benutzt werden. Der süßlich-milde Geschmack von Fenchel erinnert an Anis und schmeckt toll zu hellen Saucen oder zusammen mit Hülsenfrüchten.

ORIENTALISCHER SALAT

Für 4 Personen:

500 g Kichererbsen (Konserve)
12 Tomaten
1 Bund Frühlingszwiebeln
1 Bund glatte Petersilie
1 Knoblauchzehe
250 g fettarmer Joghurt
3 TL Zitronensaft
1 Msp. Kardamom
1 Msp. Kreuzkümmel
Salz
Pfeffer
einige Tropfen flüssiger Süßstoff

1. Kichererbsen abtropfen lassen, Tomaten in dünne Spalten, Frühlingszwiebeln in Ringe schneiden und Petersilie grob hacken. Alle Salatzutaten vermischen.

2. Für das Dressing Knoblauchzehe zerdrücken und mit Joghurt und Zitronensaft glatt rühren. Dressing mit Kardamom, Kreuzkümmel, Salz, Pfeffer und Süßstoff pikant abschmecken. Dressing über den Salat geben, kurz ziehen lassen und servieren.

Zubereitungszeit: ca. 10 Minuten

Pro Person: 3 Points

GEMÜSESALAT »BISTRO«

1. Fenchelknolle und Paprikaschoten in Streifen schneiden und Broccoli in Röschen teilen. Das Gemüse in kochendem Salzwasser ca. 5 Minuten blanchieren. Zucchini und Sellerie in Scheiben, Karotten in Stifte schneiden und Tomaten achteln. Rüben halbieren und einen Teil des Grüns dabei stehen lassen. Das Gemüse zusammen mit Kidneybohnen und Maiskolben auf großen Tellern anrichten.

2. Zwiebeln in feine Würfel schneiden. Für das Dressing Joghurt mit Milch und Senf glatt rühren. Zwiebelwürfel zugeben, mit Salz, Pfeffer, Paprikapulver sowie etwas Süßstoff abschmecken und über den Salat geben.

Zubereitungszeit: ca. 15 Minuten
Garzeit: ca. 5 Minuten

Für 4 Personen:

1 Fenchelknolle
je 1 gelbe und rote Paprikaschote
150 g Broccoli
Salz
1 Zucchini
4 Stangen Staudensellerie
4 Karotten
4 Tomaten
1 Bund weiße Rüben (ersatzweise weiße oder rote Radieschen)
5 EL Kidneybohnen (Konserve)
150 g kleine Maiskolben (Konserve)
2 rote Zwiebeln
375 g fettarmer Joghurt
125 ml fettarme Milch
2 TL Senf
Pfeffer
Paprikapulver
einige Tropfen flüssiger Süßstoff

Pro Person: 2 Points

WIESENSALAT MIT KARTOFFEL-VINAIGRETTE

Für 2 Personen:

1 mittelgroße Kartoffel
⅛ Liter Gemüsebrühe (1 TL Instant)
600 g Frühlingssalate und -kräuter (z. B. Rauke, Kerbel, Sauerampfer)
125 ml fettarme Milch
Salz
Pfeffer
einige Tropfen flüssiger Süßstoff
3 EL Weißweinessig
2 Scheiben Toastbrot

1. Kartoffel würfeln und ca. 10 Minuten in der Brühe garen. In der Zwischenzeit die Salate bzw. Kräuter in mundgerechte Stücke zupfen.

2. Milch zur Kartoffel geben und alles pürieren. Mit Salz, Pfeffer, Süßstoff und Essig abschmecken.

3. Für die Croûtons Toastbrot würfeln und in einer beschichteten Pfanne fettfrei anrösten. Salatzutaten dekorativ auf einem Teller anrichten, mit warmem Dressing beträufeln und mit Croûtons bestreut servieren.

Zubereitungszeit: ca. 15 Minuten
Garzeit: ca. 10 Minuten

Pro Person: 2 Points

RADIESCHEN-SALAT-MIX

Für 4 Personen:

1 Kopf Eichblattsalat
2 Bund Radieschen
½ Salatgurke
1 Bund Dill
1 Bund Petersilie
100 g Sojasprossen
1 rote Zwiebel
4 TL flüssiger Honig
3 TL Sonnenblumenöl
5 EL Gemüsebrühe
(½ TL Instant)
3 EL Zitronenessig
(ersatzweise Obstessig)
Salz
Pfeffer
4 Brötchen

1. Salat in mundgerechte Stücke zupfen, Radieschen und Gurke in Scheiben schneiden, Dill und Petersilie hacken und alles mit Sojasprossen vermischen.

2. Für das Dressing Zwiebel fein würfeln, mit Honig, Öl, Brühe und Essig verrühren. Dressing mit Salz und Pfeffer abschmecken und mit den Salatzutaten vermengen. Radieschen-Salat-Mix mit Brötchen servieren.

Zubereitungszeit: ca. 15 Minuten

Pro Person: 3 Points

Radieschen

Die Zeit, in der Radieschen nur zum Dekorieren von Salaten verwendet wurden, ist lange vorbei. Radieschen gehören zur Rettichfamilie und schmecken daher leicht senfig, die kleinen roten knackigen Gemüse sind jedoch weniger scharf als Rettich. Radieschen werden mit Grün als Bündelware angeboten und sind nur wenige Tage haltbar. Geputzt und in verschlossenen Kunststoffbeuteln verpackt, bleiben sie im Kühlschrank länger haltbar.
Radieschen werden roh gegessen und schmekken toll in knackigen Salaten, zu frischen Dips oder als Belag auf Sandwiches.

PAPRIKA-THUNFISCH-SALAT

Für 4 Personen:

je 1 gelbe, rote und grüne Paprikaschote
2 Schalotten
180 g Thunfisch im eigenen Saft (Konserve)
2 TL Rosmarin
1 EL Essig
Salz
Pfeffer
einige Tropfen flüssiger Süßstoff
1 Knoblauchzehe
8 Scheiben Baguettebrot
4 Tomaten
4 EL geriebener Käse (32 % Fett i. Tr.)
2 TL Kräuter der Provence

1. Paprikaschoten und Schalotten würfeln, mit Thunfisch und Rosmarin vermengen und mit Essig, Salz, Pfeffer und Süßstoff pikant abschmecken.

2. Knoblauchzehe halbieren und Baguettebrotscheiben damit einstreichen. Tomaten kreuzweise einritzen, überbrühen, häuten, entkernen und in feine Würfel schneiden. Tomatenwürfel, Käse und Kräuter der Provence vermengen und auf den Baguettescheiben verteilen. Im vorgeheizten Backofen bei 220 Grad (Gas: Stufe 3) ca. 5 Minuten gratinieren und zu dem Paprika-Thunfisch-Salat servieren.

Zubereitungszeit: ca. 15 Minuten
Garzeit: ca. 5 Minuten

Pro Person: 4 Points

FELDSALAT MIT CHAMPIGNON-DRESSING

1. Feldsalat auf 4 Tellern verteilen. Öl in einer Pfanne erhitzen, Champignons bei starker Hitze ca. 5 Minuten anbraten, mit Salz, Pfeffer und Kräutern würzen und mit Essig übergießen.

2. Sesam in einer beschichteten Pfanne fettfrei goldbraun anrösten. Champignons mit dem Garsud auf dem Feldsalat verteilen und mit Sesam bestreut servieren.

Zubereitungszeit: ca. 10 Minuten
Garzeit: ca. 5 Minuten

Für 4 Personen:

500 g Feldsalat
8 TL Pflanzenöl
600 g kleine Champignons
Salz
Pfeffer
2 TL italienische Kräuter
8 EL weißer Balsamicoessig
4 TL Sesam

Pro Person: 2,5 Points

ORIENTALISCHER BULGUR-SALAT

Für 4 Personen:

160 g Bulgur
600 ml Gemüsebrühe
(2 TL Instant)
50 g getrocknete Tomaten
2 Bund glatte Petersilie
4 TL gehackte Cashewnüsse
2 TL Erdnussöl
1 TL Honig
4 EL Limettensaft
(ersatzweise Zitronensaft)
Salz
Kreuzkümmel
Currypulver

1. Bulgur in Gemüsebrühe ca. 15 Minuten garen. Tomaten würfeln, ca. 5 Minuten vor Ende der Garzeit zugeben und mitgaren. Beides abgießen und abkühlen lassen. Petersilie grob hacken und mit Bulgur, Tomaten und Cashewnüssen mischen.

2. Erdnussöl mit Honig und Limettensaft verrühren und mit Salz, Kreuzkümmel und Currypulver abschmecken. Dressing mit den Salatzutaten vermengen und servieren.

Zubereitungszeit: ca. 10 Minuten
Garzeit: ca. 15 Minuten

Pro Person: 3,5 Points

BUNTER SALAT MIT KÄSE

Für 4 Personen:

250 g grüner Spargel
Salz
2 Karotten
240 g Artischockenherzen (Konserve)
250 g Champignons
3 Scheiben Käse (30 % Fett i. Tr.)
250 ml Buttermilch
5 EL Orangensaft, ohne Zucker
2 TL Zitronensaft
bunter Pfeffer
einige Tropfen flüssiger Süßstoff

1. Spargel in Stücke schneiden und in Salzwasser ca. 5 Minuten blanchieren. Karotten in feine Scheiben schneiden. Artischockenherzen und Champignons vierteln. Käse in Streifen schneiden und alles vermengen.

2. Buttermilch mit Orangen- und Zitronensaft verrühren, mit Salz, Pfeffer und Süßstoff abschmecken. Salat auf Tellern anrichten und mit Dressing beträufelt servieren.

Zubereitungszeit: ca. 10 Minuten
Garzeit: ca. 5 Minuten

Pro Person: 2 Points

LINSENSALAT MIT ZWIEBELDRESSING

Für 4 Personen:

240 g rote Linsen, trocken
500 ml Gemüsebrühe
(2 TL Instant)
2 Zucchini
je 1 gelbe und rote
Paprikaschote
4 Schalotten
1 EL Zucker
1 kleines Glas trockener
Rotwein
2 EL Senf
2 TL Pflanzenöl
4 EL Weißweinessig
Salz
Pfeffer

1. Linsen in der Brühe ca. 5 Minuten garen und weitere 5 Minuten ausquellen lassen.

2. Zucchini würfeln, Paprikaschoten in Streifen schneiden und mit den Linsen vermengen.

3. Schalotten in Ringe schneiden. Schalottenringe fettfrei in einer Pfanne andünsten. Zucker darüber streuen, mit Rotwein ablöschen und ca. 5 Minuten einkochen lassen. Senf mit Öl, Essig, Salz und Pfeffer verrühren, zu den Schalotten geben und warm auf dem Salat anrichten.

Zubereitungszeit: ca. 10 Minuten
Garzeit: ca. 15 Minuten

Pro Person: 4 Points

NUSSIGER PAPRIKA-KAROTTEN-SALAT

1. Paprikaschoten in feine Streifen schneiden, Karotten raspeln und mit Mandeln vermengen.

2. Für das Dressing Olivenöl, Brühe und Zitronensaft verrühren, mit Süßstoff abschmecken. Paprika-Karotten-Salat mit Dressing vermengen und mit Dill garniert servieren.

Zubereitungszeit: ca. 10 Minuten

Für 1 Person:

je 1 rote und grüne Paprikaschote
3 Karotten
2 TL gehobelte Mandeln
1 TL Olivenöl
2 TL Gemüsebrühe
(1 Prise Instant)
1 EL Zitronensaft
einige Tropfen flüssiger Süßstoff
1 Zweig Dill

Pro Person: 3 Points

BIRNEN-CAMEMBERT-SNACK

Für 4 Personen:

120 g Camembert (30% Fett i. Tr.)
300 g Magerquark
3 TL gehackte Walnüsse
Salz
Pfeffer
4 Scheiben Vollkornbrot
4 reife Birnen
4 TL flüssiger Honig

1. Camembert zerdrücken, mit Quark und gehackten Walnüssen vermischen und mit Salz und Pfeffer abschmecken.

2. Vollkornbrot toasten. Birnen halbieren und 4 Hälften in Spalten schneiden. Getoastete Brotscheiben mit Käsecreme bestreichen, mit Birnenspalten belegen und restliche Käsecreme in die übrigen Birnenhälften füllen. Toast und Birnenhälften auf Tellern anrichten, mit Honig beträufeln und servieren.

Zubereitungszeit: ca. 10 Minuten

Pro Person: 5,5 Points

PFEFFER-MAKRELE AUF SALATBETT

Für 4 Personen:

1 ½ Kopf Endiviensalat
8 Tomaten
4 TL Senf
250 g fettarmer Joghurt
4 TL Weißweinessig
2 Msp. Meerrettich
4 TL Dill
Salz
grob geschroteter Pfeffer
4 TL Essig
4 TL Pflanzenöl
einige Tropfen flüssiger Süßstoff
4 kleine Pfeffer-Makrelenfilets, geräuchert (à 75 g)

1. Salat in mundgerechte Stücke zupfen, Tomaten achteln und auf Tellern anrichten.

2. Senf mit Joghurt, Essig, Meerrettich und Dill zu einem Joghurt-Dressing verrühren und mit Salz und Pfeffer abschmecken.

3. Essig und Öl vermengen, mit Salz, Pfeffer und Süßstoff abschmecken und über den Salat geben. Makrele mit Joghurt-Dressing auf dem Salat anrichten und servieren.

Zubereitungszeit: ca. 10 Minuten

Pro Person: 5 Points

TORTELLINI-SALAT

1. Rote Bete in Streifen und Lauchzwiebeln in Ringe schneiden.

2. Rote Bete-Saft, Öl und Joghurt verrühren, mit Salz und Pfeffer abschmecken und Walnüsse zugeben. Tortellini mit Roter Bete, Lauchzwiebeln und Dressing vermischen und servieren.

Zubereitungszeit: ca. 10 Minuten

Für 4 Personen:

400 g Rote Bete (Konserve)
4 Lauchzwiebeln
8 EL Rote Bete-Saft (Konserve)
4 TL Pflanzenöl
250 g fettarmer Joghurt
Salz
Pfeffer
6 TL gehackte Walnüsse
480 g verzehrfertige Tortellini

Pro Person: 5 Points

ARTISCHOCKEN MIT LECKEREN DIPS

Für 4 Personen:

4 rundköpfige Artischocken (ersatzweise 8 kleine Artischocken)
2 unbehandelte Zitronen
3 Liter Salzwasser

1. Stiele der Artischocken abschneiden, untere trockene Blätter entfernen und die Blattspitzen mit einer Schere kürzen. Die Zitronen in Scheiben schneiden, ins kochende Salzwasser geben und die Artischocken bei mittlerer Hitze ca. 35 bis 40 Minuten darin garen. Die Artischocken sind gar, wenn sich die mittleren Blätter leicht herausziehen lassen.

2. Für den **LIMETTEN-JOGHURT-DIP** Limettensaft mit Joghurt und saurer Sahne glatt rühren und mit Salz, Pfeffer und Süßstoff abschmecken.

Für den **ZIEGENKÄSE-DIP** Käse zerdrücken und Oliven fein würfeln. Beides mit Quark und Milch verrühren, Knoblauchzehe hineinpressen und mit Salz, Pfeffer und Kräutern der Provence würzen.

Für den **SALSA-DIP** Tomate kreuzweise einritzen, überbrühen, häuten und mit dem Paprika in feine Würfel schneiden. Mit Balsamicoessig vermischen und mit Salz, Pfeffer, Rosmarin, Cayennepfeffer, Paprikapulver und Süßstoff pikant abschmecken.

3. Die Artischocken warm servieren, Blatt für Blatt auszupfen und in die Dips tauchen.

Zubereitungszeit: ca. 15 Minuten
Garzeit: ca. 40 Minuten

FÜR DEN LIMETTEN-JOGHURT-DIP:

Saft einer Limette
150 g Magermilch-Joghurt
2 EL saure Sahne
Salz
Pfeffer
einige Tropfen
flüssiger Süßstoff

Pro Person:
0,5 Points

FÜR DEN ZIEGENKÄSE-DIP:

45 g Ziegenkäse
(ersatzweise Schafkäse)
3 schwarze Oliven
3 EL Magerquark
4 EL fettarme Milch
½ Knoblauchzehe
Salz
Pfeffer
1 TL Kräuter der Provence

Pro Person:
1,5 Points

FÜR DEN SALSA-DIP:

1 Fleischtomate
30 g eingelegte Paprika
3 EL Balsamicoessig
Salz
Pfeffer
1 Msp. Rosmarin
1 Msp. Cayennepfeffer
1 Msp. Paprikapulver
einige Tropfen
flüssiger Süßstoff

Pro Person:
0 Points

BANANEN-SCHINKEN-TOAST

Für 4 Personen:

4 Scheiben Vollkorn-Toastbrot
4 TL Halbfettmargarine
bunter Pfeffer
2 kleine Bananen
8 Scheiben roher Schinken, ohne Fett
Salz
2 TL Currypulver
4 EL geriebener Käse (32% Fett i. Tr.)
1 Netzmelone
1 Orange
2 Kiwis
2 TL Zitronensaft
einige Tropfen flüssiger Süßstoff

1. Toastbrot toasten, mit Margarine bestreichen und mit Pfeffer bestreuen. Bananen längs halbieren und mit Schinken umwickeln.

2. Toastbrot mit Schinken-Banane belegen, mit Salz, Pfeffer und Currypulver würzen und mit Käse bestreuen. Bananen-Schinken-Toast im vorgeheizten Backofen bei 250 Grad (Gas: Stufe 4) ca. 5 Minuten überbacken.

3. Von der Netzmelone kleine Kugeln ausstechen, Orange filetieren, Kiwis in Stücke schneiden, Zitronensaft zugeben, alles mit Süßstoff abschmecken und zu den Bananen-Schinken-Toasts servieren.

Zubereitungszeit: ca. 10 Minuten
Garzeit: ca. 5 Minuten

Pro Person: 3,5 Points

ROASTBEEF-SANDWICH

1. Radieschen und Salatgurke fein würfeln. Quark, Mineralwasser und Gemüse verrühren, mit Salz und Pfeffer abschmecken.

2. Toastscheiben diagonal halbieren. 2 Scheiben Vollkorn-Toast mit Quarkmasse bestreichen und jeweils mit einer Scheibe Roastbeef belegen. Mit Toasthälften abdecken und wie untere belegen. Mit restlichen Vollkorn-Toasts abdecken. Roastbeef-Sandwich zum Mitnehmen in Folie einschlagen.

Zubereitungszeit: ca. 10 Minuten

Für 2 Stück:

½ Bund Radieschen
½ kleine Salatgurke
3 EL Magerquark
2 EL Mineralwasser
Salz
Pfeffer
2 Scheiben Vollkorn-Toastbrot
1 Scheibe Toastbrot
4 Scheiben Roastbeef

Pro Stück: 3 Points

TV-SNACKS

Für 4 Personen:

4 Karotten
1 Kohlrabi
3 Stangen Bleichsellerie
je 1 gelbe, rote und grüne Paprikaschote
Salz, Pfeffer

1. Karotten und Kohlrabi in Stifte und Bleichsellerie in Stücke schneiden. ½ rote Paprikaschote würfeln, restliche Paprikaschoten in Streifen schneiden.

2. Für den Paprika-Dip Chilischote in feine Ringe schneiden und mit Quark, Paprikawürfeln und Paprikapulver pürieren. Mit Salz und Pfeffer abschmecken.

3. Für den Dill-Dip Dill fein hacken, mit Joghurt und Zitronensaft verrühren und mit Salz und Pfeffer abschmecken.

4. Für den Curry-Dip Hüttenkäse mit Currypulver und Essig verrühren. Mit Salz, Pfeffer und Süßstoff abschmecken.

5. Gemüse auf einer Platte anrichten. Dips in kleine Schüsseln füllen und nach Wunsch garnieren.

Zubereitungszeit: ca. 25 Minuten

PAPRIKA-DIP

1 rote Chilischote
225 g Magerquark
1 TL Paprikapulver

Pro Person:
2 Points

DILL-DIP

½ Bund Dill
(ersatzweise Petersilie)
250 g fettarmer Joghurt
1 EL Zitronensaft

Pro Person:
2 Points

CURRY-DIP

6 EL Hüttenkäse
2 TL Currypulver
1 EL Balsamicoessig
einige Tropfen
flüssiger Süßstoff

Pro Person:
2 Points

ITALIENISCHE TRAMEZZINI

Für 4 Personen:

FÜR DIE GEMÜSE-TRAMEZZINI:
100 g fettarmer Joghurt
4 TL Mayonnaise (20 % Fett)
½ TL Paprikapulver, edelsüß
Salz
Pfeffer
½ Kohlrabi
1 Karotte
½ Zucchini
2 Scheiben Toastbrot

FÜR DIE RUCOLA-SALAMI-TRAMEZZINI:
2 TL Tomatenmark
1 TL Sojasauce
1 TL Balsamicoessig
einige Tropfen flüssiger Süßstoff
Salz
Pfeffer
Chilipulver
40 g Salami
2 Scheiben Toastbrot
100 g Rucola

1. Für die Gemüse-Tramezzini Joghurt mit Mayonnaise und Paprikapulver verrühren und mit Salz und Pfeffer abschmecken. Das Gemüse in Stifte schneiden. Toastbrot mit einem Teil Paprika-Joghurt bestreichen, mit einem Teil der Gemüsestifte belegen, mit zweitem Toast abdecken und vierteln. Verbliebenen Paprika-Joghurt als Dip zu restlichen Gemüsestiften servieren.

2. Für die Rucola-Salami-Tramezzini Tomatenmark mit Sojasauce und Essig verrühren und mit Süßstoff, Salz, Pfeffer und Chilipulver abschmecken. Salami in Streifen schneiden. Beide Toastscheiben mit Tomatencreme bestreichen, mit Rucola und Salamistreifen belegen, vierteln und servieren.

Zubereitungszeit: ca. 10 Minuten

Pro Person: 2,5 Points

ZUCCHINI-ROLLEN UND KNABBER-STICKS

1. Für die Zucchini-Rollen Ziegenkäse mit Joghurt pürieren, Pfefferminze unterheben und mit Zitronensaft, Salz und Pfeffer abschmecken. Zucchini längs in feine Scheiben schneiden und in einer beschichteten Pfanne fettfrei mit 2 Esslöffeln Wasser von beiden Seiten kurz anbraten. Zucchinischeiben mit der Ziegenkäsecreme bestreichen, aufrollen und mit Spießen feststecken.

2. Für die Knabber-Sticks Senf mit Joghurt verrühren und mit Süßstoff und Chilipulver abschmecken. Schinken mit der Senfcreme besteichen und mit Grissini belegen. Zu Rollen drehen, mit Schnittlauch festbinden und in einem Glas servieren.

Zubereitungszeit: ca. 10 Minuten
Garzeit: ca. 10 Minuten

Für 4 Personen:

FÜR DIE ZUCCHINI-ROLLEN:
90 g Ziegenkäse
150 g fettarmer Joghurt
1 EL gehackte Pfefferminze
2 TL Zitronensaft
Salz
Pfeffer
2 Zucchini

FÜR DIE KNABBER-STICKS:
2 TL mittelscharfer Senf
50 g fettarmer Joghurt
einige Tropfen
flüssiger Süßstoff
Chilipulver
4 dünne Scheiben
gekochter Schinken, ohne
Fett (à 40 g)
4 Brotsticks (Grissini)
½ Bund Schnittlauch

Pro Person: 3,5 Points

KNUSPER-FLADEN

Für 8 Personen:

440 g Mehl
1 TL Salz
1 TL Zucker
1 Würfel frische Hefe
2 EL Hartweizengrieß
1 TL Olivenöl

Zum Bestreuen:
1 EL grobes Salz
2 EL Schwarzkümmel
2 EL Pizza-Gewürz
1 gehackte Knoblauchzehe

1. Mehl mit Salz und Zucker in eine Schüssel sieben. Hefe zerbröseln, in 250 ml lauwarmem Wasser auflösen und mit dem Mehl vermischen. Zugedeckt an einem warmen Ort ca. 30 Minuten gehen lassen.

2. Teig mit den Händen durchkneten und 2 Kugeln formen. Arbeitsfläche mit Grieß bestreuen, die Kugeln zu runden Fladen flachdrücken und zugedeckt weitere ca. 15 Minuten gehen lassen.

3. Fladen auf ein mit Back-Folie ausgelegtes Backblech setzen, mit Olivenöl einstreichen und nach Wunsch mit Salz, Schwarzkümmel, Pizza-Gewürz oder gehacktem Knoblauch bestreuen. Im vorgeheizten Backofen bei 220 Grad (Gas: Stufe 3) ca. 12 Minuten backen.

Zubereitungszeit: ca. 15 Minuten
Ruhezeit: ca. 45 Minuten
Backzeit: ca. 12 Minuten

Pro Person: 3 Points

KNUSPER-TOAST MIT BLATTSPINAT

1. Knoblauchzehe zerdrücken, Schalotte fein würfeln und Champignons in Scheiben schneiden. Knoblauch und Schalottenwürfel in einer beschichteten Pfanne fettfrei andünsten. Champignons und Blattspinat zugeben, mit Salz, Pfeffer und Muskatnuss würzen und einige Minuten garen.

2. Toastbrot knusprig toasten, mit Gemüse belegen und mit geriebenem Käse bestreuen. Im vorgeheizten Backofen bei 250 Grad (Gas: Stufe 4) ca. 5 Minuten überbacken.

Zubereitungszeit: ca. 5 Minuten
Garzeit: ca. 10 Minuten

Für 1 Person:

1 Knoblauchzehe
1 Schalotte
100 g Champignons
150 g Blattspinat
Salz
Pfeffer
1 Prise geriebene Muskatnuss
2 Scheiben Toastbrot
3 EL geriebener Käse (32 % Fett i. Tr.)

Pro Person: 3,5 Points

BIRNEN-CARPACCIO MIT KÄSE UND NÜSSEN

Für 1 Person:

1 Birne
5 Cashewnüsse
2 EL gehobelter Parmesan (32% Fett i. Tr.)
1 TL Nussöl
1 TL Balsamicoessig
1 TL Zitronensaft
1 TL Honig

1. Birne in feine Scheiben schneiden und auf einem Teller anrichten. Cashewnüsse grob hacken und mit Parmesan über das Birnen-Carpaccio streuen.

2. Öl mit Essig, Zitronensaft und Honig verrühren, das Birnen-Carpaccio damit beträufeln und servieren.

Zubereitungszeit: ca. 10 Minuten

Pro Person: 3 Points

LACHSTOAST »KOPENHAGEN«

Für 1 Person:

1 EL saure Sahne
½ TL Dill
Salz
Pfeffer
Currypulver
1 Scheibe Toastbrot
1 Scheibe Räucherlachs (60 g)
1 mittelgroßer Apfel
2 TL Zitronensaft
1 Stange Sellerie
einige Tropfen flüssiger Süßstoff

1. Saure Sahne mit Dill verrühren und mit Salz, Pfeffer und Currypulver würzen. Toastbrot toasten, mit Dill-Sahne bestreichen und mit Räucherlachs belegen.

2. Aus einem Apfelviertel einen Fächer schneiden und auf den Toast legen. Restlichen Apfel würfeln und mit Zitronensaft beträufeln. Sellerie in Scheiben schneiden, mit den Apfelwürfeln mischen, mit Salz, Pfeffer sowie Süßstoff abschmecken und zu dem Lachstoast servieren.

Zubereitungszeit: ca. 5 Minuten

Pro Person: 3,5 Points

ITALIENISCHER BROTAUFSTRICH

1. Tomaten entkernen, mit Rucola fein würfeln und mit Hüttenkäse und Pecorino vermengen.

2. Mit Essig zu einer geschmeidigen Creme rühren und mit Salz und Pfeffer abschmecken.

Zubereitungszeit: ca. 10 Minuten

Für 4 Personen:

2 Tomaten
1 Bund Rucola
4 EL Hüttenkäse
4 EL geriebener Pecorino (32 % Fett i. Tr.)
1 EL Balsamicoessig
Salz
Pfeffer

Pro Person: 1 Point

GEMÜSECREME-AUFSTRICH

Für 4 Personen:

2 Karotten
1 rote Paprikaschote
1 kleine Zucchini
1 Bund Schnittlauch
150 g Magermilch-Joghurt
8 TL Mayonnaise (20 % Fett)
1 EL Zitronensaft
Salz
Pfeffer
1 EL Pinienkerne

1. Karotten, Paprikaschote und Zucchini in sehr feine Würfel, Schnittlauch in feine Ringe schneiden.

2. Joghurt mit Mayonnaise und Zitronensaft verrühren und mit Salz und Pfeffer würzen. Gemüsewürfel und Pinienkerne unterrühren und nochmals abschmecken.

Zubereitungszeit: ca. 10 Minuten

Pro Person: 1 Point

ORIENTALISCHER BROTAUFSTRICH

Für 4 Personen:

80 g Bulgur
2 Tomaten
2 Frühlingszwiebeln
4 schwarze Oliven, kernlos
½ Bund Petersilie
2 EL Schafkäse
(45 % Fett i. Tr.)
2 EL Zitronensaft
Salz
Pfeffer

1. Bulgur waschen und in Wasser ca. 30 Minuten einweichen. Tomaten in Würfel, Frühlingszwiebeln und Oliven in Ringe schneiden.

2. Petersilie hacken, Schafkäse fein würfeln und mit Zitronensaft pürieren. Bulgur gut abtropfen lassen, mit Gemüse und Schafkäse-Masse vermengen und mit Salz und Pfeffer abschmecken.

Zubereitungszeit: ca. 10 Minuten
Einweichzeit: ca. 30 Minuten

Pro Person: 2 Points

KARTOFFELN, NUDELN, REIS

GEMÜSE-PUFFER MIT TOMATENQUARK

Für 1 Person:

1 Karotte
1 Zucchini
250 g Kartoffeln
Salz
1 Knoblauchzehe
1 Ei
1 TL Currypulver
Pfeffer
2 Tomaten
½ Bund Schnittlauch
150 g Magermilch-Joghurt
3 EL Magerquark
2 EL Mineralwasser

1. Karotte, Zucchini und Kartoffeln fein reiben, mit 1 Prise Salz vermengen, ca. 5 Minuten ruhen lassen und die austretende Flüssigkeit abgießen. Knoblauchzehe zerdrücken, zu dem geraspelten Gemüse geben, Ei untermengen und mit Currypulver und Pfeffer würzen.

2. Brat-Folie in einer Pfanne erhitzen und kleine Gemüse-Puffer darauf von beiden Seiten goldbraun backen.

3. 1 Tomate würfeln, die andere Tomate in Spalten, Schnittlauch in Ringe schneiden. Joghurt, Quark und Mineralwasser glatt rühren, mit Salz und Pfeffer abschmecken, Tomatenwürfel und Schnittlauchringe darunter mischen, mit Gemüse-Puffern und Tomatenspalten servieren.

Zubereitungszeit: ca. 10 Minuten
Garzeit: ca. 15 Minuten

Pro Person: 6 Points

Tomate: rund und gesund

Tomaten bestehen hauptsächlich aus Wasser, daneben enthalten sie Mineralstoffe, vor allem Kalium und Vitamine (A, C, E). Kaufen Sie Tomaten mit Stielansatz, denn dieser schützt das Aroma. Am besten lagern Sie Tomaten dunkel, kühl und separat von anderen Lebensmitteln, da Tomaten eine Substanz absondern, die anderes Gemüse schneller verwelken lässt.
Zum Kochen eignen sich weiche, saftige Tomaten, die ein stärkeres Aroma haben. Frische Tomaten schmecken gut mit frischen Kräutern, wie Dill, Petersilie und Thymian. Besonders beliebt und bekannt ist Basilikum als schmackhafter Begleiter. Geschmorte Tomaten harmonieren gut mit Oregano, Salbei und Petersilie.

SPINAT-KARTOFFEL-GRATIN

Für 1 Person:

300 g frischer Blattspinat (ersatzweise TK)
1 kleine Knoblauchzehe
Salz
Pfeffer
geriebene Muskatnuss
3 mittelgroße gekochte Kartoffeln
125 ml fettarme Milch
1 EL Mehl
1 EL saure Sahne
2 EL geriebener Emmentaler (30% Fett i. Tr.)

1. Spinat waschen und tropfnass in einem Topf bei schwacher Hitze zusammenfallen lassen. Knoblauchzehe fein würfeln, zu dem Spinat geben und mit Salz, Pfeffer und Muskatnuss abschmecken.

2. Kartoffeln in Scheiben schneiden und mit Spinat in eine Auflaufform schichten. Milch, Mehl und saure Sahne verquirlen, mit Salz, Pfeffer und Muskatnuss würzen und über das Gratin gießen.

3. Käse darüber streuen und im vorgeheizten Backofen bei 175 Grad (Gas: Stufe 2) ca. 20 Minuten gratinieren.

Zubereitungszeit: ca. 15 Minuten
Garzeit: ca. 20 Minuten

Pro Person: 5 Points

Muskat: ein Muss für den Genuss
Muskatnüsse sind die hell- bis dunkelbraun gefärbten Samenkerne des immergrünen Muskatnussbaumes, der im indischen Raum wächst. Die Muskatnuss wird von einer fleischigen Hülle umgeben und erinnert vom Aussehen an eine Aprikose. Der eiförmige Samen (Muskatnuss) ist von einem unregelmäßig geschlitzten Samenmantel (Muskatblüte) umgeben. Geriebene Muskatnuss passt sowohl zu Gemüse (z. B. Blumenkohl, Kohlrabi, Spinat) als auch zu Fleisch-, Fisch- und Eierspeisen.

KARTOFFELN IN KERBELSAUCE MIT LACHSSTREIFEN

1. Zwiebel fein würfeln und in einer beschichteten Pfanne kurz anrösten. Gemüsebrühe angießen, aufkochen lassen und Schmelzkäse unter Rühren darin auflösen. Kerbel zugeben, alles pürieren und mit Zitronensaft, Salz, Pfeffer und Muskatnuss abschmecken.

2. Zucchini in Scheiben schneiden, in einer beschichteten Pfanne mit wenig Wasser ca. 5 Minuten dünsten und mit Salz und Pfeffer würzen. Kartoffeln in Scheiben und Räucherlachs in schmale Streifen schneiden, mit den Zucchinischeiben dekorativ auf einen Teller legen und die Kerbelsauce darüber geben.

Zubereitungszeit: ca. 15 Minuten
Garzeit: ca. 15 Minuten

Für 1 Person:

1 Zwiebel
125 ml Gemüsebrühe (1 TL Instant)
2 EL Schmelzkäse (25% Fett i. Tr.)
1 TL gehackter Kerbel
Zitronensaft
Salz
Pfeffer
geriebene Muskatnuss
200 g junge Zucchini
300 g gekochte Frühkartoffeln
1 Scheibe Räucherlachs (60 g)

Pro Person: 5 Points

Kerbel: das süße Küchenkraut

Kerbel wird in ganz Europa angebaut, wobei es in Frankreich und Belgien ein besonders beliebtes Küchenkraut ist. Kerbel hat ein süßlich aromatisches, anisähnliches Aroma. Kerbel können Sie zum Würzen von Salaten, Gemüse-, Fleisch- oder Fischgerichten verwenden. Probieren Sie auch unsere Kerbel-Kartoffel-Creme-Suppe auf Seite 22. Das feine Kerbelaroma passt aber auch zu Kräutersaucen, Joghurt-Dips oder Eierspeisen. Daneben ist es Bestandteil der bekannten Kräutermischung »fines herbes«.

BUNTE BRATKARTOFFELN MIT SALAT

Für 1 Person:

4 mittelgroße gekochte Kartoffeln
1 TL Pflanzenöl
Salz
je 1 rote und gelbe Paprikaschote
1 Bund Frühlingszwiebeln
½ Päckchen Fix für Salatsauce
½ Kopfsalat
½ Bund Radieschen
Pfeffer
Majoran
1 TL Schnittlauchringe

1. Kartoffeln in Scheiben schneiden. Öl in einer Pfanne erhitzen, Kartoffelscheiben salzen und knusprig braun braten.

2. Paprikaschoten in Streifen, Frühlingszwiebeln in Ringe schneiden, alles zu den Kartoffeln geben und weitere 5 Minuten unter Rühren braten.

3. Fix für Salatsauce mit 3 Esslöffeln Wasser verrühren. Salat in mundgerechte Stücke zupfen, Radieschen in Scheiben schneiden und mit dem Dressing vermengen.

4. Bratkartoffeln mit Salz, Pfeffer und Majoran abschmecken und mit Schnittlauchringen bestreut zu dem Salat servieren.

Zubereitungszeit: ca. 5 Minuten
Garzeit: ca. 15 Minuten

Pro Person: 3 Points

FRÜHKARTOFFELN MIT BUNTEN DIPS

Für 1 Person:

300 g kleine festkochende Frühkartoffeln

1. Kartoffeln gründlich waschen und mit Schale in kochendem Wasser ca. 20 Minuten garen.

Garzeit: ca. 20 Minuten

WÄHLEN SIE DAZU AUS DEN FOLGENDEN DIPS AUS:

Pro Person: 2 Points

1. ROMANESCO-JOGHURT-DIP

Für 1 Person:

100 g Romanesco
Salz
100 g fettarmer Joghurt
Pfeffer
geriebene Muskatnuss
½ TL Zitronensaft

1. Romanesco in Röschen teilen, in kochendem Salzwasser kurz blanchieren, im Blitzhacker sehr fein hacken und mit Joghurt vermengen. Mit Salz, Pfeffer, Muskatnuss und Zitronensaft abschmecken und zu den Frühkartoffeln servieren.

Zubereitungszeit: ca. 5 Minuten

Pro Person: 1 Point

2. FRISCHER TOMATEN-DIP

Für 1 Person:

- 1 Zwiebel
- 1 Knoblauchzehe
- 1 kleine Karotte
- 1 TL Olivenöl
- 200 g passierte Tomaten
- Salz, Pfeffer
- einige Tropfen flüssiger Süßstoff
- ½ Bund Basilikum

1. Zwiebel und Knoblauchzehe hacken, Karotte raspeln. Olivenöl in einem Topf erhitzen, Zwiebel und Knoblauch darin glasig dünsten, Karottenraspel zugeben, kurz mit dünsten, passierte Tomaten angießen und ca. 15 Minuten bei geringer Hitze garen.

2. Dip mit Salz, Pfeffer und Süßstoff abschmecken. Basilikum hacken, zum Dip geben und zu den Frühkartoffeln servieren.

Zubereitungszeit: ca. 10 Minuten
Garzeit: ca. 20 Minuten

Pro Person: 1 Point

3. KRÄUTER-DIP

Für 1 Person:

- 1 EL saure Sahne
- 150 g fettarmer Joghurt
- 1 TL Senf
- 1 TL Zitronensaft
- 1 kleine Gewürzgurke
- ½ Bund Schnittlauch
- ½ Bund glatte Petersilie
- Salz
- Pfeffer
- einige Tropfen flüssiger Süßstoff

1. Saure Sahne, Joghurt, Senf und Zitronensaft vermischen. Gewürzgurke sehr fein würfeln, Kräuter fein hacken und beides unter die Joghurt-Mischung geben. Alles mit Salz, Pfeffer und Süßstoff abschmecken und zu den Kartoffeln servieren.

Zubereitungszeit: ca. 10 Minuten

Pro Person: 2 Points

KARTOFFEL-TERRINE

Für 1 Person:

3 Blatt weiße Gelatine
2 gekochte Kartoffeln
2 Tomaten
1 Lauchzwiebel
150 ml Gemüsebrühe
(1 TL Instant)
6 EL Magerquark
Salz
Pfeffer
Paprikapulver
6 Radieschen

1. Gelatine nach Packungsanweisung in kaltem Wasser einweichen. Eine Form nach Wahl (rund oder eckig) mit kaltem Wasser ausspülen und mit Frischhaltefolie auskleiden.

2. Kartoffeln in Stifte, Tomaten in Spalten und Lauchzwiebel in Ringe schneiden. Gemüsebrühe und Quark verrühren und kräftig mit Salz, Pfeffer und Paprikapulver abschmecken.

3. Gelatine ausdrücken und in einem kleinen Topf bei niedriger Temperatur oder in der Mikrowelle schmelzen. Nach und nach etwas Quarkmasse unterrühren, dann die Gelatinemasse zum restlichen Quark geben und glatt rühren. Kartoffelstifte, Tomatenspalten und Lauchzwiebelringe unter die Quarkmasse geben und alles in die vorbereitete Form füllen. Kartoffel-Terrine im Kühlschrank mindestens 3 Stunden erstarren lassen.

4. Radieschen rosettenförmig einritzen. Terrine aus der Form stürzen, Frischhaltefolie abziehen und in Scheiben geschnitten mit Radieschen dekoriert servieren.

Zubereitungszeit: ca. 20 Minuten
Kühlzeit: mindestens 3 Stunden

Pro Person: 4 Points

KARTOFFEL-LASAGNE

1. Tomaten in Würfel schneiden. Zwiebel fein hacken und mit Tatar in einer beschichteten Pfanne fettfrei knusprig braun braten. Tomatenwürfel, passierte Tomaten und Kräuter hinzugeben und mit Salz und Pfeffer abschmecken.

2. Mehl und Margarine verkneten, Milch aufkochen und mit »Mehlbutter« andicken. Sauce mit Salz, Pfeffer und Muskatnuss abschmecken.

3. Kartoffeln in Scheiben schneiden und abwechselnd mit Tatarmasse und heller Sauce in eine flache Auflaufform einschichten. Kartoffel-Lasagne mit Käse bestreuen und im vorgeheizten Backofen bei 200 Grad (Gas: Stufe 3) ca. 20 Minuten backen.

Zubereitungszeit: ca. 10 Minuten
Garzeit: ca. 35 Minuten

Für 1 Person:

2 Tomaten
1 Zwiebel
2 EL Tatar (60 g)
150 ml passierte Tomaten (Konserve)
2 TL gehackte Kräuter
Salz
Pfeffer
1 TL Mehl
1 TL Margarine
125 ml fettarme Milch
1 Msp. geriebene Muskatnuss
3 gekochte Kartoffeln
2 EL geriebener Käse (32% Fett i. Tr.)

Pro Person: 6 Points

DÄNISCHE KARAMELL-KARTOFFELN

Für 1 Person:

300 g kleine junge Kartoffeln (z. B. Drillinge)
3 Stangen Rhabarber
einige Tropfen flüssiger Süßstoff
1 Pfirsich
100 g Erdbeeren
1 EL Zucker
1 TL Pflanzenmargarine
4 EL Wasser

1. Kartoffeln ca. 20 Minuten garen und heiß pellen.

2. Rhabarber in Scheiben schneiden, mit wenig Wasser in einen Topf geben und einmal kurz aufkochen lassen. Rhabarber etwas auskühlen lassen, dann mit Süßstoff abschmecken. Pfirsich und Erdbeeren in Spalten schneiden und mit dem Rhabarber mischen.

3. Zucker in einer beschichteten Pfanne goldbraun karamellisieren lassen. Margarine hinzugeben und schmelzen lassen. Pfanne kurz von der Platte nehmen, Wasser angießen, dann Karamell loskochen. Kartoffeln in die Pfanne geben und rundherum karamellisieren. Kartoffeln noch warm mit Fruchtsalat servieren.

Zubereitungszeit: ca. 10 Minuten
Garzeit: ca. 30 Minuten

Pro Person: 4 Points

MINI-PUFFER MIT KÜRBIS

Für 2 Personen:

300 g Kartoffeln
100 g Kürbis, süß-sauer eingelegt
1 EL gehackte Erdnüsse
1 Ei
1 EL Stärkemehl
Currypulver
Salz
Pfeffer
6 EL Magerquark
1 TL gehackte Gartenkräuter
1 TL Halbfettmargarine
2 Zucchini

1. Kartoffeln reiben, Kürbis in sehr feine Streifen schneiden und beides mit Erdnüssen, Ei und Stärkemehl vermengen. Masse mit Currypulver, Salz und Pfeffer würzen.

2. Brat-Folie in einer Pfanne erhitzen. Kartoffel-Kürbis-Masse löffelweise darauf geben und von jeder Seite ca. 5 Minuten goldgelb backen.

3. Quark und Kräuter vermengen und mit Salz und Pfeffer abschmecken. Margarine in einer Pfanne erhitzen, Zucchini in Scheiben schneiden, ca. 5 Minuten darin dünsten, mit Salz und Pfeffer abschmecken und mit dem Quark-Kräuter-Dip zu den Puffern servieren.

Zubereitungszeit: ca. 15 Minuten
Garzeit: ca. 15 Minuten

Pro Person: 6 Points

MARONEN-KARTOFFEL-SOUFFLÉ

1. Maronen und Kartoffeln würfeln und in Apfelsaft und Wasser ca. 15 Minuten kochen. Maronen- und Kartoffelwürfel pürieren, mit Süßstoff abschmecken und abkühlen lassen.

2. Eiweiß mit einer Prise Salz steif schlagen, vorsichtig unter die Kartoffel-Maronen-Masse ziehen und in eine Souffléform füllen. Souffléform auf eine mit Wasser gefüllte Fettpfanne oder eine flache Auflaufform setzen und im vorgeheizten Backofen bei 180 Grad (Gas: Stufe 2) ca. 20 Minuten backen.

3. Orange filetieren, Kiwi in Spalten schneiden. Vanillesauce auf einen Teller gießen, Orangen- und Kiwispalten dekorativ am Rand anrichten. Soufflé in die Tellermitte setzen und mit Puderzucker bestäubt servieren.

Zubereitungszeit: ca. 15 Minuten
Garzeit: ca. 35 Minuten

Für 1 Person:

4 Maronen
200 g Kartoffeln
200 ml Apfelsaft, ohne Zucker
200 ml Wasser
einige Tropfen flüssiger Süßstoff
2 Eiweiß
Salz
1 Orange
1 Kiwi
3 EL Vanillesauce, Fertigprodukt
½ TL Puderzucker

Pro Person: 6 Points

KARTOFFELWAFFELN MIT LAUCH

Für 1 Person:

1 kleine Stange Lauch
250 g Kartoffeln
2 EL geriebener Emmentaler (30% Fett i. Tr.)
1 Ei
4 TL Kondensmilch (4% Fett)
1 EL Kartoffelstärke
Salz
Pfeffer
½ Knoblauchzehe
2 EL saure Sahne
1 TL gehackte Gartenkräuter

1. Lauch in feine Ringe schneiden und kurz blanchieren. Kartoffeln reiben und mit Lauchringen, Emmentaler, Ei, Kondensmilch und Kartoffelstärke vermengen. Kartoffel-Lauch-Masse mit Salz und Pfeffer würzen.

2. Ein beschichtetes Waffeleisen erhitzen und nacheinander 2 Waffeln darin goldbraun backen. Knoblauchzehe fein hacken, mit saurer Sahne und Kräutern vermengen, mit Salz und Pfeffer abschmecken und zu den Waffeln servieren.

Zubereitungszeit: ca. 10 Minuten
Garzeit: ca. 25 Minuten

Pro Person: 7 Points

KARTOFFELTORTE MIT KRABBEN

Für 4 Personen:

2 Zwiebeln
1 Knoblauchzehe
1 kg gekochte Kartoffeln
2 TL Pflanzenöl
Salz
Pfeffer
200 g frische Nordseekrabben
½ TL gehackter Dill
4 Eier
100 g fettarmer Joghurt
1 Glas Orangensaft, ohne Zucker
einige Tropfen flüssiger Süßstoff
2 Äpfel
400 g Feldsalat

1. Zwiebeln würfeln, Knoblauchzehe hacken und Kartoffeln in dicke Scheiben schneiden. Öl in einer großen beschichteten Pfanne erhitzen, Knoblauch und Zwiebelwürfel darin andünsten. Kartoffelscheiben zugeben, mit Salz und Pfeffer würzen und unter ständigem Wenden leicht anbraten.

2. Krabben und Dill unter die Kartoffeln rühren. Eier verquirlen, über die Kartoffelmasse gießen und abgedeckt bei geringer Hitze ca. 10 Minuten stocken lassen.

3. Kartoffeltorte vorsichtig auf einen großen Teller oder Deckel gleiten lassen und umgedreht wieder in die Pfanne geben. Kartoffeltorte nochmals ca. 10 Minuten stocken lassen, auf eine Platte stürzen und in 4 Stücke schneiden.

4. Joghurt mit Orangensaft verrühren und mit Süßstoff, Salz und Pfeffer abschmecken. Äpfel in Spalten schneiden, mit dem Feldsalat anrichten, das Dressing darüber geben und zu der Kartoffeltorte servieren.

Zubereitungszeit: ca. 20 Minuten
Garzeit: ca. 25 Minuten

Pro Person: 6 Points

WINTERLICHE KARTOFFELPFANNE

1. Lauch in Ringe schneiden und Kartoffeln würfeln. Margarine in einer Pfanne erhitzen, Lauchringe und Kartoffelwürfel darin anschwitzen und zugedeckt ca. 10 Minuten garen.

2. 1 Esslöffel Mehl darüber stäuben und Gemüsebrühe angießen. Apfel in Spalten schneiden, hinzugeben und weitere 5 Minuten garen. Alles mit Muskatnuss, Salz und Pfeffer abschmecken.

3. Leber mit Pfeffer würzen und in restlichem Mehl wenden. Brat-Folie in einer Pfanne erhitzen und Leber darauf von jeder Seite ca. 3 Minuten braten. Kartoffel-Gemüsemasse mit Leber servieren.

Für 1 Person:

2 Stangen Lauch
3 Kartoffeln
1 TL Pflanzenmargarine
3 EL Mehl
150 ml Gemüsebrühe
(1 TL Instant)
1 Apfel
1 Prise geriebene Muskatnuss
Salz
Pfeffer
100 g Geflügelleber

Zubereitungszeit: ca. 10 Minuten
Garzeit: ca. 25 Minuten

Pro Person: 7 Points

ZWETSCHGEN-KNÖDEL

Für 1 Person:

300 g mehligkochende Kartoffeln
Salz
3 EL Mehl
1 TL Zucker
1 Eigelb
4 kleine Zwetschgen (100 g)
1 TL Margarine
1 EL Paniermehl
einige Blätter Zitronenmelisse

1. Geschälte Kartoffeln in Salzwasser ca. 15 Minuten kochen, ausdämpfen lassen und durch eine Kartoffelpresse drücken. Mehl, Zucker und Eigelb zugeben und alles zu einem geschmeidigen Teig verarbeiten.

2. Teig zu einer Rolle formen, in 4 gleich große Stücke teilen und mit der Handfläche flach drücken. Jeweils mit einer Zwetschge belegen, zu Knödeln formen und in reichlich Salzwasser ca. 20 Minuten gar ziehen lassen.

3. Margarine zerlassen und Paniermehl darin goldbraun rösten. Knödel mit Paniermehl bestreuen und mit Zitronenmelisse garniert servieren.

Zubereitungszeit: ca. 15 Minuten
Garzeit: ca. 30 Minuten

Pro Person: 7 Points

KARTOFFELKNÖDEL MIT PFIFFERLING-FÜLLUNG

1. Kartoffeln zerdrücken, mit Stärkemehl und Ei zu einer glatten Masse verkneten und mit Salz, Pfeffer und Muskatnuss würzen.

2. Pfifferlinge und Schalotte in kleine Würfel schneiden und in einer beschichteten Pfanne andünsten. Estragon zugeben und mit Salz und Pfeffer würzen.

3. Kartoffelmasse zu einer Rolle formen, in Scheiben schneiden, etwas flach drücken und in der Mitte mit ⅔ Pfifferling-Masse belegen. Teig darüber zusammendrücken und zu Klößen formen. Klöße in siedendem Salzwasser ca. 15 Minuten gar ziehen lassen.

4. Milch in die Pfanne zu den restlichen Pfifferlingen geben, aufkochen lassen, Saucenbinder zugeben und mit Salz und Pfeffer abschmecken.

5. Fix für Salatsauce nach Packungsanweisung mit Wasser zubereiten und mit Radicchio vermengen. Pfifferling-Knödel mit Sauce und Salat servieren.

Zubereitungszeit: ca. 20 Minuten
Garzeit: ca. 20 Minuten

Für 2 Personen:

400 g mehligkochende gekochte Kartoffeln
4 EL Stärkemehl
1 Ei
Salz
Pfeffer
1 Prise geriebene Muskatnuss
300 g Pfifferlinge
1 Schalotte
2 TL gehacktes Estragon
125 ml fettarme Milch
2 EL heller Saucenbinder (Instantpulver)
½ Päckchen Fix für Salatsauce
1 Radicchio

Pro Person: 4 Points

GEFÜLLTE FRÜHLINGS-KARTOFFELN

Für 4 Personen:

4 große festkochende gekochte Pellkartoffeln
1 kleine Aubergine
1 kleine Zucchini
1 rote Zwiebel
1 kleine Tomate
Salz
Pfeffer
2 TL gehackte, gemischte Kräuter
1 Kugel Mozzarella
150 g fettarmer Joghurt
3 EL fettarme Milch
1 kleine Knoblauchzehe
Paprikapulver

1. Von den Kartoffeln einen Deckel abschneiden und mit einem Teelöffel so aushöhlen, dass ein ca. 1 cm breiter Rand bleibt. Das Kartoffelinnere würfeln.

2. Aubergine, Zucchini, Zwiebel und Tomate würfeln, mit den Kartoffelwürfeln in einer beschichteten Pfanne fettfrei andünsten, mit Salz und Pfeffer pikant abschmecken und Kräuter untermischen.

3. Das Gemüse in die Kartoffeln füllen, Mozzarella würfeln und auf dem Gemüse verteilen. Kartoffeln in eine feuerfeste Form geben und bei 200 Grad (Gas: Stufe 3) ca. 15 Minuten überbacken.

4. Joghurt mit Milch verrühren. Knoblauchzehe hacken, zugeben, die Sauce mit Salz, Pfeffer und Paprikapulver pikant abschmecken und zu den gefüllten Kartoffeln servieren.

Zubereitungszeit: ca. 15 Minuten
Garzeit: ca. 20 Minuten

Pro Person: 4 Points

FARFALLE MIT KAROTTEN

Für 4 Personen:

240 g Schmetterlingsnudeln, trocken
Salz
1 kg Karotten
4 TL flüssiger Honig
Pfeffer
1 Liter Gemüsebrühe (4 TL Instant)
120 g saure Sahne
3 TL gehackte Mandeln

1. Nudeln in reichlich kochendem Salzwasser nach Packungsanweisung bissfest garen.

2. Karotten würfeln, in einer beschichteten Pfanne fettfrei andünsten und mit Honig, Salz und Pfeffer würzen. Brühe angießen und aufkochen lassen. 6 Esslöffel Karottenwürfel abnehmen, den Rest pürieren und aufkochen lassen.

3. Karottenwürfel unter die Sauce heben, saure Sahne einrühren und mit Salz und Pfeffer abschmecken. Nudeln mit Karottensauce anrichten und mit Mandeln bestreut servieren.

Zubereitungszeit: ca. 5 Minuten
Garzeit: ca. 15 Minuten

Pro Person: 5 Points

SPAGHETTI MIT PESTO

1. Spaghetti in reichlich kochendem Salzwasser nach Packungsanweisung bissfest garen.

2. Basilikum grob zerkleinern, mit Sonnenblumenkernen, Öl, Parmesan und Gemüsebrühe pürieren. Nach Wunsch mit Salz abschmecken.

3. Kopfsalat in mundgerechte Stücke zupfen, Gurke in Scheiben, Paprikaschote in Streifen und Tomaten in Spalten schneiden. Öl mit Essig verrühren, mit Salz, Pfeffer und Süßstoff abschmecken und mit den Salatzutaten vermengen. Spaghetti mit Pesto vermischen und mit Salat servieren.

Zubereitungszeit: ca. 10 Minuten
Garzeit: ca. 10 Minuten

Für 4 Personen:

240 g Spaghetti, trocken
Salz
2 Bund Basilikum
4 EL Sonnenblumenkerne
4 TL Olivenöl
4 EL geriebener Parmesan (32% Fett i. Tr.)
50 ml Gemüsebrühe (½ TL Instant)
1 Kopfsalat
1 Salatgurke
1 gelbe Paprikaschote
4 Tomaten
4 TL Pflanzenöl
4 TL Apfelessig
Pfeffer
einige Tropfen flüssiger Süßstoff

Pro Person: 7 Points

BANDNUDELN MIT GEMÜSESTREIFEN

Für 4 Personen:

2 Zucchini
4 Karotten
2 Stangen Lauch
240 g schmale Bandnudeln, trocken
4 EL Weinessig
Salz
240 g stückige Tomaten (Fertigprodukt)
8 EL Tomatenmark
2 TL Pflanzenöl
2 TL Paprikapulver
Pfeffer

1. Zucchini, Karotten und Lauch mit einem Sparschäler in feine, lange, dünne Streifen schneiden. Nudeln in reichlich Essig-Salzwasser nach Packungsanweisung bissfest garen.

2. Kurz vor Ende der Garzeit Gemüse zugeben und mitgaren. Tomaten mit Tomatenmark und Öl vermischen, mit Paprikapulver, Salz und Pfeffer abschmecken und mit den Gemüsenudeln servieren.

Zubereitungszeit: ca. 10 Minuten
Garzeit: ca. 10 Minuten

Pro Person: 3,5 Points

SPÄTZLE MIT KRÄUTER-KÄSESAUCE

1. Zwiebeln fein würfeln und in einer beschichteten Pfanne fettfrei andünsten. Milch angießen und Käse darin schmelzen.

2. Tomaten in Spalten, Frühlingszwiebeln in Ringe schneiden und vermengen. Essig und Öl verrühren, mit Salz, Pfeffer und Süßstoff abschmecken. Dressing zum Salat geben und kurz ziehen lassen.

3. Käsesauce mit Saucenbinder andicken, Petersilie und Schnittlauch unterrühren und mit Muskatnuss, Salz und Pfeffer abschmecken. Spätzle mit Kräuter-Käsesauce und Tomatensalat servieren.

Zubereitungszeit: ca. 5 Minuten
Garzeit: ca. 10 Minuten

Für 4 Personen:

3 Zwiebeln
500 ml fettarme Milch
120 g Edelpilzkäse (45% Fett i. Tr.)
500 g Tomaten
2 Frühlingszwiebeln
5 TL Obstessig
3 TL Sonnenblumenöl
Salz
Pfeffer
einige Tropfen flüssiger Süßstoff
2 EL heller Saucenbinder (Instantpulver)
4 EL gehackte Petersilie
4 EL Schnittlauchringe
2 Msp. geriebene Muskatnuss
360 g Spätzle, verzehrfertig

Pro Person: 6 Points

FUSILLI MIT GEMÜSE-KÄSE-SAUCE

Für 4 Personen:

240 g Fusilli, trocken
Salz
400 g Sellerie
400 g Champignons
3 kleine Zwiebeln
400 g Lauch
400 ml Gemüsebrühe
(2 TL Instant)
120 g saure Sahne
Pfeffer
1 TL Paprikapulver
4 EL geriebener Parmesan
(32% Fett i. Tr.)

1. Nudeln in reichlich kochendem Salzwasser nach Packungsanweisung bissfest garen.

2. Sellerie würfeln, Champignons in Scheiben, Zwiebeln in Ringe und Lauch in Streifen schneiden. Zwiebeln, Sellerie und Lauch in einer beschichteten Pfanne fettfrei anbraten. Pilze zugeben, mit Brühe ablöschen und einige Minuten köcheln.

3. Saure Sahne einrühren und die Sauce mit Salz, Pfeffer und Paprikapulver abschmecken. Nudeln mit Gemüsesauce anrichten und mit Parmesan bestreut servieren.

Zubereitungszeit: ca. 5 Minuten
Garzeit: ca. 10 Minuten

Pro Person: 4,5 Points

KÄSE MIT TRADITION

Parmesan, der berühmte italienische Käse, wird seit sieben Jahrhunderten auf die gleiche Weise hergestellt. Als Käse mit Ursprungsgarantie darf der Parmesan nur in einem kleinen begrenzten Gebiet hergestellt werden und unterliegt strengen Qualitätsregeln.
Aus 16 Litern Milch erhält man am Ende etwa 1 Kilogramm Parmigiano Reggiano. Sein Aroma ist delikat und würzig.
Vom Alter her lassen sich drei Gruppen unterscheiden: fresco (frisch) jünger als 18 Monate, vecchio (alt) zwischen 18 und 24 Monate und stravecchio (extra alt) zwischen 24 und 36 Monate.

KÄSE-WIRSING-MAKKARONI

Für 4 Personen:

240 g Makkaroni, trocken
Salz
4 Tomaten
2 kleine Zwiebeln
1 Wirsing
480 g Tatar
200 ml Fleischbrühe
(1 TL Instant)
100 g Schmelzkäse
(25% Fett i. Tr.)
Pfeffer
2 Msp. geriebene
Muskatnuss

1. Makkaroni in reichlich kochendem Salzwasser nach Packungsanweisung bissfest garen.

2. Tomaten kreuzweise einschneiden, mit heißem Wasser überbrühen, häuten, halbieren und entkernen. Tomatenfleisch und Zwiebeln würfeln, Wirsing in Streifen schneiden.

3. Zwiebeln in einer beschichteten Pfanne fettfrei andünsten. Tatar zufügen und krümelig durchbraten. Wirsing und Tomaten zufügen, mit Brühe ablöschen, Schmelzkäse einrühren und ca. 8 Minuten garen. Mit Pfeffer und Muskatnuss abschmecken. Makkaroni mit Käse-Wirsing-Sauce servieren.

Zubereitungszeit: ca. 10 Minuten
Garzeit: ca. 15 Minuten

Pro Person: 6 Points

SPAGHETTI MIT ZIEGENKÄSE

1. Rote Bete in Salzwasser ca. 20 Minuten garen, schälen und in feine Scheiben hobeln. (Konservierte Rote Bete abtropfen lassen und hobeln.)

2. Nudeln in reichlich Salzwasser nach Packungsanweisung bissfest garen.

3. Champignons in Scheiben schneiden. Essig und Öl verrühren, mit Salz, Pfeffer und Süßstoff abschmecken und mit Champignonscheiben und Feldsalat vermengen.

4. Honig erwärmen, mit Frischkäse verrühren und mit Rosmarin, Salz und Pfeffer würzen. Spaghetti und Rote Bete mischen, auf Teller verteilen, Ziegenfrischkäse darüber geben und mit Feldsalat servieren.

Zubereitungszeit: ca. 20 Minuten
Garzeit: ca. 20 Minuten

Für 4 Personen:

4 Knollen Rote Bete (ersatzweise 300 g Konserve)
Salz
240 g Spaghetti, trocken
200 g Champignons
4 TL Balsamicoessig
2 TL Pflanzenöl
Pfeffer
einige Tropfen flüssiger Süßstoff
300 g Feldsalat
4 TL Honig
5 EL Ziegenfrischkäse (50 % Fett i. Tr.)
1 TL Rosmarin

Pro Person: 5 Points

NUDELN MIT SEEZUNGENSTREIFEN

Für 4 Personen:

8 Seezungenfilets (à 70 g)
2 TL Zitronensaft
Salz
4 Karotten
2 Stangen Lauch
1 Sellerieknolle
200 ml weißer Traubensaft, ohne Zucker
125 ml fettarme Milch
2 EL heller Saucenbinder (Instantpulver)
4 Tomaten
1 TL gehackter Dill
3 TL Kerbel
weißer Pfeffer
540 g gegarte Nudeln

1. Seezungenfilets säubern, mit Zitronensaft säuern und salzen. Fisch in Streifen schneiden und in einer beschichteten Pfanne mit wenig Wasser fettfrei dünsten. Fisch herausnehmen und warm stellen.

2. Karotten, Lauch und Sellerie fein würfeln und in der Pfanne anrösten. Traubensaft angießen und zugedeckt ca. 10 Minuten garen. Milch angießen und mit Saucenbinder andicken.

3. Tomaten mit kochendem Wasser überbrühen, häuten, halbieren und entkernen. Tomaten würfeln und mit Dill und Kerbel in die Gemüsesauce geben. Mit Salz und Pfeffer abschmecken und mit Seezungenstreifen auf Nudeln anrichten.

Zubereitungszeit: ca. 20 Minuten
Garzeit: ca. 20 Minuten

Pro Person: 5 Points

SPAGHETTI MIT PILZSAUCE

1. Spaghetti nach Packungsanweisung in reichlich Salzwasser bissfest garen.

2. Zwiebeln und Schinken würfeln und in einer beschichteten Pfanne fettfrei goldbraun braten. Champignons vierteln, Pfifferlinge halbieren, zugeben und ca. 5 Minuten schmoren. Frischkäse einrühren und mit Salz und Pfeffer würzen.

3. Knoblauchzehe zerdrücken und mit Kräutern unter die Spaghetti mengen. Spaghetti mit Pilzsauce servieren.

Zubereitungszeit: ca. 10 Minuten
Garzeit: ca. 20 Minuten

Für 4 Personen:

240 g Spaghetti, trocken
Salz
3 Zwiebeln
8 Scheiben roher Schinken, ohne Fett
200 g Champignons
250 g Pfifferlinge
120 g Frischkäse (30 % Fett i. Tr.)
Pfeffer
1 Knoblauchzehe
4 EL gemischte Kräuter

Pro Person: 5 Points

BANDNUDELN MIT LACHSSAUCE

Für 4 Personen:

240 g Bandnudeln, trocken
Salz
2 Schalotten
200 ml Gemüsebrühe
(1 TL Instant)
120 g Räucherlachs
300 g Kirschtomaten
Pfeffer
1 Bund Schnittlauch
250 g fettarmer Joghurt
1 Salatgurke
1 gelbe Paprikaschote
1 Schalotte
1 kleiner Radicchio
1 EL Zitronensaft
2 EL Weißweinessig
1 TL mittelscharfer Senf
4 EL Gemüsebrühe
(1 Msp. Instant)
einige Tropfen
flüssiger Süßstoff

1. Nudeln in reichlich kochendem Salzwasser nach Packungsanweisung bissfest garen. Schalotten würfeln, in einer beschichteten Pfanne kurz andünsten und mit Brühe ablöschen. Räucherlachs in Streifen schneiden, Kirschtomaten vierteln, beides zugeben und mit Salz und Pfeffer abschmecken.

2. Schnittlauch in Ringe schneiden, mit dem Joghurt unterrühren und nicht mehr aufkochen. Salatgurke halbieren und in Halbmonde schneiden, Paprikaschote und Schalotte würfeln und Radicchio in mundgerechte Stücke zupfen. Zitronensaft, Essig, Senf und Brühe verrühren, mit Salz, Pfeffer und Süßstoff abschmecken und mit den Salatzutaten vermengen. Bandnudeln auf 4 Tellern verteilen, mit der Sauce anrichten und Salat dazu servieren.

Zubereitungszeit: ca. 10 Minuten
Garzeit: ca. 10 Minuten

Pro Person: 4,5 Points

PENNE ALL' ARRABBIATA

(NUDELN MIT SCHARFER CHILISAUCE)

Für 4 Personen:

160 g Penne, trocken
Salz
1 Knoblauchzehe
2 kleine Zwiebeln
2 rote Chilischoten
10 schwarze Oliven, ohne Kern
800 g geschälte Tomaten (Konserve)
Pfeffer
Paprikapulver
2 EL gehackte Petersilie

FÜR DEN PAPRIKASALAT:

je 1 rote und gelbe Paprikaschote
250 g Champignons
1 Kopfsalat
3 EL Weißweinessig (ersatzweise Obstessig)
1 TL süßer Senf
2 TL gehackte, gemischte Kräuter
3 TL Olivenöl
einige Tropfen flüssiger Süßstoff

1. Penne nach Packungsanweisung in Salzwasser bissfest garen. Knoblauchzehe zerdrücken. Zwiebeln fein würfeln, Chilischoten entkernen, in Ringe und Oliven in Scheiben schneiden.

2. Knoblauch mit Zwiebeln und Chili in einer Pfanne fettfrei kurz anrösten. Mit Tomaten ablöschen und mit Salz, Pfeffer und Paprikapulver kräftig würzen. Oliven unterheben und bei milder Hitze ca. 10 Minuten garen.

3. Für den Salat Paprikaschoten und Champignons in feine Würfel schneiden und vermengen. Kopfsalat in mundgerechte Stücke zupfen, auf Tellern anrichten und Paprikagemüse darauf verteilen. Essig mit Senf und Kräutern verrühren und Öl unterschlagen. Dressing mit Salz, Pfeffer und Süßstoff abschmecken, über den Salat träufeln und kurz ziehen lassen.

4. 1 Esslöffel Petersilie unter die Tomatensauce geben. Anschließend mit Pfeffer und Paprikapulver abschmecken. Penne all'arrabbiata mit restlicher Petersilie bestreuen und zum Paprikasalat servieren.

Zubereitungszeit: ca. 10 Minuten
Garzeit: ca. 20 Minuten

Pro Person: 4 Points

SPINAT-LASAGNE

Für 4 Personen:

4 Tomaten
2 Zwiebeln
2 Knoblauchzehen
2 TL Olivenöl
1 kg frischer Blattspinat (ersatzweise TK)
Salz
Pfeffer
1 Prise geriebene Muskatnuss
4 TL Pflanzenmargarine
2 EL Mehl
500 ml fettarme Milch
100 ml Gemüsebrühe (1 TL Instant)
12 grüne Lasagne-Platten, trocken
2 EL geriebener Käse (32 % Fett i. Tr.)

1. Tomaten, Zwiebeln und Knoblauchzehen fein würfeln und in erhitztem Öl andünsten. Spinat zugeben, zusammenfallen lassen und mit Salz, Pfeffer und Muskatnuss würzen.

2. Margarine zerlassen, Mehl darüber stäuben, Milch und Brühe unter Rühren zugeben, aufkochen lassen und mit Salz, Pfeffer und Muskatnuss würzen.

3. Den Boden einer flachen, rechteckigen Auflaufform mit etwas heller Sauce begießen, mit einer Schicht Lasagne-Platten auslegen, mit Spinatmasse belegen und mit etwas Sauce begießen. Das Ganze wiederholen und mit Sauce abschließen. Spinat-Lasagne mit Käse bestreut im vorgeheizten Backofen bei 200 Grad (Gas: Stufe 2) ca. 30 Minuten backen.

Zubereitungszeit: ca. 15 Minuten
Garzeit: ca. 40 Minuten

Pro Person: 6 Points

FAMILY-GEMÜSE-NUDEL-AUFLAUF

1. Zwiebeln würfeln, Knoblauchzehen zerdrücken und Schinken in Streifen schneiden. Margarine in einer beschichteten Pfanne erhitzen, Zwiebeln, Knoblauch und Schinken darin andünsten. Karotten in Scheiben, Zucchini halbieren und in Halbmonde schneiden, Champignons vierteln und Tomaten würfeln. Gemüse mit Zuckererbsenschoten in die Pfanne geben und ca. 5 Minuten garen.

2. Milch angießen, Saucenbinder einstreuen, aufkochen lassen, Kräuterfrischkäse einrühren und kräftig mit Salz, Pfeffer und Muskatnuss abschmecken. Mais und Erbsen unterheben, mit den Nudeln abwechselnd in eine Auflaufform schichten und im vorgeheizten Backofen bei 180 Grad (Gas: Stufe 2) ca. 20 Minuten backen.

Zubereitungszeit: ca. 15 Minuten
Garzeit: ca. 25 Minuten

Für 4 Personen:

2 Zwiebeln
2 Knoblauchzehen
100 g gekochter Schinken
1 TL Pflanzenmargarine
150 g Karotten
1 Zucchini
200 g Champignons
6 Tomaten
100 g Zuckererbsenschoten
250 ml fettarme Milch
2 EL heller Saucenbinder (Instantpulver)
6 EL Kräuterfrischkäse (30 % Fett i. Tr.)
Salz
Pfeffer
1 Prise geriebene Muskatnuss
6 EL Mais (Konserve)
4 EL Erbsen (ersatzweise TK)
540 g gegarte, bunte Schleifennudeln

Pro Person: 5,5 Points

PENNE-FENCHEL-PFANNE

Für 4 Personen:

4 Zwiebeln
4 Fenchelknollen
400 g passierte Tomaten (Konserve)
Salz
Pfeffer
Paprikapulver
Rosmarin
480 g gegarte Penne
4 EL geriebener Parmesan (32 % Fett i. Tr.)

1. Zwiebeln in Spalten, Fenchel in Streifen schneiden und etwas Fenchelgrün beiseite stellen. Zwiebeln und Fenchel in einer beschichteten Pfanne fettfrei ca. 10 Minuten andünsten. Passierte Tomaten angießen, mit Salz, Pfeffer, Paprikapulver und Rosmarin würzen.

2. Penne unter die Fenchel-Pfanne heben und weitere ca. 5 Minuten zusammen garen. Penne-Fenchel-Pfanne mit Salz, Pfeffer und Paprikapulver abschmecken und mit Parmesan bestreut servieren.

Zubereitungszeit: ca. 5 Minuten
Garzeit: ca. 15 Minuten

Pro Person: 2,5 Points

CANNELLONI MIT FRISCHKÄSEFÜLLUNG

1. Zwiebel und Knoblauchzehen fein würfeln und in einer beschichteten Pfanne fettfrei anbraten. 3 Teelöffel Basilikum und Tomaten hinzugeben. Masse aufkochen und mit Salz und Pfeffer abschmecken.

2. Paprikaschoten überbrühen, häuten, würfeln und mit 1 Esslöffel Wasser ca. 5 Minuten dünsten. Frischkäse hinzugeben, pürieren und Ei untermengen. Masse mit restlichem Basilikum, Salz, Pfeffer und Zitronensaft würzen.

3. Cannelloni mit Frischkäse-Paprikamasse füllen. Eventuell übrig bleibende Masse in eine flache Auflaufform geben, Cannelloni darauf setzen und Tomatensauce darüber gießen. Cannelloni mit Käse bestreut im vorgeheizten Backofen bei 175 Grad (Gas: Stufe 2) ca. 40 Minuten garen.

4. Kopfsalat in mundgerechte Stücke zupfen und mit Bohnen vermengen. Für das Dressing Joghurt mit Essig und Thymian verrühren und mit Salz und Pfeffer abschmecken. Salat mit Dressing vermischen und zu den Cannelloni servieren.

Für 2 Personen:

1 Zwiebel
2 Knoblauchzehen
5 TL gehacktes Basilikum
400 g geschälte Tomaten (Konserve)
Salz
Pfeffer
2 gelbe Paprikaschoten
5 EL Frischkäse (30% Fett i. Tr.)
1 Ei
1 TL Zitronensaft
8 Cannelloni, trocken
3 EL geriebener Käse (32% Fett i. Tr.)
1 Kopfsalat
3 EL weiße Bohnen (Konserve)
50 g fettarmer Joghurt
3 TL Balsamicoessig
½ TL Thymian

Zubereitungszeit: ca. 20 Minuten
Garzeit: ca. 50 Minuten

Pro Person: 6 Points

NUDEL-ZUCCHINI-AUFLAUF

Für 4 Personen:

240 g Makkaroni, trocken
Salz
3 Zucchini
1 TL Halbfettmargarine
Pfeffer
150 g fettarmer Joghurt
125 ml fettarme Milch
3 Eier
3 EL Schnittlauchringe
Paprikapulver
6 EL geriebener Käse
(32% Fett i. Tr.)

1. Makkaroni in Salzwasser nach Packungsanweisung bissfest garen.

2. Zucchini in dünne Scheiben schneiden. Auflaufform mit Margarine einfetten. Makkaroni und Zucchinischeiben abwechselnd in die Auflaufform einschichten und pfeffern.

3. Joghurt mit Milch, Eiern und Schnittlauchringen verrühren, mit Salz, Pfeffer und Paprikapulver würzen. Ei-Milch über den Auflauf gießen, mit Käse bestreuen und im vorgeheizten Backofen bei 200 Grad (Gas: Stufe 3) ca. 35 Minuten backen.

Zubereitungszeit: ca. 30 Minuten
Garzeit: ca. 50 Minuten

Pro Person: 6 Points

NASI GORENG

Für 4 Personen:

FÜR DAS NASI GORENG:

4 Eier
Salz
Pfeffer
Paprikapulver
2 Zwiebeln
2 Knoblauchzehen
320 g gegarter Reis
3 EL süße Sojasauce (Ketchup Manis)
1 TL Sambal Oelek

FÜR DEN ANANAS-GURKEN-SALAT:

1 frische Ananas (ersatzweise 400 g Konserve, ohne Zucker)
1 Salatgurke
1 Bund Frühlingszwiebeln
1 Knoblauchzehe
3 EL helle Sojasauce
2 EL Reisessig (ersatzweise Weißweinessig)
2 TL Erdnussöl (ersatzweise Pflanzenöl)
einige Tropfen flüssiger Süßstoff

1. Spiegeleier nacheinander in einer beschichteten Pfanne knusprig anbraten, mit Salz, Pfeffer und Paprikapulver würzen und beiseite stellen. Zwiebeln in feine Ringe schneiden, Knoblauchzehen zerdrücken und beides glasig andünsten. Reis zufügen und unter Rühren anbraten. Sojasauce und Sambal Oelek unterrühren, mit Salz und Pfeffer abschmecken und ca. 5 Minuten garen.

2. Für den Salat Ananas und Gurke in Würfel und Frühlingszwiebeln in Ringe schneiden. Alle Zutaten in eine Schüssel geben und vermengen. Für das Dressing Knoblauchzehe zerdrücken, mit heller Sojasauce, Essig und Öl verrühren. Mit Süßstoff abschmecken und über den Salat geben. Spiegeleier auf dem Reis anrichten. Nasi Goreng mit Ananas-Gurken-Salat servieren.

Zubereitungszeit: ca. 10 Minuten
Garzeit: ca. 15 Minuten

Pro Person: 4,5 Points

PAELLA

Für 4 Personen:

4 Hähnchenflügel (à 50 g), mit Haut
Salz
Pfeffer
Paprikapulver
3 TL Olivenöl
20 mittelgroße Garnelen, ohne Schale (120 g)
je 1 rote, gelbe und grüne Paprikaschote
4 mittelgroße Tomaten
160 g Reis, trocken
1 Prise Safran (ersatzweise Kurkuma)
500 ml Gemüsebrühe (3 TL Instant)
150 g Erbsen (TK)
200 g Muscheln (TK)

1. Hähnchenflügel trocken tupfen und von beiden Seiten mit Salz, Pfeffer und Paprikapulver bestreuen. Öl in einer großen Pfanne erhitzen, Hähnchenflügel darin von beiden Seiten ca. 5 Minuten knusprig anbraten, herausnehmen und beiseite stellen. Garnelen in die gleiche Pfanne geben, im verbliebenen Fett ca. 4 Minuten von allen Seiten anbraten.

2. Paprikaschoten in Streifen schneiden. Tomaten kreuzweise einritzen, überbrühen, häuten, entkernen und in Würfel schneiden. Garnelen herausnehmen, Reis in die Pfanne geben und glasig andünsten. Paprikastreifen und Tomatenwürfel hinzugeben, mit Salz, Pfeffer und Paprikapulver würzen und ca. 2 Minuten andünsten. Safran in der Brühe auflösen und angießen. Paella bei milder Hitze ca. 15 Minuten garen.

3. Erbsen, Garnelen, Hähnchenflügel und Muscheln unterheben und ca. weitere 5 Minuten zusammen erhitzen. Paella mit Paprikapulver abschmecken und heiß servieren.

Zubereitungszeit: ca. 10 Minuten
Garzeit: ca. 30 Minuten

Pro Person: 5,5 Points

KREOLISCHE GARNELEN-REISPFANNE

Für 4 Personen:

1 Bund Frühlingszwiebeln
240 g Garnelen
3 TL Olivenöl
1 Knoblauchzehe
1 Zwiebel
je 3 gelbe und rote Paprikaschoten
80 g getrocknete Aprikosen
320 g gegarter Reis
1 EL rosa Pfefferkörner
150 ml Gemüsebrühe (1 TL Instant)
3 TL gehackte Cashewkerne
Salz
Pfeffer

1. Frühlingszwiebeln in Ringe schneiden, mit den Garnelen in erhitztem Öl andünsten. Knoblauchzehe, Zwiebel und Paprikaschoten in Würfel schneiden und ebenfalls mitdünsten. Getrocknete Aprikosen in feine Streifen schneiden und mit Reis und rosa Pfefferkörnern zugeben. Brühe angießen und alles ca. 10 Minuten garen.

2. Gehackte Cashewkerne unterheben und alles mit Salz und Pfeffer abschmecken.

Zubereitungszeit: ca. 15 Minuten
Garzeit: ca. 15 Minuten

Pro Person: 5 Points

SCHNELLE REISPFANNE

1. Reis in einer beschichteten Pfanne fettfrei anbraten, Paprikaschoten würfeln, mit Mais und Erbsen zu dem Reis geben und kurz mitdünsten.

2. Joghurt mit Kurkuma, Zitronensaft, Salz und Pfeffer abschmecken. Reispfanne auf Teller anrichten, Joghurt-Sauce darüber geben und mit Petersilie bestreut servieren.

Zubereitungszeit: ca. 5 Minuten
Garzeit: ca. 5 Minuten

Für 4 Personen:

480 g gegarter Basmati-Reis
je 2 rote und gelbe Paprikaschoten
200 g Mais (Konserve)
200 g Erbsen (TK)
2 Becher Magermilch-Joghurt (à 150 g)
1 ½ TL Kurkuma (ersatzweise Currypulver)
3 EL Zitronensaft
Salz
Pfeffer
4 EL gehackte Petersilie

Pro Person: 4,5 Points

GEMÜSE-RISOTTO

Für 4 Personen:

2 Zwiebeln
250 g Karotten
2 Zucchini
2 Stangen Lauch
200 g Zuckererbsenschoten
2 TL Olivenöl
240 g Risotto-Reis, trocken
500 ml Gemüsebrühe
(4 TL Instant)
6 Tomaten
2 TL Kräuter der Provence
Salz
Pfeffer
4 EL saure Sahne

1. Zwiebeln würfeln, Karotten und Zucchini halbieren und in Scheiben, Lauch in Ringe und Zuckererbsenschoten in Rauten schneiden. Olivenöl in einem Topf erhitzen, Gemüse zufügen und unter Rühren ca. 5 Minuten andünsten.

2. Risotto-Reis zufügen und glasig andünsten. 300 ml Gemüsebrühe angießen und bei kleiner Hitze ca. 15 Minuten garen, dabei ab und zu umrühren und restliche Brühe nach und nach angießen.

3. Tomaten mit kochendem Wasser überbrühen, häuten, entkernen und in Würfel schneiden. Tomaten mit Kräutern der Provence unter das Risotto rühren und weitere ca. 5 Minuten garen. Mit Salz und Pfeffer abschmecken und mit einem Klecks saurer Sahne servieren.

Zubereitungszeit: ca. 10 Minuten
Garzeit: ca. 25 Minuten

Pro Person: 4,5 Points

FENCHEL-RISOTTO

1. Zwiebeln würfeln. Öl in einem Topf erhitzen, Zwiebelwürfel und Reis darin glasig anschwitzen. Gemüsebrühe angießen und ca. 15 Minuten garen.

2. Fenchelgrün beiseite legen. Fenchel längs halbieren und in feine Streifen schneiden. Fenchelstreifen zum Risotto geben, weitere 10 Minuten garen und mit Salz und Pfeffer abschmecken.

3. Roquefort grob zerbröckeln oder in Würfel schneiden. Risotto auf Teller verteilen, Roquefort darüber streuen und mit Fenchelgrün bestreut servieren.

Zubereitungszeit: ca. 10 Minuten
Garzeit: ca. 25 Minuten

Für 4 Personen:

2 Zwiebeln
1 TL Pflanzenöl
180 g Rundkornreis, trocken
350 ml Gemüsebrühe
(1 TL Instant)
4 Knollen Fenchel
Salz
schwarzer Pfeffer,
grob geschrotet
100 g Roquefort

Pro Person: 5 Points

FRUCHTREIS MIT HÄHNCHENBRUST

Für 1 Person:

1 kleines Hähnchenbrustfilet (120 g)
Salz
Pfeffer
50 g Ananas
50 g Mango
1 Frühlingszwiebel
50 g Erdbeeren
120 g gegarter Reis

1. Hähnchenbrustfilet würfeln, mit Salz und Pfeffer würzen. Brat-Folie in einer Pfanne erhitzen und das Fleisch darauf von allen Seiten ca. 8 Minuten anbraten.

2. Ananas und Mango in Stücke, Frühlingszwiebel in Ringe schneiden und Erdbeeren vierteln. Reis mit Ananas- und Mangostücken, Zwiebeln und Erdbeeren vermengen. Hähnchenwürfel unter den Fruchtreis heben und servieren.

Zubereitungszeit: ca. 10 Minuten
Garzeit: ca. 8 Minuten

Pro Person: 5,5 Points

GEMÜSE-GERICHTE

PILZPFANNE MIT WILDREIS

Für 1 Person:

2 Lauchzwiebeln
100 g Champignons
100 g Austernpilze
100 g Pfifferlinge
120 g gegarter Wildreis
2 EL saure Sahne
Salz
Pfeffer
½ TL Majoran
1 EL gehackte Petersilie

1. Lauchzwiebeln in Ringe schneiden und in einer beschichteten Pfanne fettfrei andünsten. Champignons in Scheiben, Austernpilze in Streifen schneiden, mit den Pfifferlingen zu den Zwiebeln geben und mit andünsten.

2. Wildreis und 1 Esslöffel saure Sahne zugeben, unterrühren und mit Salz, Pfeffer und Majoran abschmecken. Wildreis-Pilz-Pfanne mit 1 Esslöffel saure Sahne und Petersilie garniert servieren.

Zubereitungszeit: ca. 10 Minuten
Garzeit: ca. 10 Minuten

Pro Person: 4 Points

BUNTER GEMÜSEAUFLAUF

1. Zwiebeln vierteln und Lauch in Ringe schneiden. Zucchini und Kartoffeln in Scheiben und Paprikaschoten in Streifen schneiden. Öl in einer Pfanne erhitzen, Zwiebeln und Lauchringe darin glasig dünsten. Zucchinischeiben und Paprikastreifen zufügen, mit Salz und Pfeffer würzen und unter Rühren ca. 5 Minuten garen.

2. Gemüse und Kartoffelscheiben abwechselnd in eine Auflaufform füllen. Schafkäse zerbröckeln, mit saurer Sahne, Milch und Kräutern verrühren und mit Salz und Pfeffer abschmecken.

3. Sauce über das Gemüse geben, Käse darüber streuen und im vorgeheizten Backofen bei 175 Grad (Gas: Stufe 2) ca. 15 Minuten überbacken.

Zubereitungszeit: ca. 15 Minuten
Garzeit: ca. 25 Minuten

Für 2 Personen:

2 Zwiebeln
2 Stangen Lauch
1 Zucchini
6 mittelgroße gekochte Kartoffeln
je 1 rote und gelbe Paprikaschote
1 TL Pflanzenöl
Salz
Pfeffer
1 EL Schafkäse (45% Fett i. Tr.)
6 EL saure Sahne
125 ml fettarme Milch
2 TL Kräuter der Provence
4 EL geriebener Emmentaler (30% Fett i. Tr.)

Pro Person: 6 Points

INDISCHES GEMÜSE-CURRY

Für 4 Personen:

4 Zwiebeln
2 Auberginen
8 Karotten
2 Fleischtomaten
1 rote Chilischote
3 TL Pflanzenöl
400 g grüne Bohnen (TK)
Salz, Pfeffer
1 TL Currypulver
½ TL Kurkuma (Gelbwurz)
2 EL Ketchup
3 EL Sojasauce
1 EL Tomatenmark
1 TL Zucker
250 g fettarmer Joghurt
200 g Erbsen (TK)
320 g gegarter Basmati & Thai Reis (z. B. Uncle Ben's)
einige Blätter glatte Petersilie

1. Zwiebeln vierteln, Auberginen in dünne und Karotten in breite Scheiben schneiden. Tomaten achteln, Chilischote entkernen und in Ringe schneiden. Öl in einem Topf erhitzen, vorbereitetes Gemüse mit Bohnen zufügen und kurz anbraten. Mit Salz, Pfeffer, Currypulver und Kurkuma würzen und unter Rühren ca. 4 Minuten dünsten.

2. Ketchup, Sojasauce, Tomatenmark, Zucker und Joghurt verrühren, angießen und ca. 5 Minuten garen. Erbsen unterrühren, abschmecken und weitere ca. 5 Minuten garen. Gemüse-Curry mit Reis und mit Petersilie garniert servieren.

Zubereitungszeit: ca. 10 Minuten
Garzeit: ca. 15 Minuten

Pro Person: 4 Points

Indische Currys

In Asien wird unter Curry ein Schmorgericht aus Geflügel, Fleisch, Fisch oder Gemüse verstanden und nicht ein Gewürz. Currys sind das Herz der indischen Küche. Seit Jahrhunderten kocht die indische Hausfrau Currys, dabei greift sie für ihre spezielle Curry-Gewürz-Mischung zu den unterschiedlichsten Gewürzen. Dazu gehören unbedingt Chili, Koriander, Kreuzkümmel und Kardamom. Die Chilis sind für die Farbe und die Schärfe des Currys verantwortlich.

Das Wort Curry stammt aus dem Tamilischen und bedeutet nichts weiter als »Gewürzsauce«. In der Kolonialzeit war den Briten das Zusammenfügen vieler unterschiedlicher Gewürze zu kompliziert. Sie ließen sich daher eine Art »Einheitsgewürzmischung« einfallen, die sie Curry nannten und nach Europa brachten. Im deutschen Sprachgebrauch ist Curry eine Mischung aus etwa zehn einzelnen Gewürzen, die heute in allen Küchen der Welt zu Hause ist.

GEMÜSE-ENCHILADAS MIT AVOCADOCREME

Für 4 Personen:

2 Zwiebeln
4 Knoblauchzehen
1 rote Chilischote
je 1 rote, gelbe und grüne Paprikaschote
2 Zucchini
6 Tomaten
100 ml Gemüsebrühe (1 TL Instant)
Kräutersalz
Cayennepfeffer
Koriander
1 kleine Avocado (100 g)
1 EL Jalapeñoschotenringe (Konserve, ersatzweise grüne Chilischoten)
1 EL Limettensaft
4 kleine Tortillafladen (à 30 g, Fertigprodukt)
11 EL geriebener Käse (32 % Fett i. Tr.)

Pro Person:

5 Points

1. Zwiebeln würfeln, 2 Knoblauchzehen und Chilischote fein hacken und alles in einer beschichteten Pfanne fettfrei andünsten. Paprikaschoten in Streifen, Zucchini halbieren und in Halbmonde, Tomaten in Würfel schneiden und mitdünsten. Gemüsebrühe angießen, bei mittlerer Hitze ca. 10 Minuten garen und mit Kräutersalz, Cayennepfeffer und Koriander pikant abschmecken.

2. Avocadofleisch in Würfel schneiden, restliche Knoblauchzehen zerdrücken, beides mit Jalapeñons und Limettensaft pürieren und mit Salz und Pfeffer pikant abschmecken.

3. Tortillafladen mit der Avocadocreme bestreichen und in der Mitte mit jeweils einem Teil des vorbereiteten Gemüses belegen. Fladen aufrollen und in eine Auflaufform setzen. Mit Käse bestreut im vorgeheizten Backofen bei 220 Grad (Gas: Stufe 3) ca. 5 Minuten goldbraun überbacken. Restliches Gemüse dazu servieren.

Zubereitungszeit: ca. 15 Minuten
Garzeit: ca. 15 Minuten

Guacamole: Pikante Avocadocreme

Auf der mexikanischen Speisekarte darf dieser pikante Dip auf gar keinen Fall fehlen. Püriertes Avocadofleisch ist die Grundlage dieser beliebten Creme, verfeinert mit einer kleinen Knoblauchnote und ein wenig Schärfe durch Chilis. Während die grünen »Beeren« noch vor 30 Jahren eine teure Delikatesse waren, sind sie heute auch bei uns in jedem Supermarkt zu finden. Mit einem kleinen Trick können auch Sie sich die schönste Avocado heraussuchen: Eine perfekt reife Avocado gibt sanftem Fingerdruck leicht nach, ohne matschig zu sein oder sich schwarz zu verfärben.

PAPRIKA MIT ZUCCHINIFÜLLUNG

Für 2 Personen:

1 Zucchini
2 EL gegarter Basmati-Reis
1 Ei
2 EL Kresse
Salz
Pfeffer
1 Prise geriebene Muskatnuss
2 rote Paprikaschoten
2 EL geriebener Käse (32% Fett i. Tr.)
3 Aprikosenhälften (Konserve ohne Zucker)
1 TL Tomatenmark

1. Zucchini in feine Stifte schneiden und mit Reis, Ei und Kresse vermengen. Mit Salz, Pfeffer und Muskatnuss würzen.

2. Paprikaschoten längs halbieren, Kerngehäuse eintfernen, Zucchinimasse einfüllen und mit Käse bestreut im vorgeheizten Backofen bei 180 Grad (Gas: Stufe 2) ca. 25 Minuten backen.

3. Aprikosen pürieren, mit Tomatenmark verrühren und mit Salz und Pfeffer abschmecken. Paprika mit Aprikosensauce servieren.

Zubereitungszeit: ca. 10 Minuten
Garzeit: ca. 25 Minuten

Pro Person: 2 Points

AUBERGINEN-GRATIN

1. Zwiebeln und Fleischtomaten würfeln, Knoblauchzehen zerdrücken. Auberginen in ca. ½ cm dicke Scheiben schneiden, mit Salz bestreuen, ruhen lassen, trocken tupfen und in einer beschichteten Pfanne nacheinander mit 2 Teelöffeln Öl von beiden Seiten ca. 2 Minuten anbraten.

2. Das restliche Olivenöl in einer Pfanne erhitzen. Tatar, Zwiebelwürfel und Knoblauch zufügen und ca. 5 Minuten anbraten. Tomatenwürfel und stückige Tomaten zugeben, Kräuter unterrühren und mit Salz und Pfeffer abschmecken.

3. Die Margarine zerlassen, Mehl darüber stäuben, Milch unter Rühren zugeben, aufkochen lassen und mit Salz, Pfeffer und Muskatnuss abschmecken. Auberginenscheiben mit Tatarmasse und heller Sauce abwechselnd in eine Auflaufform schichten und im vorgeheizten Backofen bei 200 Grad (Gas: Stufe 3) ca. 20 Minuten überbacken.

Zubereitungszeit: ca. 20 Minuten
Garzeit: ca. 35 Minuten

Für 4 Personen:

2 Zwiebeln
2 Fleischtomaten
2 Knoblauchzehen
4 Auberginen
Salz
3 TL Olivenöl
420 g Tatar (ersatzweise Geflügeltatar)
200 g stückige Tomaten (Konserve)
1 TL Thymian
1 TL Rosmarin
Pfeffer
4 TL Pflanzenmargarine
4 EL Mehl
500 ml fettarme Milch
1 Prise geriebene Muskatnuss

Pro Person: 5 Points

PAPRIKASCHOTEN MIT PIKANTER FÜLLUNG

Für 4 Personen:

40 g Grünkern
4 bunte Paprikaschoten
2 Zucchini
1 Stange Lauch
je ½ Bund Schnittlauch, Petersilie, Oregano
1 Knoblauchzehe
1 Chilischote
1 TL Olivenöl
1 Geflügelwurst, kalorienreduziert (100 g)
120 g Camembert (30 % Fett i. Tr.)
1 TL grüne Pfefferkörner
Kräutersalz
grober Pfeffer
150 ml Gemüsebrühe (1 TL Instant)
1 EL Tomatenmark
einige Tropfen flüssiger Süßstoff

1. Grünkern in 200 ml Wasser ca. 20 Minuten garen und 10 Minuten quellen lassen. Paprikaschoten der Länge nach halbieren und Kerngehäuse entfernen. Zucchini würfeln, Lauch in feine Ringe schneiden und Kräuter, Knoblauchzehe und Chilischote hacken.

2. Öl in einer Pfanne erhitzen und das vorbereitete Gemüse darin andünsten. Wurst in Scheiben schneiden und Käse würfeln. Grünkern abtropfen lassen und mit Wurst, Käse und grünem Pfeffer unter das Gemüse mischen. Mit Kräutersalz und Pfeffer würzen.

3. Mischung in die Paprikahälften füllen, in eine Auflaufform setzen, restliche Füllung zugeben, Gemüsebrühe angießen und im vorgeheizten Backofen bei 200 Grad (Gas: Stufe 3) ca. 30 Minuten backen. Paprikahälften herausnehmen und warm stellen. Gemüsefond noch mal erhitzen, Tomatenmark unterrühren und mit Salz, Pfeffer und Süßstoff abschmecken. Paprikaschoten mit Sauce servieren.

Zubereitungszeit: ca. 20 Minuten
Quellzeit: ca. 10 Minuten
Garzeit: ca. 50 Minuten

Pro Person: 3,5 Points

BROCCOLI-BLUMEN-KOHL-AUFLAUF

Für 4 Personen:

600 g Blumenkohl
600 g Broccoli
Salz
4 TL Pflanzenmargarine
2 EL Mehl
500 ml fettarme Milch
6 EL geriebener Käse
(32 % Fett i. Tr.)
2 EL gehackte Petersilie
Pfeffer
1 Prise Currypulver
2 EL Pinienkerne

1. Blumenkohl und Broccoli in Röschen teilen und in kochendem Salzwasser ca. 10 Minuten bissfest garen. Margarine zerlassen, Mehl darüber stäuben, Milch unter Rühren angießen, aufkochen lassen, 2 Esslöffel Käse und Petersilie unterrühren und mit Salz, Pfeffer und Currypulver abschmecken.

2. Blumenkohl und Broccoli in eine Auflaufform geben, mit der Sauce übergießen und mit Pinienkernen und restlichem Käse bestreut im vorgeheizten Backofen bei 200 Grad (Gas: Stufe 3) ca. 20 Minuten überbacken.

Zubereitungszeit: ca. 10 Minuten
Garzeit: ca. 35 Minuten

Pro Person: 3,5 Points

BOHNENGRATIN »TEXAS«

1. Grüne Bohnen, Kidneybohnen, Mais und Reis mischen und in eine Auflaufform geben.

2. Geflügelsalami, Paprikaschoten und Gemüsezwiebel würfeln, Knoblauchzehe und Chilischote fein hacken und alles in einer beschichteten Pfanne fettfrei andünsten. Stückige Tomaten zugeben, einige Minuten köcheln lassen und alles kräftig mit Salz, Pfeffer, Paprikapulver und Kreuzkümmel abschmecken.

3. Masse auf der Bohnen-Reis-Mischung verteilen, saure Sahne darüber streichen und im vorgeheizten Backofen bei 200 Grad (Gas: Stufe 3) ca. 20 Minuten überbacken.

Zubereitungszeit: ca. 10 Minuten
Garzeit: ca. 25 Minuten

Für 4 Personen:

500 g grüne Bohnen (Konserve)
5 EL Kidneybohnen (Konserve)
4 EL Mais (Konserve)
200 g gegarter Reis
100 g Geflügelsalami
2 rote Paprikaschoten
1 Gemüsezwiebel
1 Knoblauchzehe
1 Chilischote
500 g stückige Tomaten (Konserve)
Salz
Pfeffer
Paprikapulver
gemahlener Kreuzkümmel
120 g saure Sahne

Pro Person: 5 Points

OFENGEMÜSE MIT KÄSESAUCE

Für 4 Personen:

2 Kohlrabi
8 Karotten
320 g Kartoffeln
400 g Champignons
1 Bund Petersilie
Salz
grober Pfeffer
8 EL geriebener Käse (32 % Fett i. Tr.)
375 ml fettarme Milch
6 EL Frischkäse (30 % Fett i. Tr.)
4 TL Sesam

1. Kohlrabi und Karotten in Streifen, Kartoffeln und Champignons in Würfel schneiden. Kohlrabi- und Kartoffelstreifen sowie Kartoffelwürfel im kochenden Salzwasser ca. 10 Minuten vorgaren. Petersilie fein hacken. Gemüse in eine Auflaufform schichten, mit Salz und Pfeffer würzen und mit Petersilie bestreuen.

2. Käse, Milch und Frischkäse verrühren, mit Salz und Pfeffer abschmecken, über das Ofengemüse geben und mit Sesam bestreuen. Im vorgeheizten Backofen bei 180 Grad (Gas: Stufe 2) ca. 30 Minuten garen.

Zubereitungszeit: ca. 10 Minuten
Garzeit: ca. 40 Minuten

Pro Person: 4 Points

Kohlrabi

Kohlrabi: das typisch deutsche Gemüse, nirgendwo sonst in Europa wird so viel angebaut und verzehrt. Selbst die Engländer nennen die weißen Knollen Kohlrabi. Die größten sind nicht unbedingt die besten, denn kleine haben einen feineren Geschmack und sind weniger holzig.
An frischen grünen Blättern erkennen Sie, ob die Knolle noch frisch ist. Im Gemüsefach des Kühlschranks bleibt das Gemüse ca. eine Woche lang frisch. Wird es zusätzlich in ein feuchtes Tuch gewickelt, verlängert sich die Haltbarkeit. Das knackige Gemüse kann roh wunderbar für Salate oder zum Dippen verwendet werden. Genauso gut schmeckt es in Suppen, Aufläufen oder als Beilage.

ROSENKOHL MIT KARTOFFELHAUBE

Für 4 Personen:

600 g gekochte Kartoffeln
250 ml fettarme Milch
Salz
Pfeffer
2 EL Schnittlauchringe
1 kg Rosenkohl
(ersatzweise 800 g TK)
3 Zwiebeln
4 dünne Scheiben
gekochter Schinken
Cayennepfeffer
Paprikapulver

1. Kartoffeln zerstampfen, mit Milch vermengen, mit Salz und Pfeffer abschmecken und Schnittlauchringe untermischen. Rosenkohl halbieren und in kochendem Wasser ca. 10 Minuten garen.

2. Zwiebeln und Schinken würfeln und in einer beschichteten Pfanne fettfrei anbraten. Rosenkohl zugeben und pikant mit Salz und Cayennepfeffer abschmecken.

3. Rosenkohlmasse in eine Auflaufform geben, Kartoffelmasse darüber streichen, mit Paprikapulver bestäuben und im vorgeheizten Backofen bei 200 Grad (Gas: Stufe 3) ca. 15 Minuten überbacken.

Zubereitungszeit: ca. 15 Minuten
Garzeit: ca. 30 Minuten

Pro Person: 3,5 Points

CHICORÉE-PFANNE MIT MANDARINEN

1. Chicorée in Streifen schneiden. Sojasauce in einer beschichteten Pfanne erhitzen, Chicoréestreifen zufügen und von allen Seiten ca. 3 Minuten andünsten.

2. Milch und Frischkäse glatt rühren, angießen und ca. 5 Minuten garen. Mit Zitronensaft, Süßstoff, Salz und Pfeffer abschmecken. Mandarinen gut abtropfen lassen, unter die Chicorée-Pfanne heben, aufkochen und mit Basmati-Reis servieren.

Zubereitungszeit: ca. 5 Minuten
Garzeit: ca. 10 Minuten

Für 2 Personen:

4 große Chicorée
2 TL Sojasauce
125 ml fettarme Milch
4 EL Frischkäse (30 % Fett i. Tr.)
2 TL Zitronensaft
einige Tropfen flüssiger Süßstoff
Salz
Pfeffer
200 g Mandarinen (Konserve ohne Zucker)
200 g gegarter Basmati-Reis

Pro Person: 4 Points

SCHMORGEMÜSE IN HELLER SAUCE

Für 4 Personen:

500 g Broccoli
3 EL Sojasauce
4 Zwiebeln
6 Tomaten
250 g Pilze (z. B. Austernpilze)
1 TL Pflanzenöl
2 Knoblauchzehen
125 ml Gemüsebrühe (1 TL Instant)
125 ml fettarme Milch
250 g fettarmer Joghurt
1 Msp. Pfeffer

1. Broccoli in Röschen teilen. Wasser mit 1 Esslöffel Sojasauce aufkochen, Broccoli zufügen und ca. 5 Minuten garen.

2. Zwiebeln sowie Tomaten achteln und Pilze halbieren. Öl in einer beschichteten Pfanne erhitzen und Zwiebelachtel darin andünsten. Broccoli, Tomatenachtel und Pilze hinzufügen und ca. 5 Minuten mitgaren. Knoblauchzehen zerdrücken und mit restlicher Sojasauce, Gemüsebrühe, Milch, Joghurt und Pfeffer verrühren. Sauce unter das Gemüse mischen und servieren.

Zubereitungszeit: ca. 30 Minuten
Garzeit: ca. 10 Minuten

Pro Person: 1 Point

Knoblauch, aromatische Power

Knoblauch gibt nicht nur vielen pikanten Gerichten die besondere Note, sondern ist auch für seine positive gesundheitliche Wirkung bekannt. Der Wirkstoff Allicin ist für den unbeliebten »Knoblauchduft«, der sich nach dem Verzehr im Atem bemerkbar macht, verantwortlich. Es gibt viele Tipps, den Geruch einzudämmen. Grundsätzlich verursacht gekochter Knoblauch weniger Körpergeruch. Nach dem Verzehr von frischem Knoblauch soll das Kauen von etwas Petersilie oder Pfefferminze den Atem reinigen.
Knoblauch lässt sich schnell und einfach schälen, wenn man die Knoblauchzehe mit einer Messerklinge zerdrückt, denn dann löst sich das Häutchen fast wie von selbst ab.

RATATOUILLE MIT COUSCOUS

Für 4 Personen:

240 g Couscous, trocken
2 Zwiebeln
1 Knoblauchzehe
2 TL Olivenöl (ersatzweise Pflanzenöl)
4 Karotten
2 mittelgroße Auberginen
100 g Kichererbsen (Konserve)
800 g geschälte Tomaten (Konserve)
Salz
Pfeffer
1 Prise Zimt
1 Nelke
½ TL Chilipulver (ersatzweise Paprikapulver)
1 TL Kräuter der Provence

1. Couscous gründlich waschen und in kaltem Wasser einige Minuten quellen lassen. Zwiebeln in Spalten schneiden und Knoblauchzehe zerdrücken. Öl in einem Topf erhitzen, Zwiebeln und Knoblauch darin glasig andünsten.

2. Karotten und Auberginen in grobe Stücke schneiden, mit Kichererbsen zufügen und unter Rühren kurz anbraten. Mit Tomaten ablöschen, mit Salz, Pfeffer, Zimt, Nelke, Chilipulver und Kräutern der Provence würzen und ca. 10 Minuten garen.

3. Couscous in ein Sieb füllen, in den Topf hängen und im Dampf ca. 10 Minuten garen. Ratatouille abschmecken und mit Couscous servieren.

Zubereitungszeit: ca. 10 Minuten
Garzeit: ca. 25 Minuten

Pro Person: 4 Points

Tipp
Sie können die Ratatouille-Pfanne auch mit Nudeln servieren, nehmen Sie dann ersatzweise 480 g gegarte Nudeln, rühren Sie sie unter das Ratatouille und berechnen dann pro Person 3 Points.

PILZ-LAUCH-PFANNE MIT GORGONZOLA

1. Zwiebeln fein würfeln. Champignons vierteln, Austernpilze in Stücke und Lauch in Ringe schneiden. Öl in einer Pfanne erhitzen, Zwiebeln zufügen und unter Rühren glasig anbraten. Pilze und Lauch zufügen, mit Salz, Pfeffer und Currypulver würzen und unter Rühren ca. 5 Minuten andünsten.

2. Milch angießen, erhitzen, Saucenbinder einrühren und aufkochen lassen. Knoblauchzehe halbieren. Brot mit Knoblauchzehe einreiben, auf ein mit Back-Folie ausgelegtes Backblech setzen und im vorgeheizten Backofen bei 200 Grad (Gas: Stufe 3) ca. 5 Minuten rösten. Gorgonzola fein würfeln, mit der Petersilie unter die Pilz-Lauch-Pfanne rühren, kräftig abschmecken und mit geröstetem Brot servieren.

Zubereitungszeit: ca. 5 Minuten
Garzeit: ca. 15 Minuten

Für 2 Personen:

2 Zwiebeln
300 g Champignons
200 g Austernpilze
2 große Stangen Lauch
2 TL Pflanzenöl
Salz
Pfeffer
Currypulver
180 ml fettarme Milch
1 EL heller Saucenbinder (Instantpulver)
1 Knoblauchzehe
2 Scheiben Bauernbrot
60 g Gorgonzola
2 EL gehackte Petersilie

Pro Person: 7 Points

SCHNELLE GEMÜSE-WÜRSTCHEN-PFANNE

Für 4 Personen:

1 kg gekochte Kartoffeln
4 Geflügelwürste, kalorienreduziert (à 100 g)
2 TL Pflanzenöl
Salz
Pfeffer
Paprikapulver
300 g Kirschtomaten
6 Gewürzgurken
200 g Silberzwiebeln

1. Kartoffeln vierteln, Geflügelwürste in Scheiben schneiden. Öl in einer beschichteten Pfanne erhitzen, Kartoffelviertel und Wurstscheiben zufügen, mit Salz, Pfeffer und Paprikapulver kräftig würzen und von allen Seiten ca. 10 Minuten knusprig anbraten.

2. Kirschtomaten halbieren und Gewürzgurken in Scheiben schneiden. Kirschtomaten mit Gurken und Silberzwiebeln zugeben und weitere ca. 5 Minuten schmoren. Gemüse-Würstchen-Pfanne mit Salz, Pfeffer und Paprikapulver abschmecken und servieren.

Zubereitungszeit: ca. 5 Minuten
Garzeit: ca. 15 Minuten

Pro Person: 7,5 Points

ROTKOHL-KARTOFFEL-PFANNE

1. Schalotten fein würfeln und in einer beschichteten Pfanne glasig andünsten. Tatar zufügen, mit Salz, Pfeffer und Paprikapulver würzen und krümelig anbraten.

2. Äpfel in feine Würfel schneiden, kurz mitdünsten und Rotkohl zufügen. Mit Kümmel, Salz und Pfeffer würzen und ca. 10 Minuten schmoren. Kartoffeln in Würfel schneiden, unterheben und kurz erhitzen. Die Rotkohl-Kartoffel-Pfanne mit Salz und Pfeffer abschmecken und servieren.

Zubereitungszeit: ca. 5 Minuten
Garzeit: ca. 15 Minuten

Für 4 Personen:

2 Schalotten
(ersatzweise Zwiebeln)
240 g Tatar
(ersatzweise Geflügeltatar)
Salz
Pfeffer
Paprikapulver
2 säuerliche Äpfel
(z. B. Cox Orange)
600 g Rotkohl,
ohne Fett und Zucker
(Konserve oder TK)
1 TL Kümmel
800 g gekochte Kartoffeln

Pro Person: 3 Points

SCHWARZWURZEL-GEMÜSE IN SENFSAUCE

Für 2 Personen:

500 g Schwarzwurzeln
Salz
einige Tropfen flüssiger Süßstoff
3 TL Zitronensaft
200 g Champignons
100 g Zuckererbsenschoten
2 TL Pflanzenmargarine
2 EL Mehl
125 ml fettarme Milch
Pfeffer
2 TL süßer Senf
2 EL gehackte Petersilie
1 TL bunter Pfeffer
400 g kleine gekochte Pellkartoffeln

1. Schwarzwurzeln in mundgerechte Stücke schneiden und in Salzwasser mit Süßstoff und 1 Teelöffel Zitronensaft ca. 15 Minuten kochen. Champignons vierteln und mit den Zuckererbsenschoten ca. 5 Minuten vor Ende der Garzeit zu den Schwarzwurzeln geben. Gemüse abgießen und das Kochwasser dabei auffangen.

2. Margarine in einem Topf zerlassen, mit Mehl bestäuben und darin anschwitzen. Mit 250 ml Schwarzwurzel-Kochwasser und Milch unter Rühren ablöschen und mit Salz, Pfeffer, Senf und restlichem Zitronensaft abschmecken. Gemüse in die Sauce geben und ca. 5 Minuten ziehen lassen. Schwarzwurzelgemüse mit Petersilie und buntem Pfeffer bestreuen und zu den Pellkartoffeln servieren.

Zubereitungszeit: ca. 10 Minuten
Garzeit: ca. 20 Minuten

Pro Person: 4,5 Points

SELLERIESCHNITZEL MIT MANGO-MEERRETTICH-SAUCE

Für 4 Personen:

2 Sellerieknollen
2 TL Zitronensaft
Salz
Pfeffer
3 TL Pflanzenöl
1 kleine Mango
2 Schalotten
2 EL saure Sahne
2 TL Weißweinessig
400 ml Geflügelfond (ersatzweise Gemüsebrühe)
2 EL Meerrettich
einige Tropfen flüssiger Süßstoff
480 g Kartoffelpüree/-stock, verzehrfertig

1. Sellerie schälen, in fingerdicke Scheiben schneiden, in kochendem Wasser mit Zitronensaft ca. 10 Minuten garen, herausnehmen und mit Salz und Pfeffer würzen. 2 Teelöffel Öl in einer beschichteten Pfanne erhitzen, Sellerieschnitzel darin von beiden Seiten anbraten und warm stellen.

2. Mango und Schalotten würfeln. Restliches Öl in einer Pfanne erhitzen und Schalottenwürfel darin glasig dünsten. Mangostücke zugeben, saure Sahne, Essig und Geflügelfond einrühren und ca. 3 Minuten dünsten, bis die Masse um die Hälfte reduziert ist. Sauce pürieren, Meerrettich unterziehen, mit Salz, Pfeffer und Süßstoff abschmecken. Sellerieschnitzel mit Mango-Meerrettich-Sauce und Kartoffelpüree servieren.

Zubereitungszeit:ca. 10 Minuten
Garzeit: ca. 15 Minuten

Pro Person: 3 Points

TÜRKISCHER WIRSING MIT TOMATENSAUCE

1. Zwiebel fein würfeln. Brötchen in Wasser einweichen und gut ausdrücken. Tatar mit Zwiebelwürfeln, Brötchen, Ei und Senf verkneten und mit Salz und Pfeffer würzen.

2. Wirsingblätter vorsichtig vom Kohl lösen, sodass sie nicht vom Strunk abknicken. Tatarmasse zwischen die einzelnen Blätter streichen, die Blätter fest andrücken und den Wirsing mit Küchengarn zusammenbinden. Wirsing mit Brühe in einen Topf geben, aufkochen lassen und ca. 1 Stunde darin garen.

3. Tomaten mit kochendem Wasser überbrühen, häuten, entkernen und in Würfel schneiden. Knoblauchzehen zerdrücken und in einem beschichteten Topf fettfrei andünsten. Tomatenwürfel zufügen, etwas einkochen lassen und mit Salz, Pfeffer und Paprikapulver würzen. Saure Sahne mit Pfefferminze unterrühren, kurz erhitzen und zum Wirsing mit Fladenbrot servieren.

Zubereitungszeit: ca. 20 Minuten
Garzeit: 1 Stunde

Für 4 Personen:

1 Zwiebel
1 Brötchen vom Vortag
240 g Tatar (ersatzweise Geflügeltatar)
1 Ei
1 EL Senf
Salz
Pfeffer
1 Kopf Wirsing
1 Liter Gemüsebrühe (4 TL Instant)
8 Tomaten
2 Knoblauchzehen
Paprikapulver
4 EL saure Sahne
2 EL gehackte Pfefferminze
200 g Fladenbrot

Pro Person: 4,5 Points

GEFÜLLTE KOHLRABI AN TOMATEN-KAROTTEN-SAUCE

Für 4 Personen:

4 Kohlrabi
Salz
250 g Champignons
1 rote Paprikaschote
2 TL Pflanzenöl
500 g Karotten
Pfeffer
2 TL Zitronensaft
1 TL Gemüsebrühe (Instant)
200 g stückige Tomaten (Konserve)
2 EL Tomatenmark
Paprikapulver
2 EL Petersilie

1. Kohlrabi schälen, aushöhlen und in Salzwasser ca. 10 Minuten garen. Champignons in Scheiben, Paprikaschote in Streifen schneiden und Kohlrabifleisch fein hacken. Öl in einer Pfanne erhitzen und das Gemüse ca. 5 Minuten darin andünsten.

2. Kohlrabi aus dem Topf herausnehmen, warm stellen und Kochwasser auffangen. Karotten in Würfel schneiden und im Kohlrabikochwasser ca. 10 Minuten garen. Champignon-Gemüse mit Salz, Pfeffer und 1 Teelöffel Zitronensaft abschmecken, in die Kohlrabi füllen und warm stellen.

3. Karotten abgießen, mit Brühe, Tomaten und Tomatenmark pürieren. Mit Salz, Pfeffer, Paprikapulver und dem verbliebenen Zitronensaft abschmecken. Sauce auf Teller verteilen, Kohlrabi darauf anrichten und mit Petersilie bestreut servieren.

Zubereitungszeit: ca. 10 Minuten
Garzeit: ca. 25 Minuten

Pro Person: 0,5 Points

GEMÜSESPIESSE MIT CURRY-SAUCE

1. Paprikaschoten, Zwiebeln und Zucchini in mundgerechte Stücke schneiden und zusammen mit Kirschtomaten abwechselnd auf Spieße reihen. Aus 4 Teelöffeln Öl, Salz, Pfeffer, Paprika- und Currypulver eine Marinade anrühren, die Spieße damit bestreichen und im vorgeheizten Backofen bei 200 Grad (Gas: Stufe 3) ca. 8–10 Minuten grillen.

2. Für die Sauce Schalotte, Apfel und Ananas würfeln. Pfirsich überbrühen, häuten, vom Stein lösen und ebenfalls würfeln. Restliches Öl in einer beschichteten Pfanne erhitzen und Schalottenwürfel darin andünsten. Pfirsich-, Ananas- und Apfelwürfel mit Currypulver und Brühe zugeben. Das Ganze ca. 5 Minuten einkochen lassen. Alles pürieren und mit saurer Sahne, Currypulver, Salz, Pfeffer und Zitronensaft abschmecken. Sauce zu den gegrillten Gemüsespießen und mit Wildreis servieren.

Zubereitungszeit: ca. 15 Minuten
Garzeit: ca. 15 Minuten

Für 4 Personen:

je 1 rote und gelbe Paprikaschote
2 Zwiebeln
1 Zucchini
8 Kirschtomaten
5 TL Pflanzenöl
Salz
Pfeffer
Paprikapulver
Currypulver
1 Schalotte
1 säuerlicher Apfel (z. B. Boskoop)
1 Scheibe Ananas (Konserve ohne Zucker)
1 Pfirsich
4 EL Gemüsebrühe (½ TL Instant)
2 EL saure Sahne
2 TL Zitronensaft
400 g gegarter Wildreis

Pro Person: 4 Points

SPARGEL MIT ESTRAGON-SAUCE

Für 4 Personen:

2 kg weißer und grüner Spargel
Salz
einige Tropfen flüssiger Süßstoff
300 ml Gemüsebrühe (2 TL Instant)
150 ml trockener Weißwein
180 g saure Sahne
2 TL Estragon
Salz
Pfeffer
½ TL scharfer Senf
1 EL heller Saucenbinder (Instantpulver)
1 kg gekochte kleine Kartoffeln

1. Spargel in Salzwasser mit etwas Süßstoff ca. 15 Minuten garen.

2. Brühe mit Wein erwärmen, saure Sahne zufügen und glatt rühren. Estragon unterheben und mit Salz, Pfeffer, Senf und Süßstoff abschmecken. Saucenbinder einstreuen und Sauce unter Rühren einmal aufkochen. Spargel auf einer Platte anrichten und heiß mit Kartoffeln und Estragon-Sauce servieren.

Zubereitungszeit: ca. 10 Minuten
Garzeit: ca. 15 Minuten

Pro Person: 4 Points

KNACKIGE SAUERKRAUT-PFANNE MIT ANANAS

Für 4 Personen:

500 g Sauerkraut
400 g Ananas
(Konserve ohne Zucker)
4 Zwiebeln
1 rote Chilischote
2 rote Paprikaschoten
2 TL Pflanzenöl
480 g Zartweizen, verzehrfertig
(ersatzweise 320 g gegarter Reis)
2 TL geriebener Ingwer
400 ml Gemüsebrühe
(2 TL Instant)
Salz
Pfeffer
einige Tropfen flüssiger Süßstoff

1. Sauerkraut abtropfen lassen, Ananas, Zwiebeln und Chilischote würfeln, Paprikaschoten in feine Streifen schneiden. Öl in einer Pfanne erhitzen und die Zwiebelwürfel darin andünsten.

2. Zartweizen, Sauerkraut, Ananaswürfel, Paprikastreifen, Ingwer und Chilischotenwürfel zugeben und mitdünsten, Brühe angießen und mit Salz, Pfeffer sowie Süßstoff abschmecken.

Zubereitungszeit: ca. 10 Minuten
Garzeit: ca. 10 Minuten

Pro Person: 2,5 Points

TORTILLA MIT TOMATEN

1. Zwiebel in Ringe, Kartoffeln in Scheiben schneiden und Tomaten halbieren. Ei mit Milch verquirlen, Mehl unterrühren und mit Salz, Pfeffer und Muskatnuss kräftig würzen.

2. Zwiebelringe in einer beschichteten Pfanne fettfrei anbraten. Kartoffelscheiben, Tomaten, Schnittlauch und Petersilie hinzugeben, mit Ei-Masse übergießen und bei mittlerer Hitze zugedeckt ca. 5 Minuten stocken lassen.

3. Salatgurke längs halbieren und in Halbmonde schneiden. Zwiebel fein würfeln, mit saurer Sahne verrühren und mit Salz und Pfeffer abschmecken. Gurkenscheiben mit dem Dressing verrühren. Tortilla mit Gurkensalat servieren.

Zubereitungszeit: ca. 10 Minuten
Garzeit: ca. 5 Minuten

Für 1 Person:

1 Zwiebel
2 gekochte Kartoffeln
100 g Kirschtomaten
1 Ei
125 ml fettarme Milch
3 EL Mehl
Salz
Pfeffer
geriebene Muskatnuss
1 EL Schnittlauchringe
1 EL Petersilie
½ Salatgurke
1 kleine Zwiebel
3 EL saure Sahne

Pro Person: 6,5 Points

POCHIERTES EI AUF SPINAT MIT GORGONZOLA-SAUCE

Für 4 Personen:

4 Scheiben Vollkorn-Toastbrot
1 kg frischer Spinat
Salz
180 g saure Sahne
2 kleine Ecken Gorgonzola (60 g)
Pfeffer
4 Eier
Essig

1. Toastbrot würfeln und in einer beschichteten Pfanne fettfrei anrösten.

2. Spinat in Salzwasser blanchieren. Saure Sahne erwärmen, Gorgonzola zugeben, unter Rühren darin schmelzen und mit Salz und Pfeffer abschmecken.

3. Eier in siedendem Essigwasser ca. 4 Minuten pochieren, auf den Spinat geben und mit Käsesauce begießen. Mit Toastbrotwürfeln bestreuen und servieren.

Zubereitungszeit: ca. 10 Minuten
Garzeit: ca. 10 Minuten

Pro Person: 6 Points

INGWER-OMELETTE MIT CHINAGEMÜSE

Für 2 Personen:

6 EL Mehl
2 Eier
250 ml fettarme Milch
1 TL geriebener Ingwer
Salz
Pfeffer
200 g Chinakohl
200 g Champignons
2 kleine Zwiebeln
200 g Sprossen
(z. B. Sojasprossen)
2 TL Sojasauce
1 TL 5-Gewürze-Pulver

1. Mehl mit Eiern und Milch verrühren, mit Ingwer, Salz und Pfeffer würzen und etwas quellen lassen.

2. Chinakohl in Streifen, Champignons in Scheiben und Zwiebeln in Ringe schneiden. Zwiebeln in einer beschichteten Pfanne fettfrei andünsten. Chinakohl, Champignons und Sprossen zugeben und ca. 3 Minuten dünsten. Chinagemüse mit Sojasauce, 5-Gewürze-Pulver, Salz und Pfeffer abschmecken und warm stellen.

3. Brat-Folie in der Pfanne erhitzen und aus der Ei-Masse zwei Omelettes von beiden Seiten goldgelb backen. Omelettes auf zwei Teller geben, Gemüse darauf verteilen und servieren.

Zubereitungszeit: ca. 10 Minuten
Garzeit: ca. 15 Minuten

Pro Person: 4,5 Points

KÜRBISGEMÜSE MIT QUARKHAUBE

1. Kürbis würfeln und mit Apfelsaft, Nelke, Ingwer und Salz in einem Topf ca. 15 Minuten garen, abgießen und Kochwasser auffangen.

2. Eine flache Auflaufform mit Margarine einfetten. Zucchini in Stifte schneiden und mit Kürbiswürfeln in eine Auflaufform füllen.

3. Quark mit Eigelb, 5 Esslöffeln Kochwasser, Salz und Pfeffer verrühren. Quarkmasse über das Gemüse gießen und im vorgeheizten Backofen bei 200 Grad (Gas: Stufe 3) ca. 20 Minuten überbacken. Kürbisgemüse mit Sonnenblumenkernen bestreut servieren.

Zubereitungszeit: ca. 10 Minuten
Garzeit: ca. 35 Minuten

Für 1 Person:

500 g Kürbisfruchtfleisch
200 ml Apfelsaft, ohne Zucker
1 Msp. gemahlene Nelke
1 TL gemahlener Ingwer
Salz
1 TL Halbfettmargarine
1 Zucchini
6 EL Magerquark
1 Eigelb
Pfeffer
1 TL Sonnenblumenkerne

Pro Person: 5 Points

APFEL-SELLERIE-RÖSTIS

Für 1 Person:

¼ Sellerieknolle
1 kleiner Apfel (z. B. Elstar)
1 TL Walnussöl
2 TL Weißwein
1 TL Zitronensaft
1 Prise Zimt
einige Tropfen flüssiger Süßstoff
½ rote Zwiebel
1 kleines Stück Bauchspeck (10 g)
2 Kartoffeln
1 EL Mehl
1 Ei
1 TL gehackte Petersilie
Salz
Pfeffer
Currypulver
Knoblauchsalz

1. Die Hälfte des Selleries mit dem Apfel fein würfeln. Öl in einer Pfanne erhitzen, Selleriewürfel andünsten, nach ca. 2 Minuten Apfelwürfel zugeben und weitere ca. 3 Minuten dünsten. Weißwein und Zitronensaft zugeben, ca. 10 Minuten garen und mit Zimt und Süßstoff abschmecken.

2. Zwiebel und Speck würfeln, Kartoffeln grob raspeln, mit Mehl, Ei sowie Petersilie vermischen und mit Salz und Pfeffer würzen. Brat-Folie in einer Pfanne erhitzen und kleine Röstis von beiden Seiten je ca. 5 Minuten goldgelb backen.

3. Verbliebenen Sellerie in feine Scheiben hobeln, mit Currypulver und Knoblauchsalz bestreuen und von beiden Seiten fettfrei anbraten. Röstis mit Selleriescheiben und Apfel-Sellerie-Kompott auf dem Teller anrichten. Nach Wunsch mit Selleriegrün dekorieren.

Zubereitungszeit: ca. 10 Minuten
Garzeit: ca. 25 Minuten

Pro Person: 6,5 Points

RAHMWIRSING MIT GOLDPLÄTZCHEN

Für 1 Person:

2 Schalotten
2 Karotten
200 g Wirsing
150 ml Gemüsebrühe
(½ TL Instant)
1 TL gehackte Walnüsse
3 EL saure Sahne
Salz
Pfeffer
2 verzehrfertige Kartoffelklöße (Fertigprodukt)

1. Schalotten würfeln, in einer beschichteten Pfanne fettfrei andünsten. Karotten und Wirsing in feine Streifen schneiden, zugeben und mit Brühe aufgießen. Gemüse ca. 10 Minuten garen, Walnüsse und saure Sahne unterrühren und mit Salz und Pfeffer abschmecken.

2. Klöße in Scheiben schneiden, in einer beschichteten Pfanne fettfrei von beiden Seiten ca. 5 Minuten goldbraun braten. Rahmwirsing mit Goldplätzchen servieren.

Zubereitungszeit: ca. 5 Minuten
Garzeit: ca. 15 Minuten

Pro Person: 5,5 Points

PFANNKUCHEN MIT GEMÜSE

Für 1 Person:

1 Ei
2 EL Mehl
50 ml Mineralwasser
½ TL Paprikapulver
Salz
Pfeffer
1 kleine Zucchini
2 EL Erbsen, TK
50 g Pfifferlinge
3 EL Magerquark
1 TL Schnittlauchringe

1. Aus Ei, Mehl und Mineralwasser einen Pfannkuchenteig herstellen und mit Paprikapulver, Salz und Pfeffer würzen.

2. Zucchini in dünne Scheiben schneiden und in einer beschichteten Pfanne fettfrei von beiden Seiten anbraten, Erbsen und Pfifferlinge zufügen. Teig zugießen und den Pfannkuchen beidseitig goldbraun ausbacken.

3. Den Quark mit Salz und Pfeffer abschmecken und Schnittlauch unterrühren. Pfannkuchen auf einem Teller anrichten und mit Schnittlauchquark garniert servieren.

Zubereitungszeit: ca. 10 Minuten
Garzeit: ca. 10 Minuten

Pro Person: 4,5 Points

PIZZA, QUICHE, PIKANTE KUCHEN

PIZZA BELLA ITALIA

Für 16 Stücke:

400 g Mehl
1 Würfel frische Hefe
150 ml lauwarmes Wasser
60 g Halbfettmargarine
Salz
2 Knoblauchzehen
100 g passierte Tomaten (Konserve)
2 EL Tomatenmark
1 TL Oregano
Pfeffer
5 Tomaten
3 bunte Paprikaschoten
2 Peperonischoten
4 EL Mais (Konserve)
80 g geriebener Käse (32 % Fett i. Tr.)

1. Mehl in eine Schüssel geben, in die Mitte eine Vertiefung drücken. Hefe und etwas Wasser darin zu einem Vorteig anrühren und zugedeckt an einem warmen Ort ca. 15 Minuten gehen lassen.

2. Margarine schmelzen, mit Salz und restlichem Wasser zum Vorteig geben, alles zu einem glatten Teig gut verkneten und weitere 30 Minuten gehen lassen.

3. Knoblauchzehen zerdrücken, mit passierten Tomaten und Tomatenmark vermengen, mit Oregano, Salz und Pfeffer würzen. Tomaten in Scheiben schneiden, Paprika- und Peperonischoten würfeln.

4. Teig ausrollen und auf ein mit Back-Folie ausgelegtes Backblech geben. Tomatenmasse darauf verstreichen und mit Gemüse belegen. Käse darüber streuen und in den nicht vorgeheizten Backofen schieben. Backofen auf 200 Grad (Gas: Stufe 3) einstellen und ca. 35 Minuten backen.

Zubereitungszeit: ca. 15 Minuten
Ruhezeit: ca. 45 Minuten
Backzeit: ca. 35 Minuten

Pro Stück: 2 Points

PIZZA »DELICIOSA«

1. Hefeteig durchkneten und ca. 30 Minuten ruhen lassen. Passierte Tomaten mit Oregano mischen und mit Salz, Pfeffer und Süßstoff pikant abschmecken.

2. Knoblauchzehe zerdrücken, Öl in einem Topf erhitzen, Knoblauch darin andünsten, Blattspinat zugeben und zusammenfallen lassen.

3. Hefeteig zu vier Kugeln formen und zu runden Fladen ausrollen. Passierte Tomaten darauf verteilen. Tomaten in Scheiben schneiden, Schafkäse würfeln und beides mit Blattspinat und Krabben auf den Pizzen verteilen. Im vorgeheizten Backofen bei 200 Grad (Gas: Stufe 3) ca. 20 Minuten goldbraun backen.

Zubereitungszeit: ca. 15 Minuten
Ruhezeit: ca. 30 Minuten
Garzeit: ca. 25 Minuten

Für 4 Personen:

180 g Hefe-Frischteig (Fertigprodukt)
150 g passierte Tomaten
2 TL Oregano
Salz
Pfeffer
einige Tropfen flüssiger Süßstoff
1 Knoblauchzehe
2 TL Olivenöl
200 g frischer Blattspinat (ersatzweise TK)
4 Tomaten
90 g Schafkäse
4 EL Krabben (100 g)

Pro Person: 4,5 Points

QUICHE MIT TOMATEN-PETERSILIEN-SALAT

Für 8 Personen:

220 g Mehl
½ TL Backpulver
1 Prise Salz
3 Eier
½ TL abgeriebene Schale 1 unbehandelten Zitrone
100 g Margarine
375 g Magerquark
12 EL geriebener Käse (32 % Fett i. Tr.)
Pfeffer

FÜR DEN TOMATEN-PETERSILIEN-SALAT:
1 kg Tomaten
4 Zwiebeln
3 Bund glatte Petersilie
100 ml Gemüsebrühe (½ TL Instant)
4 TL Dijon-Senf
8 EL Balsamicoessig
bunter Pfeffer
einige Tropfen flüssiger Süßstoff

1. Mehl mit Backpulver und Salz mischen. Ein Ei, abgeriebene Zitronenschale und Margarine in Stücken zufügen und alles mit 50 ml Wasser gut verkneten. Teig in Klarsichtfolie ca. 30 Minuten kalt stellen. Quark mit restlichen Eiern und Käse verrühren und mit Salz und Pfeffer würzen.

2. Teig ausrollen und eine mit Back-Folie ausgekleidete Quicheform damit auslegen. Quarkmasse auf den Teig geben und im vorgeheizten Backofen bei 200 Grad (Gas: Stufe 3) ca. 30 Minuten backen.

3. Für den Salat Tomaten in Würfel, Zwiebeln in Ringe schneiden, Petersilie abzupfen und alles vermischen. Brühe mit Senf und Essig verrühren und mit Salz, Pfeffer und Süßstoff abschmecken. Quiche in Stücke schneiden und Tomaten-Petersilien-Salat dazu servieren.

Zubereitungszeit: ca. 15 Minuten
Kühlzeit: ca. 30 Minuten
Garzeit: ca. 30 Minuten

Pro Person: 6 Points

ZUCCHINI-QUICHE

Für 8 Stücke:

260 g Mehl
300 g Magerquark
80 g Halbfettmargarine
Salz
2 Knoblauchzehen
135 g Frischkäse (30 % Fett i. Tr.)
1 Ei
3 EL fettarme Milch
2 TL gemischte Kräuter
Pfeffer
4 kleine Zucchini

1. Mehl, 150 g Quark, Margarine und Salz zu einem Teig verkneten und ca. 30 Minuten kalt stellen. Eine Quicheform (Ø 28 cm) mit Back-Folie auskleiden, mit Teig auslegen, mit einer Gabel einstechen und im vorgeheizten Backofen bei 180 Grad (Gas: Stufe 2) ca. 10 Minuten blind backen.

2. Knoblauchzehen zerdrücken, mit restlichem Quark, Frischkäse, Ei, Milch und Kräutern verrühren. Mit Salz und Pfeffer würzen.

3. Zucchini in Scheiben schneiden, auf den vorgebackenen Boden legen und mit der Quarkmasse bedecken. Zucchini-Quiche bei 200 Grad (Gas: Stufe 3) weitere ca. 35 Minuten backen.

Zubereitungszeit: ca. 20 Minuten
Ruhezeit: ca. 30 Minuten
Garzeit: ca. 45 Minuten

Pro Stück: 4 Points

SAFTIGER SAUER-KRAUT-KUCHEN

1. Aus Mehl, Hefe, einer Prise Salz und Wasser einen Teig rühren und zugedeckt ca. 30 Minuten an einem warmen Ort gehen lassen.

2. Zwiebeln würfeln und in Öl andünsten. Paprikaschoten würfeln, mit Sauerkraut zugeben und mit Salz und Pfeffer würzen. Eier mit Joghurt, Käse, Kümmel und Paprikapulver verrühren und mit der Krautmasse vermengen.

3. Hefeteig ausrollen, auf ein mit Back-Folie ausgelegtes Backblech legen und an den Außenseiten einen Rand hochziehen. Teig im vorgeheizten Backofen bei 200 Grad (Gas: Stufe 3) ca. 5 Minuten vorbacken.

4. Krautmasse auf dem Teig verteilen und im Backofen ca. 35 Minuten fertig backen.

Zubereitungszeit: ca. 20 Minuten
Ruhezeit: ca. 30 Minuten
Backzeit: ca. 40 Minuten

Für 16 Stücke:

360 g Mehl
1 Würfel frische Hefe
Salz
200 ml lauwarmes Wasser
2 Zwiebeln
2 TL Pflanzenöl
2 rote Paprikaschoten
770 g Sauerkraut (Konserve)
Pfeffer
3 Eier
250 g fettarmer Joghurt
8 EL geriebener Käse (32 % Fett i. Tr.)
½ TL Kümmel
Paprikapulver

Pro Stück: 2 Points

MINI-QUICHES

Für 10 Stück:

200 g Mehl
150 g Halbfettmargarine
Salz
2 Eier
125 ml fettarme Milch
Pfeffer
Paprikapulver
2 kleine Zucchini
250 g Kirschtomaten

1. Mehl, Margarine, Salz und 3 Esslöffel Wasser zu einem Teig verkneten und ca. 30 Minuten kalt stellen.

2. Eier mit Milch verquirlen und mit Salz, Pfeffer und Paprikapulver würzen. Zucchini in dünne Scheiben schneiden. Kirschtomaten halbieren.

3. Teig ausrollen und kleine Tartelette-Formen damit auslegen. Mit Zucchinischeiben und Kirschtomaten belegen. Eiermilch darüber gießen und im vorgeheizten Backofen bei 200 Grad (Gas: Stufe 3) ca. 15 Minuten backen. Formen etwas auskühlen lassen und Quiches herausstürzen. Die Quiches können kalt und warm verzehrt werden.

Zubereitungszeit: ca. 20 Minuten
Ruhezeit: ca. 30 Minuten
Backzeit: ca. 15 Minuten

Pro Stück: 3 Points

RAFFINIERTE SPINATTORTE

Für 4 Personen:

6 EL Mehl
2 Eier
250 ml fettarme Milch
Salz
Pfeffer
1 rote Paprikaschote
4 EL Schafkäse
(45 % Fett i. Tr.)
3 EL Magerquark
2 EL Frischkäse
(30 % Fett i. Tr.)
4 EL Mais (Konserve)
100 g Blattspinat

1. Mehl mit Eiern und Milch verrühren, mit Salz und Pfeffer würzen und etwas quellen lassen.

2. Paprikaschote und Schafkäse fein hacken. Schafkäse mit Quark und Frischkäse verrühren. Mais und die Hälfte der Paprikawürfel unter die Käsemasse mengen und mit Salz und Pfeffer abschmecken.

3. Blattspinat in Streifen schneiden und unter den Pfannkuchenteig geben. Nacheinander in einer kleinen beschichteten Pfanne 3 Pfannkuchen abbacken. Pfannkuchen mit Käsemasse bestreichen und übereinander legen. Restliche Paprikawürfel darüber streuen und in Tortenstücke geschnitten servieren.

Zubereitungszeit: ca. 15 Minuten
Garzeit: ca. 15 Minuten

Pro Person: 4 Points

POLENTA-PIZZA

1. Maismehl in einem Topf leicht anrösten, Gemüsebrühe angießen und zugedeckt ca. 15 Minuten ausquellen lassen. Polenta-Masse in eine mit Back-Folie ausgelegte Springform (Ø 26 cm) streichen und etwas auskühlen lassen.

2. Tomaten, Bohnen und Mais vermengen, mit Thymian, Cayennepfeffer und Salz pikant würzen. Masse auf die Pizza geben und verteilen. Geflügelsalami in Streifen schneiden, Schafkäse zerbröckeln und beides auf der Pizza verteilen. Polenta-Pizza im vorgeheizten Backofen bei 200 Grad (Gas: Stufe 3) ca. 20 Minuten backen.

3. Zwiebel in feine Ringe schneiden und Kopfsalat in mundgerechte Stücke zupfen. Saure Sahne mit Essig verrühren und mit Salz und Pfeffer würzen. Salat und Dressing vermengen und zu der Polenta-Pizza servieren.

Zubereitungszeit: ca. 15 Minuten
Garzeit: ca. 35 Minuten

Für 2 Personen:

8 EL Maismehl (Polenta)
125 ml Gemüsebrühe
(1 TL Instant)
150 ml passierte Tomaten
(Konserve)
2 EL weiße Bohnen
(Konserve)
4 EL Mais (Konserve)
½ TL Thymian
Cayennepfeffer
Salz
2 dünne Scheiben
Geflügelsalami
3 EL Schafkäse
(45% Fett i. Tr.)
1 Zwiebel
1 Kopfsalat
1 TL saure Sahne
2 TL Obstessig
Pfeffer

Pro Person: 6 Points

ASIATISCHE GEMÜSETASCHEN

Für 4 Personen:

4 Portionen Hefefrischteig (180 g)
4 Frühlingszwiebeln
1 Kopf Chinakohl
6 Karotten
2 EL Sojasauce
2 Hand voll Radieschensprossen (ersatzweise Sojasprossen)
Salz
Pfeffer
4 TL Sesam
2 TL Essig
einige Tropfen flüssiger Süßstoff

1. Hefeteig in 4 Quadrate (ca. 10 x 10 cm) ausrollen. Teig auf ein mit Back-Folie ausgelegtes Backblech legen und zugedeckt ca. 15 Minuten gehen lassen.

2. Frühlingszwiebeln in Ringe, Chinakohl in Streifen schneiden und 2 Karotten grob raspeln. ¼ des Chinakohls mit Karottenraspeln in einer beschichteten Pfanne mit 1 Esslöffel Sojasauce fettfrei andünsten. Sprossen hinzugeben und mit Salz und Pfeffer würzen.

3. Die Ränder der Teigquadrate mit Wasser bestreichen und knapp 1 cm umschlagen. Nochmals die Ränder mit Wasser bestreichen, mit Sesam bestreuen und im vorgeheizten Backofen bei 200 Grad (Gas: Stufe 3) ca. 15 Minuten backen. Das vorbereitete Gemüse auf die Quadrate verteilen und weitere 5 Minuten backen.

4. Restliche Karotten in Stifte schneiden und mit restlichen Chinakohlstreifen vermengen. Für das Dressing Essig mit restlicher Sojasauce verrühren, mit Süßstoff abschmecken und zum Salat geben. Asiatische Gemüsetaschen mit Salat servieren.

Zubereitungszeit: ca. 15 Minuten
Ruhezeit: ca. 15 Minuten
Garzeit: ca. 25 Minuten

Pro Person: 5 Points

CHAMPIGNON-RAUKE-PIZZA

Für 1 Person:

1 Portion Hefefrischteig (45 g)
1 Knoblauchzehe
1 TL gehackte Petersilie
3 EL Frischkäse (30% Fett i. Tr.)
4 TL Kondensmilch (4% Fett)
Salz
Pfeffer
100 g Champignons
1 Hand voll Rauke (Rucola)
2 EL geriebener Parmesan (32% Fett i. Tr.)

1. Hefeteig rund ausrollen, auf ein mit Back-Folie belegtes Backblech legen und abgedeckt an einem warmen Ort ca. 15 Minuten gehen lassen.

2. Knoblauchzehe zerdrücken, mit Petersilie, Frischkäse und Kondensmilch verrühren und mit Salz und Pfeffer würzen. Frischkäse-Masse auf den Pizzateig streichen.

3. Champignons in Scheiben schneiden und mit Rauke auf der Frischkäse-Masse verteilen. Käse darüber streuen und im vorgeheizten Backofen bei 175 Grad (Gas: Stufe 2) ca. 20 Minuten backen.

Zubereitungszeit: ca. 10 Minuten
Ruhezeit: ca. 15 Minuten
Garzeit: ca. 20 Minuten

Pro Person: 5 Points

ITALIENISCHES KRÄUTERBROT

1. Mehl in eine Schüssel sieben, in die Mitte eine Vertiefung schieben. Hefe hineinbröckeln, mit etwas Wasser zu einem Vorteig anrühren und zugedeckt ca. 20 Minuten gehen lassen.

2. Oliven und Knoblauchzehen fein hacken und mit restlichem Wasser, Kräutern, Olivenöl, Salz und Pfeffer zu dem Vorteig geben. Alles zu einem geschmeidigen Teig verkneten und zugedeckt ca. 30 Minuten gehen lassen.

3. Teig in eine mit Back-Folie ausgelegte Kastenform (Länge 24 cm) geben, mit Wasser bestreichen und schräg einschneiden. Kräuterbrot im vorgeheizten Backofen bei 200 Grad (Gas: Stufe 3) ca. 45 Minuten backen. Kräuterbrot ca. 10 Minuten in der Form ruhen lassen, dann herauslösen und auf einem Gitterrost auskühlen lassen.

Für 12 Scheiben:

400 g Mehl
1 Würfel frische Hefe
200 ml lauwarmes Wasser
10 grüne Oliven, entsteint
2 Knoblauchzehen
3 TL gemischte italienische Kräuter
2 TL Olivenöl
1 TL Salz
weißer Pfeffer

Zubereitungszeit: ca. 20 Minuten
Ruhezeit: ca. 60 Minuten
Garzeit: ca. 45 Minuten

Pro Scheibe: 2 Points

Tipp
Aus diesem würzigen Kräuterteig können Sie nicht nur ein knuspriges Brot backen, sondern Sie können ihn auch prima als Boden für Pizza verwenden. Durch seine intensive Würze schmeckt er sehr gut mit einem milden Belag aus Tomaten und Mozzarella.

ZWIEBACK-HAPPEN

Für 1 Person:

1 Zwiebel
100 g grüne Bohnen
(ersatzweise Konserve)
½ TL Bohnenkraut
Salz
1 kleines Stück Schafkäse
(45% Fett i. Tr.)
60 ml fettarme Milch
Pfeffer
3 Zwiebäcke

1. Zwiebel würfeln und mit Bohnen in einer beschichteten Pfanne mit etwas Wasser, Bohnenkraut und Salz zugedeckt ca. 15 Minuten dünsten.

2. Schafkäse zerbröckeln, mit Milch verrühren und mit Salz und Pfeffer würzen.

3. Zwiebäcke auf ein mit Back-Folie ausgelegtes Backblech legen. Bohnen darauf verteilen und mit Schafkäse-Masse bedecken. Zwieback-Happen im vorgeheizten Backofen bei 200 Grad (Gas: Stufe 3) ca. 5 Minuten überbacken.

Zubereitungszeit: ca. 10 Minuten
Garzeit: ca. 20 Minuten

Pro Person: 4 Points

SPARGEL-KUCHEN

1. Mehl und Backpulver mischen und mit 1 Ei, Margarine, Mineralwasser und Salz zu einem glatten Teig verkneten. Mürbeteig zugedeckt im Kühlschrank ca. 30 Minuten ruhen lassen.

2. Spargelstangen in ca. 5 cm lange Stücke schneiden und in leicht gesalzenem Wasser mit Zucker ca. 15 Minuten vorgaren. Hüttenkäse mit restlichem Ei und 3 Esslöffeln Spargelwasser glatt rühren und mit Salz und Pfeffer würzen. Schinken in Streifen schneiden.

3. Mürbeteig in eine mit Back-Folie ausgekleidete Springform (Ø 26 cm) geben und einen Rand hochziehen. Spargel und Schinkenstreifen auf dem Teig verteilen, Hüttenkäsemasse darüber gießen und im vorgeheizten Backofen bei 175 Grad (Gas: Stufe 2) ca. 30 Minuten backen. Spargel-Kuchen mit Walnüssen bestreut servieren.

Für 8 Stücke:

200 g Mehl
1 TL Backpulver
2 Eier
1 TL Halbfettmargarine
75 ml Mineralwasser
Salz
1 kg Spargel
1 Prise Zucker
360 g Hüttenkäse
Pfeffer
5 Scheiben roher Schinken, ohne Fett
1 TL gehackte Walnüsse

Zubereitungszeit: ca. 30 Minuten
Ruhezeit: ca. 30 Minuten
Garzeit: ca. 45 Minuten

Pro Stück: 3 Points

TOMATEN-SCHAFKÄSE-TARTE

Für 4 Personen:

400 g Mehl
1 Würfel frische Hefe
150 ml lauwarmes Wasser
Salz
1 Msp. Rosmarin
7 Tomaten
3 Knoblauchzehen
135 g Schafkäse
(45% Fett i. Tr.)
1 Bund Basilikum
Pfeffer
2 EL Pinienkerne
200 g Champignons
250 g Rucola (Rauke)
100 g fettarmer Joghurt
3 TL Rotweinessig
(ersatzweise Obstessig)
1 TL Senf

1. Mehl in eine Schüssel sieben und eine Mulde in die Mitte schieben. Hefe in die Mulde bröckeln, mit etwas Wasser zu einem Vorteig verrühren und zugedeckt ca. 20 Minuten gehen lassen.

2. Restliches Wasser, Salz und Rosmarin zum Vorteig geben, alles zu einem geschmeidigen Teig verkneten und weitere 30 Minuten gehen lassen.

3. Tomaten mit kochendem Wasser überbrühen, häuten und entkernen. Tomaten, 2 Knoblauchzehen und Schafkäse fein würfeln. Basilikum in Streifen schneiden. Alles locker vermengen und mit Salz und Pfeffer würzen.

4. Teig nochmals durchkneten, ausrollen und in eine Tarteform (Ø 26 cm) legen. Tomaten-Schafkäse-Mischung darauf verteilen, mit Pinienkernen bestreuen und im vorgeheizten Backofen bei 200 Grad (Gas: Stufe 3) ca. 30 Minuten backen.

5. Champignons vierteln und mit Rucola vermengen. Restliche Knoblauchzehe zerdrücken und mit Joghurt, Essig und Senf verrühren. Dressing mit Salz und Pfeffer abschmecken und zum Salat geben. Tomaten-Schafkäse-Tarte mit Rucolasalat servieren.

Pro Person:
8 Points

Zubereitungszeit: ca. 25 Minuten
Ruhezeit: ca. 50 Minuten
Garzeit: ca. 30 Minuten

FRUCHTIGE APFEL-ZWIEBEL-PIE

Für 8 Stücke:

300 g Mehl
100 g Stärkemehl
3 Eier
4 TL Halbfettmargarine
250 ml fettarme Milch
Salz
750 g Zwiebeln
1 Apfel
4 EL saure Sahne
geriebene Muskatnuss
1 TL Majoran
Pfeffer

1. Mehl und Stärkemehl mischen, mit 1 Ei, Margarine, 100 ml Milch und Salz zu einem glatten Teig verkneten und ca. 30 Minuten kalt stellen.

2. Zwiebeln in Ringe schneiden und in einer beschichteten Pfanne fettfrei mit 3 Esslöffeln Wasser glasig dünsten. Apfel in Spalten schneiden, zu den Zwiebelringen geben, kurz mit erhitzen und etwas auskühlen lassen.

3. Saure Sahne, restliche Milch und restliche Eier verquirlen, mit Muskatnuss, Majoran, Salz und Pfeffer würzen. Teig halbieren, eine Hälfte ausrollen und eine Quicheform (Ø 26 cm) damit auslegen. Zwiebelmasse mit Guss vermengen und auf dem Teig verteilen. Quicheform mit restlichem Teig abdecken und im vorgeheizten Backofen bei 200 Grad (Gas: Stufe 3) ca. 35 Minuten backen.

Zubereitungszeit: ca. 20 Minuten
Ruhezeit: ca. 30 Minuten
Garzeit: ca. 45 Minuten

Pro Stück: 4 Points

BUNTER FLEISCHKUCHEN

Für 12 Stücke:

400 g Mehl
1 TL Backpulver
3 Eier
150 ml Wasser
Salz
1 Zwiebel
je 1 rote und gelbe Paprikaschote
420 g Tatar
10 grüne Oliven, mit Paprikafüllung
100 g Kirschtomaten
150 g Schafkäse (45% Fett i. Tr.)
125 ml fettarme Milch
8 EL Mais (Konserve)
Pfeffer
1 Fleischtomate

Pro Stück:
4 Points

1. Mehl und Backpulver mischen, mit 1 Ei, Wasser und Salz zu einem glatten Teig verkneten und ca. 30 Minuten kalt stellen.

2. Zwiebel und Paprikaschoten würfeln und mit Tatar in einer beschichteten Pfanne fettfrei knusprig braun braten. Oliven in Scheiben schneiden, Kirschtomaten halbieren und Schafkäse zerbröckeln. 2 Esslöffel Schafkäse mit restlichen Eiern und Milch pürieren, mit Mais, Gemüse und restlichem Schafkäse zu der Tatarmasse geben und mit Salz und Pfeffer würzen. Fleischtomate in Scheiben schneiden.

3. Teig ausrollen und ein Backblech damit auslegen. Tatar-Gemüse-Masse darauf verteilen, mit Tomatenscheiben belegen und im vorgeheizten Backofen bei 200 Grad (Gas: Stufe 3) ca. 35 Minuten backen.

Zubereitungszeit: ca. 20 Minuten
Ruhezeit: ca. 30 Minuten
Garzeit: ca. 45 Minuten

Paprikaschoten

Paprikaschoten gehören zum Gemüsepaprika, von dem es viele Sorten gibt, die sich in Form, Größe und Farbe unterscheiden. Der grüne Gemüsepaprika wird geerntet, bevor er voll ausgereift ist. Mit dem Reifegrad verändert sich die Farbe von grün über orange bis rot. Aus diesem Grund sind gelbe und rote oft teurer als die grünen Paprikaschoten. Voll ausgereifte Früchte sind aromatischer und süßer als unreife.

Vorbereitung:
Nach dem Entfernen des Stiels wird das Kerngehäuse mit Samen entfernt. Für gefüllte Paprikaschoten schneiden Sie den Stielansatz ab, entfernen das Kerngehäuse, geben die Füllung hinein und setzen den Stielansatz als Deckel wieder darauf. Zur Verkürzung der Garzeit die Paprika vorher in kochendem Wasser blanchieren.

PIKANTE KÜRBIS-QUICHE

Für 1 Person:

200 g Kürbis
(ersatzweise Mangold)
1 Karotte
1 kleine Zucchini
1 Frühlingszwiebel
1 Portion Pizza-Frischteig
(Fertigprodukt) (45 g)
1 Ei
3 EL fettarme Milch
4 EL saure Sahne
Salz
Pfeffer
1 Gewürzgurke
1 Tomate
150 g Magermilch-Joghurt
2 TL Kräuter
(Schnittlauch, Petersilie)
100 g Feldsalat

1. Kürbis würfeln, Karotte und Zucchini in Scheiben und Frühlingszwiebel in Ringe schneiden. Pizza-Frischteig dünn ausrollen, eine Quiche-Form (Ø 26 cm) damit auslegen und das Gemüse darauf verteilen.

2. Ei mit Milch und saurer Sahne verquirlen, mit Salz und Pfeffer würzen und die Quiche damit bedecken. Kürbis-Quiche im vorgeheizten Backofen bei 200 Grad (Gas: Stufe 3) ca. 40 Minuten backen.

3. Gewürzgurke und Tomate fein würfeln. Mit Joghurt und Kräutern verrühren und mit Salz und Pfeffer abschmecken.

4. Feldsalat auf einen Teller legen, die Salatsauce darauf anrichten und mit Kürbis-Quiche servieren.

Zubereitungszeit: ca. 15 Minuten
Garzeit: ca. 40 Minuten

Pro Person: 8 Points

FISCH, GEFLÜGEL, FLEISCH

SCHELLFISCH MIT FENCHEL-GEMÜSE

Für 4 Personen:

4 Fenchelknollen
6 kleine rote Zwiebeln
Salz
1 TL Pflanzenöl
600 ml Gemüsebrühe (2 TL Instant)
2 EL Zitronensaft
Pfeffer
1 Bund Petersilie
1 Bund Dill
600 g Schellfisch
4 TL Tomatenmark
einige Tropfen flüssiger Süßstoff
2 EL heller Saucenbinder (Instantpulver)
4 mittelgroße gekochte Kartoffeln

1. Fenchel und Zwiebeln achteln. Fenchel in kochendem Salzwasser kurz blanchieren. Öl in einer Pfanne erhitzen, Zwiebeln andünsten, Fenchel zugeben, die Hälfte der Gemüsebrühe angießen und ca. 5 Minuten köcheln lassen. Sauce mit 1 Esslöffel Zitronensaft, Salz und Pfeffer abschmecken. Petersilie und Dill fein hacken und zugeben.

2. Fischfilet mit verbliebenem Zitronensaft säuern, salzen und pfeffern, in einer beschichteten Pfanne fettfrei von beiden Seiten anbraten und restliche Gemüsebrühe angießen. Fisch herausnehmen und warm stellen. Fischsud aufkochen, Tomatenmark zugeben, mit Salz, Pfeffer und Süßstoff kräftig würzen und mit Saucenbinder binden. Fischfilet mit Fenchel-Gemüse und Kartoffeln anrichten und servieren.

Zubereitungszeit: ca. 10 Minuten
Garzeit: ca. 20 Minuten

Pro Person: 3,5 Points

SCHWERTFISCH IN SAFRANSAUCE

Für 4 Personen:

2 Schalotten
2 Knoblauchzehen
1 TL Pflanzenmargarine
1 Glas Sherry (50 ml)
300 ml Fischfond (Fertigprodukt)
etwas Safranpulver
2 gelbe Paprikaschoten
600 g Schwertfisch
1 EL Zitronensaft
Salz
6 Tomaten
Pfeffer
200 g gegarter Reis
600 g gegarter Romanesco

1. Schalotten würfeln, Knoblauchzehen zerdrücken und in erhitzter Margarine kurz andünsten. Mit Sherry und Fischfond ablöschen, Safranpulver unterrühren und aufkochen lassen. Paprikaschoten in sehr feine Streifen schneiden und zugeben. Fisch grob würfeln, mit Zitronensaft beträufeln und salzen. Tomaten kreuzweise einritzen, mit kochendem Wasser überbrühen, häuten, entkernen und Fruchtfleisch fein würfeln.

2. Fisch und Tomatenwürfel zugeben, bei geringer Hitze ca. 10 Minuten gar ziehen lassen und alles mit Salz und Pfeffer abschmecken. Sauce mit Fisch anrichten und Reis sowie Romanesco dazu servieren.

Zubereitungszeit: ca. 10 Minuten
Garzeit: ca. 20 Minuten

Pro Person: 5,5 Points

RED SNAPPER MIT ORANGEN-CURRY-SAUCE

Für 4 Personen:

1 unbehandelte Orange
100 ml Orangensaft
135 g saure Sahne
2 EL gehackter Koriander
1 TL mittelscharfer Senf
¼ TL Currypulver
Salz
Pfeffer
600 g Red Snapper
1 EL Zitronensaft
4 Pimentbeeren
2 rote Paprikaschoten
400 g kleine Champignons
100 ml Gemüsebrühe (1 TL Instant)
300 g Zuckererbsenschoten

1. Orangenschale abreiben und Saft auspressen. Saure Sahne mit Orangenschale, -saft, Koriander, Senf und Currypulver verrühren und mit Salz und Pfeffer abschmecken.

2. Red Snapper mit Zitronensaft beträufeln und salzen. Wenig Wasser mit Pimentbeeren in einem Topf aufkochen und die Fischfilets ca. 10 Minuten bei schwacher Hitze dünsten.

3. Paprikaschoten in Rauten schneiden und mit den Champignons in der Gemüsebrühe ca. 10 Minuten dünsten. Nach ca. 5 Minuten die Zuckererbsenschoten zugeben. Gemüse mit Salz und Pfeffer würzen. Fischfilets mit der Sauce anrichten und Gemüse dazu servieren.

Zubereitungszeit: ca. 15 Minuten
Garzeit: ca. 20 Minuten

Pro Person: 5 Points

LIMETTENFISCH MIT NUSSKRUSTE

Für 1 Person:

1 kleines Kabeljaufilet (150 g)
1 EL Limettensaft
Salz
1 kleine Zwiebel
1 Knoblauchzehe
2 EL Fischfond (aus dem Glas)
10 Cashewnüsse
80 g gegarter Reis
1 EL Kidneybohnen (Konserve)

1. Kabeljaufilet mit Limettensaft säuern und salzen. Zwiebel und Knoblauchzehe würfeln, in einer beschichteten Pfanne fettfrei anbraten und mit Fischfond ablöschen. Nüsse hacken.

2. Fischfilet in eine Auflaufform geben, mit Zwiebel-Knoblauch-Fond begießen und mit Nüssen bestreuen. Das Fischfilet im vorgeheizten Backofen bei 200 Grad (Gas: Stufe 3) ca. 20 Minuten garen. Reis mit Bohnen vermengen und mit dem Limettenfisch servieren.

Zubereitungszeit: ca. 5 Minuten
Garzeit: ca. 25 Minuten

Pro Person: 6,5 Points

SEELACHS-GEMÜSE-AUFLAUF

Für 1 Person:

1 kleines Seelachsfilet (150 g)
1 EL Zitronensaft
Salz
Pfeffer
1 TL Currypulver
1 Zwiebel
1 Knoblauchzehe
1 Lauchzwiebel
400 g Chinakohl
2 EL Kleie
1 Orange
3 EL Magerquark
1 Ei

1. Seelachsfilet würfeln, mit Zitronensaft, Salz, Pfeffer und ½ Teelöffel Currypulver würzen, in einer beschichteten Pfanne fettfrei andünsten und herausnehmen.

2. Zwiebel und Knoblauchzehe würfeln, Lauchzwiebel in Ringe und Chinakohl in Streifen schneiden. Zwiebel- und Knoblauchwürfel mit Lauchzwiebelringen in der Pfanne andünsten. Chinakohl zugeben, salzen, pfeffern und mit Kleie bestreuen. Gemüse mit den Fischwürfeln in eine Auflaufform geben. Orange filetieren und zugeben.

3. Quark und Ei mit Salz, Pfeffer und restlichem Currypulver verquirlen, über den Auflauf geben und im vorgeheizten Backofen bei 175 Grad (Gas: Stufe 2) ca. 10 Minuten backen.

Zubereitungszeit: ca. 10 Minuten
Garzeit: ca. 15 Minuten

Pro Person: 6 Points

FORELLEN-AUFLAUF

1. Forellenfilets mit Zitronensaft beträufeln und in kleine Stücke schneiden.

2. Gekochte Kartoffeln durch die Kartoffelpresse drücken, Eigelb und Milch untermengen und mit Salz und Muskatnuss würzen. Die Hälfte der Kartoffelmasse in eine Auflaufform streichen.

3. Forellenfilets auf der Kartoffelmasse verteilen, Zitrone schälen, in Scheiben schneiden, ebenfalls dazugeben und mit Estragon bestreuen. Mit dem restlichen Kartoffelpüree abschließen, Form mit Alufolie abdecken und im vorgeheizten Backofen bei 175 Grad (Gas: Stufe 2) ca. 15 Minuten backen.

4. Zucchini in Scheiben schneiden und in einer beschichteten Pfanne ca. 5 Minuten fettfrei andünsten. Mit Salz, Pfeffer und Thymian würzen und zu dem Forellen-Auflauf servieren.

Zubereitungszeit: ca. 15 Minuten
Garzeit: ca. 25 Minuten

Für 1 Person:

2 kleine Forellenfilets, geräuchert (à 60 g)
einige Tropfen Zitronensaft
3 mittelgroße gekochte Kartoffeln
1 Eigelb
125 ml fettarme Milch
Salz
1 Prise geriebene Muskatnuss
1 Zitrone
½ TL Estragon
2 Zucchini
Pfeffer
½ gehackter Thymian

Pro Person: 7 Points

LACHSFILET MIT FRUCHTSAUCE

Für 1 Person:

1 kleine Zwiebel
2 Äpfel
1 rote Chilischote (ersatzweise ½ TL Paprikapulver)
½ TL Ingwerpulver
½ TL Currypulver
1 EL Apfelessig
4 TL Honig
Zimt
Salz
Pfeffer
1 kleines Lachsfilet (125 g)
1 TL Zitronensaft
1 TL Pflanzenöl
80 g gegarter Duftreis

1. Zwiebel und Äpfel würfeln, Chilischote in feine Streifen schneiden. Zwiebelwürfel in einer beschichteten Pfanne fettfrei glasig dünsten, Apfel und Chilischote zufügen und mit Ingwer- und Currypulver bestäuben. Essig, Honig und 1 Esslöffel Wasser unterrühren und mit Zimt, Salz und Pfeffer abschmecken. Fruchtsauce ca. 3 Minuten einkochen lassen.

2. Lachsfilet mit Zitronensaft säuern, salzen und pfeffern. Öl in einer beschichteten Pfanne erhitzen und Lachsfilet von beiden Seiten ca. 5 Minuten anbraten.

3. Fruchtsauce mit Lachs und Duftreis auf einem Teller anrichten und servieren.

Zubereitungszeit: ca. 10 Minuten
Garzeit: ca. 10 Minuten

Pro Person: 7,5 Points

ROTBARSCHFILET MIT KOKOS-REIS

Für 1 Person:

1 Zwiebel
4 Karotten
Salz
Pfeffer
1 Zitrone
1 kleines Rotbarschfilet (150 g)
4 Aprikosenhälften (Konserve ohne Zucker)
100 ml Fischfond (Glas) (ersatzweise Gemüsebrühe)
100 ml Aprikosensaft, ohne Zucker (Konserve)
3 EL gegarter Reis
1 TL Kokosraspeln

1. Zwiebel in feine Ringe und Karotten in Scheiben schneiden. Zwiebelringe und Karottenscheiben in einer beschichteten Pfanne fettfrei andünsten und mit Salz und Pfeffer abschmecken.

2. Zitrone filetieren. Fischfilet säubern, leicht salzen und in eine flache Auflaufform legen. Zitronenfilets und Karotten-Zwiebel-Masse darauf verteilen. Aprikosen abtropfen lassen, Saft auffangen, Früchte in Stücke schneiden. Fischfond und Aprikosensaft angießen und im vorgeheizten Backofen bei 175 Grad (Gas: Stufe 2) ca. 20 Minuten garen.

3. Reis mit Aprikosenstücken und Kokosraspeln vermischen. Rotbarschfilet mit Karottengemüse auf Kokos-Reis servieren.

Zubereitungszeit: ca. 10 Minuten
Garzeit: ca. 30 Minuten

Pro Person: 6 Points

SEELACHS MIT KOHLRABI-KARTOFFEL-SALAT

1. Kartoffeln und Kohlrabi in dünne Stifte schneiden und in Salzwasser ca. 15 Minuten garen. Gemüse herausnehmen, Joghurt mit 100 ml Kochwasser verrühren, mit Salz, Pfeffer und Muskatnuss abschmecken und zu dem gegarten Gemüse geben.

2. Seelachsfilet waschen, mit Zitronensaft beträufeln, leicht salzen und in einer mit Brat-Folie ausgelegten Pfanne ca. 10 Minuten bei geringer Hitze fettfrei braten. Seelachsfilet zu dem warmen Kohlrabi-Kartoffel-Salat servieren.

Zubereitungszeit: ca. 10 Minuten
Garzeit: ca. 25 Minuten

Für 1 Person:

250 g Frühkartoffeln
1 Kohlrabi
Salz
100 g fettarmer Joghurt
Pfeffer
geriebene Muskatnuss
1 kleines Seelachsfilet (150 g)
1 TL Zitronensaft

Pro Person: 5 Points

SCHOLLENROLLEN ORANGE

Für 4 Personen:

8 Schollenfilets (à 70 g)
Saft einer halben Zitrone
Salz
1 TL milder Senf
2 Schalotten
1 kleine Zucchini
1 kg Karotten
2 TL Pflanzenöl
200 ml Orangensaft, ohne Zucker
2 Knoblauchzehen
½ Bund frische Pfefferminze
4 EL Frischkäse (30 % Fett i. Tr.)
Pfeffer
280 g gegarte Wildreismischung

1. Schollenfilets säubern, mit Zitronensaft säuern, leicht salzen und dünn mit Senf bestreichen. Schalotten fein hacken, Zucchini mit einem Sparschäler längs in Scheiben schneiden und auf den Schollenfilets verteilen. Fisch aufrollen und mit kleinen Holzspießen feststecken.

2. Karotten putzen und das Grün bis auf 2 Zentimeter abschneiden. Öl in einer beschichteten Pfanne erhitzen und Karotten darin anschwitzen. Orangensaft angießen und zugedeckt ca. 10 Minuten schmoren. Schollenrollen hinzugeben und weitere 10 Minuten garen. Karotten und Schollenrollen herausnehmen, auf eine Servierplatte legen und im vorgeheizten Backofen bei 100 Grad (Gas: Stufe 1) warm stellen.

3. Knoblauchzehen und Pfefferminze fein hacken und mit Frischkäse in die Sauce geben. Mit Salz und Pfeffer abschmecken und mit Reis zu den Schollenrollen und Karotten servieren.

Zubereitungszeit: ca. 20 Minuten
Garzeit: ca. 20 Minuten

Pro Person: 5 Points

INTERNATIONALE GARNELEN-PFANNE

Für 4 Personen:

200 g Langkorn-Wildreis, trocken
Salz
4 Tomaten
2 Orangen
2 Schalotten
1 walnussgroßes Stück Ingwer
300 g Blattspinat (frisch oder TK)
2 TL Pflanzenöl
Pfeffer
240 g Garnelen

1. Reis nach Packungsanweisung in 400 ml Salzwasser ca. 20 Minuten garen.

2. Tomaten häuten, entkernen und fein würfeln. Orangen filetieren, dabei austretenden Saft auffangen. Schalotten und Ingwer fein und Spinat grob hacken.

3. Öl in einer beschichteten Pfanne erhitzen und Schalotten- und Ingwerwürfel darin goldbraun braten. Spinat hinzugeben, zusammenfallen lassen und mit Salz und Pfeffer abschmecken. Garnelen, Tomatenwürfel und Orangenfilets auf dem Spinat verteilen, Orangensaft angießen und zugedeckt ca. 5 Minuten gar ziehen lassen. Garnelen-Pfanne mit Reis servieren.

Zubereitungszeit: ca. 10 Minuten
Garzeit: ca. 25 Minuten

Pro Person: 4 Points

Scampi & Co.
Scampi und Garnelen gehören zur Gattung der Krustentiere. Am schmackhaftesten sind sie während der Wachstumszeit, also in Monaten ohne »r« (Mai bis August).
Scampi sind Tiefseekreb se, von denen lediglich die Schwänze gehandelt werden, da die Scheren kaum Fleisch enthalten. Scampi werden bis zu 25 cm lang und wiegen zwischen 40 und 120 g.
In der Gruppe der Garnelen sind drei Arten zusammengefasst: Riesengarnelen (Prawns), Nordseegarnelen (Krabben) und Tiefseegarnelen (Shrimps). Bei Nordseekrabben handelt es sich zoologisch gesehen nicht um eine Krabben-, sondern um eine Krebsart. Flusskrebse sind Süßwasserkrustentiere und werden 5–15 cm lang. Sie werden wie Hummer oder Garnelen zubereitet, wobei meist nur der Schwanzteil verzehrt wird.

HÄHNCHEN-SPIESSE AUF CURRY-REIS

1. Hähnchenbrustfilets in Würfel schneiden, mit Salz, Pfeffer und Paprikapulver würzen. Öl in einer beschichteten Pfanne erhitzen und Hähnchenwürfel darin ca. 8 Minuten braten.

2. Kirschtomaten halbieren, Mozzarella würfeln, Paprikaschoten in grobe Rauten schneiden. Alles mit den abgetropften Perlzwiebeln und den Hähnchenwürfeln auf Holzspieße reihen.

3. Reis in der gleichen Pfanne erhitzen und mit Currypulver bestäuben. Spieße auf den Curryreis setzen, kurz erwärmen und alles zusammen servieren.

Zubereitungszeit: ca. 10 Minuten
Garzeit: ca. 15 Minuten

Für 4 Personen:

240 g Hähnchenbrustfilets
Salz
Pfeffer
1 TL Paprikapulver, edelsüß
2 TL Pflanzenöl
16 Kirschtomaten
1 Kugel Mozzarella
2 grüne Paprikaschoten
16 Perlzwiebeln
8 Holzspieße
320 g gegarter Reis
2 TL Currypulver

Pro Person: 5 Points

PUTE MIT BROCCOLI-KAROTTEN-GEMÜSE

Für 4 Personen:

4 Putenschnitzel (480 g)
Salz
Pfeffer
1 TL Paprikapulver
1 Bund Karotten
500 g Broccoli
1 TL Pflanzenöl
1 TL Zucker
½ TL Currypulver
1 EL gehackte Petersilie
480 g Kartoffelpüree/ -stock, verzehrfertig
3 TL Mandelblätter

1. Putenschnitzel in einer beschichteten Pfanne fettfrei braten und mit Salz, Pfeffer sowie Paprikapulver würzen.

2. Karotten in dünne Scheiben schneiden, Broccoli in Röschen teilen und in kochendem Salzwasser kurz blanchieren. Öl in einer beschichteten Pfanne erhitzen, Karottenscheiben darin andünsten, Zucker zufügen und karamellisieren lassen. Broccoli zugeben und mit Salz, Pfeffer, Currypulver und gehackter Petersilie abschmecken.

3. Putenschnitzel mit Gemüse und Kartoffelpüree anrichten und mit Mandelblättern garniert servieren.

Zubereitungszeit: ca. 5 Minuten
Garzeit: ca. 15 Minuten

Pro Person: 4,5 Points

COQ AU VIN

(HÄHNCHEN IN ROTWEIN)

1. Hähnchenkeulen salzen und pfeffern. Öl in einer Pfanne oder einem Bräter erhitzen und die Hähnchenkeulen von beiden Seiten scharf anbraten. Knoblauchzehen zerdrücken, Champignons in feine Scheiben schneiden, Karotten und Sellerie fein würfeln, alles mit den Kräutern zugeben und kurz mitdünsten.

2. Mit Rotwein und Geflügelbrühe ablöschen und alles ca. 20 Minuten schmoren lassen. Hähnchenkeulen herausnehmen und warm stellen. Sauce aufkochen und bis auf die Hälfte ca. 10 Minuten reduzieren lassen. Kräuter entfernen, die Sauce mit Salz und Pfeffer abschmecken, Hähnchen zugeben und kurz darin erwärmen. Hähnchenkeulen mit Sauce auf Tellern anrichten und Kartoffeln dazu servieren.

Zubereitungszeit: ca. 15 Minuten
Garzeit: ca. 35 Minuten

Für 4 Personen:

4 Hähnchenkeulen (à 200 g), mit Haut
Salz
Pfeffer
2 TL Pflanzenöl
2 Knoblauchzehen
300 g Champignons
3 Karotten
3 Stangen Bleichsellerie
1 Lorbeerblatt
2 Zweige Thymian
2 Zweige Majoran
2 Zweige Petersilie
200 ml trockener, französischer Rotwein
500 ml Geflügelbrühe (2 TL Instant)
1 kg gekochte, kleine Kartoffeln

Pro Person: 8,5 Points

KNOBLAUCH-HÄHNCHEN MIT WÜRZIGEN KARTOFFELN

Für 4 Personen:

800 g Kartoffeln
4 TL Pflanzenöl
Salz
Pfeffer
Paprikapulver
Chilipulver
4 TL Sesamsamen
4 Knoblauchzehen
2 Schalotten
360 g Hähnchenbrustfilet
100 g grüne Oliven
Kräutersalz
2 EL Limettensaft
(ersatzweise Zitronensaft)
100 ml Gemüsebrühe
(½ TL Instant)
2 rote Zwiebeln
4 rote Paprikaschoten
100 ml Tomatensaft
200 g Kidneybohnen
(Konserve)
einige Tropfen
flüssiger Süßstoff

Pro Person:
7 Points

1. Kartoffeln gründlich waschen und in Viertel schneiden. 2 Teelöffel Öl mit Salz, Pfeffer, Paprika-, Chilipulver und Sesam verrühren. Kartoffeln mit dem Würzöl bestreichen, auf ein mit Back-Folie ausgelegtes Backblech setzen und im vorgeheizten Backofen bei 175 Grad (Gas: Stufe 2) ca. 25 Minuten backen.

2. Knoblauchzehen zerdrücken, Schalotten und Hähnchenbrustfilet in Würfel schneiden. Restliches Öl in einer beschichteten Pfanne erhitzen, Knoblauch und Schalotten andünsten, Hähnchenbrustfilet zugeben und ca. 5 Minuten anbraten. Oliven in Scheiben schneiden, zugeben und alles mit Chili-, Paprikapulver, Kräutersalz und Pfeffer abschmecken. Mit Limettensaft und Gemüsebrühe ablöschen und ca. 5 Minuten weitergaren.

3. Zwiebeln in Ringe und Paprikaschoten in Rauten schneiden. In einem beschichteten Topf mit 2 Esslöffeln Wasser kurz andünsten, mit Tomatensaft ablöschen und ca. 10 Minuten garen. Kurz vor Ende der Garzeit Kidneybohnen zugeben und mit Chilipulver, Kräutersalz und Süßstoff abschmecken.

4. Knoblauch-Hähnchen mit Reis auf Tellern anrichten und Gemüse dazu servieren.

Zubereitungszeit: ca. 10 Minuten
Garzeit: ca. 25 Minuten

TEX-MEX CHICKEN WINGS

1. Limettenschale abreiben und Frucht auspressen. Knoblauchzehe zerdrücken und mit Limettenschale, -saft, Tabasco, Tomatenmark, Süßstoff und etwas Salz verrühren. Hähnchenflügel damit bestreichen und ca. 1 Stunde darin marinieren.

2. Maiskolben mit der Kräuterbutter bestreichen. Hähnchenflügel und Maiskolben auf ein mit Back-Folie ausgelegtes Backblech legen und im vorgeheizten Backofen (Stufe Grill) ca. 20 Minuten grillen.

3. Zwiebeln in Ringe, Tomaten und Paprikaschoten in Würfel schneiden. Kräuteressig mit Maiskeimöl und Gemüsebrühe verrühren, mit Salz, Pfeffer und Süßstoff pikant abschmecken und mit den Salatzutaten vermengen. Chicken Wings mit Maiskolben und Salat servieren.

Zubereitungszeit: ca. 10 Minuten
Marinierzeit: ca. 1 Stunde
Garzeit: ca. 20 Minuten

Für 4 Personen:

1 unbehandelte Limette
1 Knoblauchzehe
1 TL Tabasco
1 EL Tomatenmark
einige Tropfen
flüssiger Süßstoff
Salz
4 Hähnchenflügel (à 50 g), mit Haut
4 gegarte Maiskolben
4 TL Kräuterbutter

FÜR DEN SALAT:
2 rote Zwiebeln
4 Fleischtomaten
je 2 grüne und gelbe Paprikaschoten
3 EL Kräuteressig
2 ½ TL Maiskeimöl (ersatzweise anderes Pflanzenöl)
2 EL Gemüsebrühe (1 Msp. Instant)
Pfeffer

Pro Person: 4 Points

PUTENBRATEN MIT PAPRIKASALAT

Für 4 Personen:

150 g Maismehl (Polenta)
500 ml Gemüsebrühe
(2 TL Instant)
600 g Putenfiletbraten
Salz
Pfeffer
1 Packung Fix für Salatsauce
2 TL Pflanzenöl
3 Tomaten
je 2 rote, gelbe, grüne
Paprikaschoten
1 Zwiebel

1. Maismehl in 250 ml kochende Gemüsebrühe einrühren und zugedeckt ca. 20 Minuten quellen lassen. Grießmasse ca. 2 cm dick auf ein mit Back-Folie ausgelegtes Backblech streichen, erkalten lassen und in Dreiecke schneiden.

2. Putenfiletbraten mit Salz und Pfeffer würzen und in einem beschichteten Bräter fettfrei rundherum anbraten. Restliche Brühe angießen und zugedeckt ca. 40 Minuten im vorgeheizten Backofen bei 200 Grad (Gas: Stufe 3) schmoren.

3. Fix für Salatsauce mit Öl zubereiten. Tomaten achteln, Paprikaschoten würfeln, Zwiebel fein würfeln und mit Salatsauce vermengen. Braten in Scheiben schneiden und mit Salat und Maisschnitten servieren.

Zubereitungszeit: ca. 15 Minuten
Garzeit: ca. 40 Minuten

Pro Person: 5 Points

Polenta: das norditalienische Nationalgericht

Früher war Polenta (Maismehlbrei) das Hauptnahrungsmittel für die arme Bevölkerung in Norditalien, denn Maismehl war sättigend und preiswert. Damals war die Herstellung mit Schwerstarbeit verbunden, da das Maismehl in einem Kupferkessel über offenem Feuer unter ständigem Rühren gegart wurde. Aus dem Arme-Leute-Essen entwickelte sich das berühmte Nationalgericht Norditaliens. Heutzutage ist Polenta von keiner Speisekarte mehr wegzudenken, als Vorspeise oder Beilage zu Fleisch-, Fisch- oder Gemüsegerichten.

NUDELN MIT PUTENGULASCH

Für 4 Personen:

480 g Putenbrustfilet
3 Zwiebeln
3 Paprikaschoten
1 Knoblauchzehe
2 TL Pflanzenöl
Salz
Pfeffer
Paprikapulver
500 ml Gemüsebrühe
(2 TL Instant)
240 g Nudeln, trocken
1 EL dunkler Saucenbinder
3 EL saure Sahne

1. Putenbrustfilet, Zwiebeln und Paprikaschoten würfeln, Knoblauchzehe hacken. Öl erhitzen, Puten-, Zwiebel- und Paprikawürfel mit Knoblauch darin kräftig anbraten. Mit Salz, Pfeffer und Paprikapulver würzen, Brühe angießen und zugedeckt ca. 20 Minuten schmoren.

2. Nudeln in reichlich Salzwasser nach Packungsanweisung bissfest garen.

3. Gulasch mit Saucenbinder andicken und saure Sahne einrühren. Nudeln mit Putengulasch servieren.

Zubereitungszeit: ca. 10 Minuten
Garzeit: ca. 30 Minuten

Pro Person: 6 Points

KARIBISCHE KOKOS-PFANNE

1. Reis nach Packungsanweisung garen und Kokosflocken darunter mengen.

2. Hähnchenbrustfilet würfeln und Lauch in Ringe schneiden. Öl in einer beschichteten Pfanne erhitzen und Fleischwürfel mit Ingwer darin anbraten. Kräftig mit Salz, Pfeffer und Currypulver würzen. Lauchringe dazu geben, Kokosmilch angießen und zugedeckt ca. 10 Minuten garen.

3. Ananas in Stücke schneiden, in die Pfanne geben, kurz mit erhitzen und mit Süßstoff, Salz und Pfeffer abschmecken. Reis mit der Kokos-Pfanne servieren.

Zubereitungszeit: ca. 30 Minuten
Garzeit: ca. 20 Minuten

Für 4 Personen:

160 g Reis, trocken
1 TL Kokosflocken
480 g Hähnchenbrustfilet
2 Stangen Lauch
1 TL Pflanzenöl
1 TL geriebener Ingwer
Salz
Pfeffer
Currypulver
150 ml Kokosnussmilch zum Kochen, Konzentrat
6 Scheiben Ananas (Konserve ohne Zucker)
einige Tropfen flüssiger Süßstoff

Pro Person: 6 Points

KAROTTEN-GEFLÜGEL-GULASCH MIT MAIS-REIS

Für 4 Personen:

120 g Reis, trocken
2 Tassen Hühnerfond (Glas), 300 ml
480 g Putenbrustfilet
2 Zwiebeln
6 Karotten
1 TL Pflanzenöl
250 g Magermilch-Joghurt
100 ml Orangensaft, ohne Zucker
1 TL Stärkemehl
1 TL Currypulver
Salz
Pfeffer
300 g Mais (Konserve)

1. Reis ca. 20 Minuten in 1 Tasse Hühnerfond und 150 ml Wasser garen.

2. Putenbrustfilet und Zwiebeln würfeln, Karotten in Scheiben schneiden. Öl in einer Pfanne erhitzen, Fleisch-, Zwiebelwürfel und Karottenscheiben darin anbraten. Restlichen Hühnerfond angießen und zugedeckt ca. 20 Minuten schmoren.

3. Joghurt und Orangensaft mit Stärkemehl und Currypulver verrühren und zu dem Gulasch geben. Einmal aufkochen lassen und mit Salz und Pfeffer abschmecken.

4. Reis und Mais vermengen und zum Karotten-Geflügel-Gulasch servieren.

Zubereitungszeit: ca. 10 Minuten
Garzeit: ca. 25 Minuten

Pro Person: 5 Points

CURRY-HUHN MIT MANGOLD

1. Joghurt, Mehl und Currypulver verrühren. Hähnchenbrustfilet in Streifen schneiden und ca. 30 Minuten in der Joghurt-Marinade einlegen.

2. Knoblauchzehen fein hacken, Karotten in feine Stifte und Mangold in breite Streifen schneiden. Knoblauch und Karotten in einer beschichteten Pfanne fettfrei anrösten und Mangold kurz mit anschwitzen. Fleisch mit Marinade und Brühe hinzugeben und zugedeckt ca. 10 Minuten garen. Alles mit Kreuzkümmel, Salz und Pfeffer abschmecken und mit Reis servieren.

Zubereitungszeit: ca. 10 Minuten
Marinierzeit: ca. 30 Minuten
Garzeit: ca. 15 Minuten

Für 4 Personen:

250 g fettarmer Joghurt
1 TL Mehl
2 TL Currypulver
360 g Hähnchenbrustfilet
2 Knoblauchzehen
2 Karotten
600 g Mangold
125 ml Gemüsebrühe
(½ TL Instant)
1 Msp. Kreuzkümmel
Salz
Pfeffer
320 g gegarter Reis

Pro Person: 4 Points

PUTENROLLE MIT ROSMARIN-KARTOFFELN

Für 4 Personen:

4 TL Halbfettmargarine
2 TL Salz
4 TL Rosmarin
12 mittelgroße Kartoffeln
2 Knoblauchzehen
4 EL Frischkäse (30 % Fett i. Tr.)
abgeriebene Schale einer unbehandelten Zitrone
4 TL gemischte Gartenkräuter
Pfeffer
480 g Putenbrustfilet
1 Kopfsalat
4 Tomaten
½ Packung Fix für Salatsauce
2 TL Pflanzenöl

1. Backblech mit Margarine einstreichen und Salz und Rosmarin darüber streuen. Kartoffeln gründlich waschen, längs halbieren und mit den Schnittflächen auf das Backblech legen. Kartoffeln im vorgeheizten Backofen bei 175 Grad (Gas: Stufe 2) ca. 45 Minuten garen.

2. Knoblauchzehen fein hacken, mit Frischkäse, Zitronenschale und Kräutern vermengen und mit Salz und Pfeffer würzen. Putenbrustfilet vorsichtig einschneiden, zu einer Platte aufklappen und mit Frischkäse-Masse bestreichen. Fleisch aufrollen und fest mit Aluminiumfolie umwickeln. Putenrolle zu den Rosmarinkartoffeln in den Backofen geben und ca. 30 Minuten garen.

3. In der Zwischenzeit Salat zerkleinern und Tomaten in Spalten schneiden. Fix für Salatsauce mit Öl und 3 Esslöffeln Wasser anrühren und zum Salat geben. Salat mit Putenrolle und Rosmarinkartoffeln servieren.

Zubereitungszeit: ca. 10 Minuten
Garzeit: ca. 45 Minuten

Pro Person: 5 Points

GEFLÜGEL-RAGOUT

Für 4 Personen:

2 Stangen Lauch
3 Karotten
480 g Hähnchenbrustfilet
Salz
2 TL Halbfettmargarine
2 EL Mehl
125 ml fettarme Milch
4 EL junge grüne Erbsen (TK)
250 g Champignons
weißer Pfeffer
320 g gegarter Reis

1. Lauch und Karotten grob zerkleinern. Gemüse und Hähnchenbrustfilet mit Salzwasser bedecken, aufkochen und im geschlossenen Topf ca. 30 Minuten garen.

2. Fleisch herausnehmen und in mundgerechte Stücke schneiden. Fond durch ein feines Sieb gießen. Gemüse nach Wunsch klein schneiden und mit verwenden.

3. Margarine und Mehl verkneten. Milch und 500 ml Geflügelfond aufkochen, Erbsen und Champignons darin ca. 5 Minuten garen und mit »Mehlbutter« andicken. Fleisch und restliches Gemüse in die Sauce geben, erhitzen und alles mit Salz und Pfeffer abschmecken. Geflügel-Ragout mit Reis servieren.

Zubereitungszeit: ca. 10 Minuten
Garzeit: ca. 45 Minuten

Pro Person: 5 Points

ENTENBRUST MIT BROCCOLI UND MANDELN

1. Fleisch in Streifen schneiden, mit Stärke bestäuben und einmassieren. Broccoli in Röschen teilen und in Salzwasser ca. 5 Minuten blanchieren. Eiskalt abschrecken und gut abtropfen lassen.

2. Zwiebeln vierteln, Knoblauchzehe fein hacken und Pilze halbieren. Öl im Wok erhitzen, Mandeln darin von allen Seiten anrösten und beiseite stellen. Knoblauch andünsten, Fleischstreifen zufügen, mit Ingwerpulver würzen, von allen Seiten knusprig anbraten, herausnehmen und beiseite stellen.

3. Zwiebeln, Broccoli und Pilze in den Wok geben, salzen und unter Rühren bei starker Hitze anbraten. Sojasaucen mit Brühe verrühren, angießen und aufkochen. Fleisch und Mandeln unterheben, abschmecken und mit Nudeln servieren.

Zubereitungszeit: ca. 10 Minuten
Garzeit: ca. 15 Minuten

Für 4 Personen:

300 g Entenbrustfilet, ohne Haut
1 TL Stärkemehl
800 g Broccoli
Salz
4 Zwiebeln
1 Knoblauchzehe
200 g chinesische Pilze (ersatzweise Champignons)
3 TL Sesamöl (ersatzweise Pflanzenöl)
20 g Mandeln
Ingwerpulver
2 EL helle Sojasauce
2 EL süße Sojasauce
100 ml Gemüsebrühe (1 TL Instant)
360 g gegarte chinesische Eiernudeln

Pro Person: 6 Points

LIMETTEN-KALBSSCHNITZEL

Für 4 Personen:

2 Limetten (ersatzweise Zitronen)
4 dünne Scheiben Kalbsschnitzel (500 g)
6 TL Limettensaft
2 Eier
3 TL Senf
Salz
Pfeffer
2 EL saure Sahne
4 EL Mehl
2 TL Pflanzenöl
500 g Broccoli
1 EL gehackte Petersilie
200 g gegarter Basmati-Reis

1. Limetten in dünne Scheiben schneiden. Schnitzel flach klopfen und mit Limettensaft beträufeln. Eier mit Senf, Salz, Pfeffer, saurer Sahne und 3 Esslöffeln Mehl verquirlen. Schnitzel zuerst in Mehl wenden, dann von beiden Seiten durch die Eier-Panade ziehen.

2. Öl in einer beschichteten Pfanne erhitzen, Schnitzel von beiden Seiten braten, herausnehmen und warm stellen. Bratensaft mit Limettenscheiben aufkochen und bei milder Hitze etwas einkochen.

3. Broccoli in Röschen teilen und in kochendem Salzwasser ca. 5 Minuten garen. Petersilie unter den Reis rühren, mit Salz und Pfeffer abschmecken. Limettenscheiben auf die Schnitzel geben und mit Broccoli und Petersilien-Reis servieren.

Zubereitungszeit: ca. 10 Minuten
Garzeit: ca. 15 Minuten

Pro Person: 5 Points

GEFÜLLTE KALBSROULADEN

Für 4 Personen:

2 TL Senf
2 EL Frischkäse (30 % Fett i. Tr.)
Salz
Pfeffer
1 Msp. Paprikapulver
150 g Champignons
1 Stange Lauch
4 dünne Kalbsschnitzel (à 125 g)
200 ml Gemüsebrühe (1 TL Instant)
10 Schalotten (ersatzweise 3 Zwiebeln)
1 TL Zucker
2 EL heller Saucenbinder (Instantpulver)
1 TL Thymian
4 große Karotten
250 g fettarmer Joghurt
einige Tropfen flüssiger Süßstoff
12 mittelgroße, gekochte Kartoffeln

1. Senf und Frischkäse verrühren, mit Salz, Pfeffer und Paprikapulver würzen. Champignons in Scheiben, Lauch in Ringe schneiden. Kalbsschnitzel platt klopfen und mit Frischkäsemasse bestreichen. Champignonscheiben und Lauchringe darauf verteilen, Kalbsrouladen fest aufrollen, mit Garn umwickeln oder feststecken.

2. Kalbsrouladen in eine feuerfeste Form legen, 100 ml Gemüsebrühe angießen und im vorgeheizten Backofen bei 200 Grad (Gas: Stufe 3) ca. 35 Minuten schmoren.

3. Schalotten in Spalten schneiden und in einer beschichteten Pfanne fettfrei anbraten. Zucker darüber streuen und karamellisieren lassen. Restliche Gemüsebrühe angießen und mit Saucenbinder andicken. Sauce mit Thymian, Salz und Pfeffer abschmecken.

4. Karotten grob raspeln, mit Joghurt vermengen und mit Salz, Pfeffer und Süßstoff abschmecken. Kalbsrouladen mit Kartoffeln, Schalottensauce und Karottensalat servieren.

Zubereitungszeit: ca. 20 Minuten
Garzeit: ca. 35 Minuten

Pro Person: 5 Points

VITELLO TONNATO
(KALBFLEISCH MIT THUNFISCHSAUCE)

1. Zwiebel fein hacken, Karotten und Sellerie in Würfel schneiden. Tomaten kreuzweise einritzen, überbrühen, häuten, entkernen und in Würfel schneiden. Oliven in Scheiben schneiden und Petersilie grob hacken.

2. Kalbsbraten salzen, pfeffern und mit Senf bestreichen. Öl in einem Topf erhitzen, Fleisch hineinsetzen und von allen Seiten anbraten. Vorbereitetes Gemüse, Kapern, Lorbeerblätter und Pfefferkörner zufügen und unter mehrmaligem Wenden anbraten. Wein angießen,Thunfisch zufügen und bei schwacher Hitze ca. 15 Minuten schmoren.

3. Fleisch herausnehmen (es sollte in der Mitte noch zartrosa sein) und beiseite stellen. Brühe angießen und weitere ca. 10 Minuten einkochen. Sauce pürieren und Sauerrahm und Petersilie einrühren. Sauce nach Geschmack mit Salz und Pfeffer würzen.

4. Kalbfleisch in dünne Scheiben schneiden. Sauce auf 4 Tellern verteilen und Kalbfleischscheiben fächerförmig darauf anrichten. Vitello tonnato mit Baguette servieren.

Zubereitungszeit: ca. 10 Minuten
Garzeit: ca. 30 Minuten

Für 4 Personen:

1 Zwiebel
4 Karotten
1 kleine Sellerieknolle
2 Fleischtomaten
10 grüne Oliven, gefüllt mit Paprika
1 Bund Petersilie
500 g Kalbsbraten, mager
Salz, Pfeffer
1 EL Senf
4 TL Olivenöl
2 EL Kapern
3 Lorbeerblätter
1 TL grüne Pfefferkörner
100 ml trockener Weißwein
120 g Thunfisch, im eigenen Saft, Konserve
300 ml Gemüsebrühe (2 TL Instant)
3 EL Sauerrahm (Schmand, 24 % Fett)
4 Scheiben Baguettebrot

Pro Person: 6,5 Points

SCHWEINEGESCHNETZELTES IM VERSTECK

Für 4 Personen:

200 g Backmischung für Sauerteigbrot
3 Schweineschnitzel (450 g)
500 g Champignons
1 Bund Frühlingszwiebeln
2 TL Pflanzenöl
4 EL saure Sahne
Salz
Pfeffer
1 Kopfsalat
4 Tomaten
2 EL Essig
1 TL Kräuter
4 mittelgroße gekochte Kartoffeln

1. Backmischung nach Packungsanweisung mit Wasser anrühren, zu einem glatten Teig verkneten und zugedeckt ca. 30 Minuten gehen lassen.

2. Schweineschnitzel in Streifen, Champignons in Scheiben und Frühlingszwiebeln in breite Ringe schneiden. 1 Teelöffel Öl in einer Pfanne erhitzen und Fleischstreifen darin knusprig braun braten. Champignonscheiben, Frühlingszwiebelringe und saure Sahne zugeben und mit Salz und Pfeffer kräftig würzen. Fleisch-Gemüse-Mischung in eine Auflaufform geben.

3. Teig nochmals kräftig durchkneten und etwas größer als die Form ausrollen. Auflauf mit dem Brotteig abdecken, mit Wasser bestreichen, mit restlichem Teig verzieren und im vorgeheizten Backofen bei 200 Grad (Gas: Stufe 3) ca. 40 Minuten backen.

4. Salat in mundgerechte Stücke zupfen und Tomaten in Scheiben schneiden. Restliches Öl mit Essig und Kräutern verrühren und zum Salat geben. Geschnetzeltes mit Kartoffeln und Salat servieren.

Zubereitungszeit: ca. 15 Minuten
Ruhezeit: ca. 30 Minuten
Garzeit: ca. 50 Minuten

Pro Person: 7 Points

STIFADO
(FLEISCHRAGOUT MIT ZWIEBELN)

Für 4 Personen:

500 g Kalbfleisch, mager
2 Knoblauchzehen
2 TL Olivenöl
250 g kleine weiße Zwiebeln
800 g geschälte Tomaten (Konserve)
100 ml trockener Rotwein
2 Lorbeerblätter
1 EL Zimt
½ TL Kreuzkümmel
1 EL Zucker
Salz
Pfeffer
1 kg gekochte Kartoffeln

FÜR DEN WEIẞKOHLSALAT:
1 kleiner Kopf Weißkohl (ca. 400 g)
3 EL Weißweinessig
3 EL Brühe (½ TL Instant)
4 TL Olivenöl
2 TL Thymian
einige Tropfen flüssiger Süßstoff

1. Kalbfleisch in Würfel schneiden. Knoblauchzehen zerdrücken. Öl in einem Topf erhitzen, Knoblauch kurz andünsten, Fleisch zugeben und von allen Seiten ca. 8 Minuten anbraten. Zwiebeln zugeben und kurz mitdünsten. Mit Tomaten und Rotwein ablöschen, Gewürze und Zucker zufügen, salzen, pfeffern und ca. 20 Minuten schmoren.

2. Für den Salat Weißkohl in feine Streifen schneiden und in kochendem Salzwasser ca. 3 Minuten blanchieren. Essig, Brühe, Öl und Thymian verrühren, mit Salz, Pfeffer und Süßstoff abschmecken. Dressing mit Weißkohl vermengen und ca. 15 Minuten ziehen lassen. Stifado abschmecken und mit Kartoffeln und Salat servieren.

Zubereitungszeit: ca. 10 Minuten
Garzeit: ca. 30 Minuten
Marinierzeit: ca. 15 Minuten

Pro Person: 6 Points

KRÄUTER-BRATEN

1. Knoblauchzehen zerdrücken, Erdnüsse hacken, mit Kräutern und 2 Teelöffeln Olivenöl mischen. Mit Salz und Pfeffer würzen.

2. Fleisch aufschneiden, so dass eine flache Scheibe entsteht. Kräutermischung darauf verteilen, zusammenrollen und mit Küchengarn umwickeln. Restliches Öl erhitzen und Braten darin rundherum anbraten.

3. Gemüsebrühe angießen und zugedeckt bei schwacher Hitze ca. 1 ½ Stunden schmoren lassen. Zum Mitnehmen Rollbraten ca. 3 Stunden auskühlen lassen und in Folie einwickeln.

Für 6 Personen:

2 Knoblauchzehen
2 EL Erdnüsse
5 EL italienische Kräuter (TK)
6 TL Olivenöl
Salz
Pfeffer
750 g Schweinebraten, mager
150 ml Gemüsebrühe (1 TL Instant)

Zubereitungszeit: ca. 15 Minuten
Garzeit: ca. 1 Stunde 30 Minuten
Kühlzeit: ca. 3 Stunden

Pro Person: 4 Points

Der Braten zum Mitnehmen

Der Kräuter-Braten lässt sich ausgekühlt sowohl im Ganzen als auch in Scheiben geschnitten problemlos transportieren. Im Büro oder in der Schule können Sie dünne Bratenscheiben hervorragend als Brotbelag genießen. Auf langen Fahrten stärkt er während der Pausen. Er schmeckt kalt besonders gut zu Salaten. Bereiten Sie z.B. einen **Krautsalat** dazu: Weißkohl in feine Streifen schneiden, salzen und etwas ziehen lassen. Mit Karottenstiften vermengen und mit einem Dressing aus Essig, Apfelsaft und Petersilie würzen.

SCHWEINEMEDAILLONS IN WÜRZIGER WEINSAUCE

Für 4 Personen:

600 g Schweinefilet
Salz
Pfeffer
6 rote Zwiebeln
3 Knoblauchzehen
2 TL Olivenöl
300 ml Gemüsebrühe
(2 TL Instant)
100 ml trockener Weißwein
1 TL gehackter Rosmarin
1 TL gehackter Thymian
1 EL heller Saucenbinder
(Instantpulver)
1 EL saure Sahne
400 g gegarte Wildreis-Mischung
600 g gegarte Broccoliröschen

1. Schweinefilet in ca. 3 cm breite Medaillons schneiden und mit Salz und Pfeffer würzen. Zwiebeln achteln und Knoblauchzehen hacken. Olivenöl in einem Bräter oder Pfanne erhitzen, die Medaillons darin von beiden Seiten ca. 5 Minuten anbraten, Zwiebeln und Knoblauch zugeben und kurz mitbraten. Mit Gemüsebrühe und Wein ablöschen, Rosmarin und Thymian zugeben und im vorgeheizten Backofen bei 180 Grad (Gas: Stufe 2) ca. 10 Minuten abgedeckt schmoren lassen.

2. Medaillons herausnehmen und warm stellen. Sauce nochmal aufkochen lassen und unter Rühren den Saucenbinder einstreuen. Hitze reduzieren, saure Sahne einrühren und mit Salz und Pfeffer abschmecken. Medaillons mit Sauce auf Tellern anrichten und mit Reis und Broccoliröschen servieren.

Zubereitungszeit: ca. 15 Minuten
Garzeit: ca. 20 Minuten

Pro Person: 6,5 Points

GEBRATENE SCHWEINELENDE MIT GEMÜSE

Für 4 Personen:

8 EL saure Sahne
200 ml Gemüsebrühe (½ TL Instant)
1 Msp. geriebene Muskatnuss
Salz
1 kg Kartoffeln
600 g Broccoli
2 TL Pflanzenmargarine
200 g junge grüne Erbsen
weißer Pfeffer
4 Scheiben Schweinelende, mager (à 150 g)

1. Saure Sahne und 150 ml Gemüsebrühe verrühren und mit Muskatnuss und Salz würzen. Kartoffeln fein hobeln und abwechselnd mit Guss in eine flache Auflaufform schichten. Mit Guss enden und im vorgeheizten Backofen bei 200 Grad (Gas: Stufe 3) ca. 40 Minuten garen.

2. Broccoli in Röschen teilen. Margarine erhitzen, Broccoli andünsten, Erbsen und restliche Gemüsebrühe hinzugeben und ca. 10 Minuten garen. Gemüse mit Salz, Pfeffer und Muskatnuss würzen.

3. Fleisch mit Salz und Pfeffer würzen. Brat-Folie in einer Pfanne erhitzen und das Fleisch darauf von jeder Seite ca. 5 Minuten braten. Fleisch mit Kartoffelgratin und Gemüse servieren.

Zubereitungszeit: ca. 20 Minuten
Garzeit: ca. 40 Minuten

Pro Person: 7 Points

SCHWEINEFILET IN CURRY-APRIKOSEN-SAUCE

1. Reis fettfrei anschwitzen, 250 ml Salzwasser angießen und zugedeckt ca. 15 Minuten quellen lassen. Erbsen hinzu geben und weitere 5 Minuten garen.

2. Aprikosen abtropfen lassen und 100 ml Saft auffangen. Aprikosen würfeln, Fleisch in feine Streifen und Zwiebeln in Ringe schneiden.

3. Öl in einer beschichteten Pfanne oder in einem Wok erhitzen. Fleisch darin ca. 5 Minuten braten, herausnehmen und beiseite stellen. Zwiebelringe in dem Bratsatz andünsten, mit Currypulver bestäuben und mit Geflügelfond ablöschen.

4. Stärkemehl in dem Aprikosensaft anrühren, zu den Zwiebelringen geben und aufkochen. Aprikosenwürfel und Fleisch in die Sauce geben und mit Sojasauce, Salz und Pfeffer abschmecken. Schweinefilet mit Sauce und Erbsen-Reis servieren.

Zubereitungszeit: ca. 10 Minuten
Garzeit: ca. 20 Minuten

Für 4 Personen:

120 g Reis, trocken
Salz
4 EL junge grüne Erbsen (TK)
1 kleine Dose Aprikosen, ohne Zucker
375 g mageres Schweinefilet
2 Zwiebeln
1 TL Pflanzenöl
1 TL Currypulver
200 ml Geflügelfond (ersatzweise Gemüsebrühe)
1 TL Stärkemehl
100 ml Aprikosensaft, ohne Zucker (Konserve)
2 EL Sojasauce
Pfeffer

Pro Person: 4 Points

SCHNITZEL PROVENÇALE

Für 4 Personen:

2 Knoblauchzehen
2 EL Frischkäse (30 % Fett i. Tr.)
1 TL Kräuter der Provence
1 Eigelb
Salz
Pfeffer
4 Schmetterlingssteaks (Schweineschnitzel, à 150 g)
250 ml Gemüsebrühe (1 TL Instant)
2 Zwiebeln
2 kleine Zucchini
2 gelbe Paprikaschoten
2 TL Olivenöl
150 g Kirschtomaten
2 Baguettebrötchen

1. Knoblauchzehen fein hacken und die Hälfte mit Frischkäse, Kräutern der Provence und Eigelb vermengen. Masse mit Salz und Pfeffer würzen.

2. Frischkäsemischung in die Schmetterlingssteaks füllen, mit Holzspießen zustecken und mit Salz und Pfeffer bestreuen. Fleisch in einen flachen Bräter legen, die Hälfte der Brühe angießen und im vorgeheizten Backofen bei 200 Grad (Gas: Stufe 3) ca. 20 Minuten schmoren.

3. Zwiebeln grob würfeln, Zucchini in Scheiben und Paprikaschoten in breite Streifen schneiden. Öl in einer beschichteten Pfanne erhitzen und Gemüse mit restlichem Knoblauch darin anbraten. Restliche Brühe angießen und bei kleiner Hitze ca. 10 Minuten schmoren. Kirschtomaten halbieren, zu dem Gemüse geben und mit Salz und Pfeffer abschmecken. Schnitzel mit Gemüse und frischem Baguettebrötchen servieren.

Zubereitungszeit: ca. 15 Minuten
Garzeit: ca. 25 Minuten

Pro Person: 6 Points

ASIA-PFANNE MIT HACKBÄLLEN

Für 4 Personen:

120 g Reis, trocken
Salz
1 Zwiebel
480 g Tatar
1 Ei
Pfeffer
2 EL Sojasauce
Currypulver
je 1 rote, gelbe und grüne Paprikaschote
3 Karotten
400 g Sojasprossen
200 g Bambussprossen (Konserve)
100 ml Wasser
1 TL Ketchup

1. Reis nach Packungsanweisung ca. 20 Minuten in Salzwasser garen.

2. Zwiebel würfeln und mit Tatar, Ei, Salz, Pfeffer, 1 Teelöffel Sojasauce und Currypulver vermengen. Kleine Bälle formen und auf Brat-Folie ca. 10 Minuten rundherum braten.

3. Paprikaschoten in Stücke, Karotten in Streifen schneiden und in einer beschichteten Pfanne fettfrei anbraten. Soja- und Bambussprossen hinzufügen. Mit Wasser ablöschen und mit restlicher Sojasauce, Ketchup, Salz und Pfeffer abschmecken. Hackbälle und Reis darunter mengen und heiß servieren.

Zubereitungszeit: ca. 20 Minuten
Garzeit: ca. 30 Minuten

Pro Person: 4 Points

SCHMORBRATEN MIT ROSMARINSAUCE

Für 4 Personen:

4 große Knoblauchzehen
500 g Rinderfilet
10 kleine Zweige Rosmarin
2 Zwiebeln
400 g Champignons
300 ml dunkler Rinderfond (Glas, ersatzweise Gemüsebrühe)
1 kg Kartoffeln
1 kg Broccoli
Salz
4 EL dunkler Saucenbinder (Instantpulver)
4 EL saure Sahne
Pfeffer

1. Knoblauchzehen längs halbieren oder vierteln. Mit einem spitzen Küchenmesser kleine Schnitte in das Rinderfilet schneiden. Knoblauchspalten und 5 Rosmarinzweige in die vorbereiteten Taschen stecken.

2. Fleisch in einen beschichteten Bräter legen und im vorgeheizten Backofen bei 220 Grad (Gas: Stufe 3) ca. 10 Minuten anbraten. Zwiebeln grob würfeln, mit Champignons, restlichem Rosmarin und Rinderfond zum Fleisch geben und zugedeckt ca. 20 Minuten schmoren.

3. Kartoffeln und Broccoli jeweils ca. 20 Minuten in Salzwasser garen.

4. Fleisch aus dem Bräter nehmen und abgedeckt einige Minuten ruhen lassen. Rosmarinsauce mit 100 ml Wasser auffüllen, mit Saucenbinder andicken und nochmals aufkochen lassen. Saure Sahne einrühren und mit Salz und Pfeffer abschmecken. Fleisch in Scheiben schneiden und mit Rosmarinsauce, Kartoffeln und Broccoli servieren.

Zubereitungszeit: ca. 30 Minuten
Garzeit: ca. 40 Minuten

Pro Person: 6 Points

ROTKOHL-ROULADEN

Für 4 Personen:

1 Brötchen vom Vortag
Salz
2 EL Obstessig
8 große Rotkohlblätter
1 Zwiebel
200 g Champignons
240 g Tatar
1 Ei
Pfeffer
½ TL Thymian
3 TL Pflanzenöl
250 ml Gemüsebrühe
(1 TL Instant)
2 EL saure Sahne
1 TL Mehl
12 mittelgroße, gekochte Kartoffeln

1. Brötchen in Wasser einweichen. Salzwasser mit Essig aufkochen, Rotkohlblätter darin ca. 3 Minuten blanchieren und die dicken Blattstiele flachschneiden.

2. Zwiebel und Champignons fein hacken, Brötchen gut ausdrücken und alles mit Tatar und Ei vermengen. Mit Salz, Pfeffer und Thymian kräftig würzen. Tatarmasse in 8 Portionen teilen, jeweils in 1 Rotkohlblatt einrollen und mit Küchengarn umwickeln.

3. Öl in einem breiten Topf erhitzen und Rouladen darin rundherum anbraten. Gemüsebrühe angießen und zugedeckt ca. 25 Minuten schmoren. Rouladen herausnehmen, saure Sahne mit Mehl verrühren und in die Sauce rühren. Mit Salz und Pfeffer abschmecken. Rotkohl-Rouladen mit Kartoffeln und Sauce servieren.

Zubereitungszeit: ca. 20 Minuten
Garzeit: ca. 30 Minuten

Pro Person: 5 Points

CHILI CON CARNE

Für 4 Personen:

300 g Tatar (ersatzweise Geflügeltatar)
4 Zwiebeln
4 Knoblauchzehen
1 rote Chilischote
je 2 rote und grüne Paprikaschoten
400 g Tomaten
100 g Kidneybohnen (Konserve)
100 g Mais (Konserve)
1 EL Jalapeñoschotenringe (Konserve, ersatzweise grüne Chilischoten)
Salz
einige Tropfen flüssiger Süßstoff
Kreuzkümmel
Koriander
4 Scheiben Baguettebrot

1. Tatar fettfrei anbraten. Zwiebeln in Würfel schneiden, Knoblauchzehen und Chilischote fein hacken. Alles zum Tatar geben und mitdünsten. Paprikaschoten in Würfel schneiden, Tomaten überbrühen, häuten, entkernen und in Würfel schneiden. Beides zum Chili geben und abgedeckt ca. 15 Minuten schmoren lassen.

2. Kidneybohnen, Mais und Jalapeños zugeben und miterwärmen. Chili con carne mit Salz, Süßstoff, Kreuzkümmel und Koriander abschmecken und zu Baguettebrot servieren.

Zubereitungszeit: ca. 10 Minuten
Garzeit: ca. 20 Minuten

Pro Person: 3 Points

GRIECHISCHE LAMMKOTELETTS

1. Lammkoteletts salzen und pfeffern. Öl in einer beschichteten Pfanne erhitzen, Koteletts von beiden Seiten ca. 5 Minuten braun braten und warm stellen. Tomaten kreuzweise einritzen, mit kochendem Wasser überbrühen, häuten und entkernen. Fruchtfleisch mit den Zwiebeln fein würfeln und beides in verbliebenem Bratfett ca. 5 Minuten dünsten.

2. Paprikapulver, Lorbeerblatt und Rosmarin zufügen. Wein und Brühe angießen und ca. 5 weitere Minuten köcheln lassen. Oliven in Scheiben schneiden, zur Sauce geben und alles mit Salz und Pfeffer pikant abschmecken. Koteletts mit Sauce auf Tellern anrichten und Brötchen dazu servieren.

Zubereitungszeit: ca. 10 Minuten
Garzeit: ca. 15 Minuten

Für 4 Personen:

4 Lammkoteletts (à 80 g)
Salz
grober Pfeffer
3 TL Olivenöl
6 Fleischtomaten
2 Zwiebeln
1 TL Paprikapulver
1 Lorbeerblatt
4 Zweige Rosmarin
100 ml trockener, griechischer Rotwein
100 ml Gemüsebrühe (1 TL Instant)
100 g grüne Oliven, ohne Stein
4 Brötchen

Pro Person: 8 Points

SCHARFES WOK-GEMÜSE MIT LAMM

Für 4 Personen:

375 g Lammfilet (ersatzweise 450 g Schweinefilet)
1 Zwiebel
2 Knoblauchzehen
je 1 rote und gelbe Paprikaschote
1 kleiner Chinakohl
1 Bund Frühlingszwiebeln
4 Karotten
1 Zucchini
3 TL Erdnussöl (ersatzweise Sonnenblumenöl)
Salz, Pfeffer
200 g Bambussprossen (Konserve)
2 EL Sojasauce
1 TL Essig
Ingwerpulver, Chilipulver
einige Tropfen flüssiger Süßstoff
320 g gegarter Duftreis (ersatzweise Basmati-Reis)

1. Lammfilet in Streifen schneiden. Zwiebel in feine Ringe schneiden und Knoblauchzehen hacken. Paprikaschoten und Chinakohl in Streifen schneiden. Frühlingszwiebeln in Ringe, Karotten in Stifte und Zucchini in Scheiben schneiden.

2. Öl in einem Wok erhitzen, Fleisch darin unter ständigem Rühren von allen Seiten anbraten, salzen, pfeffern und an den Rand des Woks schieben. Vorbereitetes Gemüse mit Bambussprossen, Sojasauce und Essig zufügen und unter Rühren ca. 10 Minuten bissfest garen. Fleisch wieder unterrühren und alles mit Ingwer-, Chilipulver und Süßstoff abschmecken und mit Reis servieren.

Zubereitungszeit: ca. 10 Minuten
Garzeit: ca. 15 Minuten

Pro Person: 5 Poins

LAMMFILET MIT KRÄUTERKRUSTE

Für 4 Personen:

375 g Lammfilet
Salz
Zitronenpfeffer (ersatzweise weißer Pfeffer)
4 Knoblauchzehen
4 TL Olivenöl
2 Zweige Rosmarin
2 Zweige Thymian
2 EL Paniermehl
2 TL Senf
2 EL Tomatenmark
320 g gekochte Kartoffeln
200 g Karotten
1 Stange Lauch
300 g Champignons
2 rote Paprikaschoten
100 ml Gemüsebrühe (1 TL Instant)
1 TL Kräuter der Provence

1. Lammfilet mit Salz und Zitronenpfeffer würzen, Knoblauchzehen zerdrücken. Öl in einer Pfanne erhitzen, Knoblauch kurz andünsten und Lammfilet von beiden Seiten ca. 5 Minuten anbraten. Rosmarin und Thymian fein hacken, mit Paniermehl, Senf und Tomatenmark verrühren, mit Salz und Pfeffer würzen, auf dem Filet verstreichen und im vorgeheizten Backofen bei 180 Grad (Gas: Stufe 2) ca. 10 Minuten garen.

2. Kartoffeln und Karotten würfeln, Lauch in Ringe, Champignons in Scheiben und Paprikaschoten in Streifen schneiden. Das Gemüse in einer Pfanne kurz andünsten, mit Brühe ablöschen und ca. 10 Minuten garen. Mit Salz, Pfeffer und Kräutern der Provence abschmecken und zum Lammfilet servieren.

Zubereitungszeit: ca. 15 Minuten
Garzeit: ca. 25 Minuten

Pro Person: 4,5 Points

SÜSSSPEISEN, DESSERTS, GEBÄCK

MILCHREIS-KIRSCH-AUFLAUF

Für 4 Personen:

500 ml fettarme Milch
einige Tropfen Vanillearoma
einige Tropfen flüssiger Süßstoff
200 g Milchreis, trocken
150 g Kirschen (Konserve ohne Zucker)
2 Eiweiß
1 Prise Salz

1. Milch mit Vanillearoma und Süßstoff aufkochen, Reis einrühren und zugedeckt ca. 30 Minuten quellen lassen.

2. Kirschen abtropfen lassen. Eiweiß mit Salz steif schlagen und unter den Reis heben.

3. Die Hälfte des Milchreis in eine flache Auflaufform geben, Kirschen und restlichen Milchreis darüber verteilen. Milchreis-Kirsch-Auflauf im vorgeheizten Backofen bei 180 Grad (Gas: Stufe 2) ca. 20 Minuten backen.

Zubereitungszeit: ca. 15 Minuten
Garzeit: ca. 50 Minuten

Pro Person: 4 Points

GEFÜLLTE APRIKOSEN

1. Puddingpulver mit etwas Milch anrühren, restliche Milch und Kaffee erhitzen. Puddingpulver einrühren, aufkochen und abkühlen lassen.

2. Aprikosen kreuzweise einritzen, mit kochendem Wasser überbrühen und Haut abziehen. Aprikosen halbieren und Stein entfernen.

3. Kaffee-Karamellpudding, Quark und Crème fraîche mit dem Handrührgerät aufschlagen und mit Süßstoff abschmecken. Puddingmasse in einen Spritzbeutel füllen und in die Aprikosenhälften spritzen. Mit Pistazien bestreut auf einer Platte servieren.

Für 10 Stück:

4 EL Karamell-Puddingpulver
250 ml fettarme Milch
125 ml frisch gekochter Kaffee
5 Aprikosen
6 EL Magerquark
4 TL Crème fraîche
einige Tropfen flüssiger Süßstoff
2 TL gehackte Pistazien

Zubereitungszeit: ca. 15 Minuten
Garzeit: ca. 5 Minuten
Kühlzeit: ca. 20 Minuten

Pro Stück: 1 Point

BIRNEN-PFANNKUCHEN

Für 4 Personen:

220 g Mehl
375 ml fettarme Milch
2 Eier
einige Tropfen flüssiger Süßstoff
300 g Magermilch-Joghurt
1 TL gemahlener Zimt
2 Birnen
Saft einer Zitrone

Pro Person: **5 Points**

1. Mehl mit Milch, Eiern und Süßstoff verrühren und etwas quellen lassen.

2. Joghurt mit Zimt und Süßstoff abschmecken.

3. Birnen in Spalten schneiden, mit Zitronensaft beträufeln und unter den Teig geben. In einer beschichteten Pfanne nacheinander 4 Birnen-Pfannkuchen gold-gelb backen und mit Zimt-Joghurt servieren.

Zubereitungszeit: ca. 10 Minuten
Garzeit: ca. 15 Minuten

Zimt gehört in jede Küche

Zimt ist die getrocknete Rinde des Zimtstrauches, der in Asien angebaut wird. In den Handel kommt die Rinde entweder aufgerollt als »Zimtstange« oder gemahlen als Pulver. Zimtpulver verliert schnell an Aroma, während Zimtstangen sich mindestens 2 Jahre bei kühler und dunkler Lagerung halten. Zimt hat einen würzig-süßlichen Geschmack und wird deshalb hierzulande vor allem bei Süßspeisen verwendet. In der orientalischen Küche verfeinert er auch herzhafte Gemüse- und Fleischgerichte.

Geschmackvolle Partner in der Zimtküche:
Süße Küche: hier harmoniert Zimt sehr gut mit Nelken und Vanille
Pikante Küche: passt zu Muskat, Chili, Cayennepfeffer und Koriander.

SCHLEMMERBECHER TRICOLORE

Für 4 Personen:

450 g Sauerkirschen (Konserve ohne Zucker)
200 ml Kirschsaft, ohne Zucker
1 Packung roter Tortenguss, ohne Zucker
einige Tropfen flüssiger Süßstoff
einige Tropfen Rumaroma
2 Scheiben Pumpernickel
1 TL Pflanzenmargarine
3 TL gehackte Mandeln
6 EL Magerquark
150 g fettarmer Joghurt
1 TL Zitronensaft

1. Sauerkirschen mit Saft aufkochen, Tortenguss nach Packungsanweisung mit Wasser anrühren und die Kirschen damit andicken. Kirschen mit Süßstoff und Rumaroma abschmecken, in dekorative Dessertgläser füllen und erkalten lassen.

2. Pumpernickel fein hacken. Margarine in einer beschichteten Pfanne erhitzen, Brotkrümel mit Mandeln darin knusprig rösten und erkalten lassen.

3. Quark und Joghurt verrühren, mit Zitronensaft und Süßstoff abschmecken und auf die Kirschen geben. Mit Brot-Mandel-Mischung bestreut servieren.

Zubereitungszeit: ca. 10 Minuten
Garzeit: ca. 5 Minuten
Kühlzeit: ca. 30 Minuten

Pro Person: 4 Points

FESTLICHER OBSTSALAT

1. Kiwi, Kaki und Mango in mundgerechte Stücke schneiden. Trauben halbieren und Orange filetieren.

2. Zitronensaft mit Süßstoff abschmecken und mit dem Obst vermischen. Gehackte Mandeln mit Joghurt und Honig verrühren und mit Zimt und Süßstoff abschmecken. Obstsalat in Dessertschüsseln füllen, mit einem Klecks Mandeljoghurt und mit Kapstachelbeeren bestreut servieren.

Zubereitungszeit: ca. 5 Minuten

Für 4 Personen:

4 Kiwi
3 Kaki
1 kleine Mango (200 g)
100 g kernlose blaue Weintrauben
1 Orange
2 EL Zitronensaft
einige Tropfen flüssiger Süßstoff
3 TL gehackte Mandeln
250 g fettarmer Joghurt
1 TL Honig
Zimt
2 Handvoll Kapstachelbeeren

Pro Person: 3 Points

ERDBEER-SORBET

Für 4 Personen:

3 Limetten
(ersatzweise Zitronen)
120 g brauner Zucker
2 Blatt weiße Gelatine
500 g Erdbeeren
(ersatzweise TK)

1. Für den Zuckersirup Limetten auspressen und den Saft mit Zucker und 50 ml Wasser in einem Topf unter Rühren erhitzen, bis sich der Zucker gelöst hat, und etwas abkühlen lassen. Gelatine in reichlich kaltem Wasser ca. 10 Minuten einweichen, ausdrücken und in der Zuckerlösung auflösen.

2. Erdbeeren pürieren und das Püree mit dem Zuckersirup verrühren. Masse in eine Schale füllen und ca. 5 Stunden gefrieren lassen, dabei mehrmals mit dem Pürierstab durchrühren. Das Sorbet in einen Spritzbeutel mit Sterntülle füllen, in gekühlte Gläser spritzen und sofort servieren.

Zubereitungszeit: ca. 10 Minuten
Garzeit: ca. 5 Minuten
Gefrierzeit: ca. 5 Stunden

Pro Person: 2 Points

HIRSE-SOUFFLÉ MIT ROTER GRÜTZE

Für 2 Personen:

4 EL Hirse, trocken
100 ml Wasser
Mark einer Vanilleschote
1 Ei
3 EL Magerquark
einige Tropfen flüssiger Süßstoff
abgeriebene Schale einer halben Zitrone
1 TL Margarine
1 Prise Salz
2 TL gehackte Mandeln
8 EL Rote Grütze, kalorienreduziert (Fertigprodukt)
2 EL Sprühsahne, kalorienreduziert

1. Hirse mit Wasser und Vanillemark aufkochen und zugedeckt ca. 20 Minuten ausquellen lassen. Hirse auf Zimmertemperatur abkühlen lassen.

2. Ei trennen, Eigelb mit Quark, Süßstoff, Zitronenschale und Margarine schaumig rühren. Hirse untermengen. Eiklar mit Salz steif schlagen und unter die Hirsemasse heben. Alles in eine mit Back-Folie ausgekleidete Soufflé-Form füllen und in eine mit Wasser gefüllte Fettpfanne oder Auflaufform setzen. Hirse-Soufflé im vorgeheizten Backofen bei 175 Grad (Gas: Stufe 2) ca. 20 Minuten garen.

3. Soufflé sofort aus der Form lösen und warm mit Mandeln, Roter Grütze und Sahne servieren.

Zubereitungszeit: ca. 15 Minuten
Garzeit: ca. 40 Minuten

Pro Person: 6 Points

CREMA DI CAFFÉ

Für 4 Personen:

9 Löffelbiskuits
8 EL starker gebrühter Kaffee
8 EL Apfelmus, ohne Zucker
300 g Magerquark
4 EL Mineralwasser
einige Tropfen Vanillearoma
einige Tropfen flüssiger Süßstoff
1 TL Kakaopulver, entölt, ohne Zucker

1. Eine flache Form mit Löffelbiskuits auslegen, mit Kaffee beträufeln und Apfelmus darüber streichen.

2. Quark mit Mineralwasser und Vanillearoma glatt rühren und mit Süßstoff abschmecken. Die Creme als oberste Schicht in die Form geben und glatt streichen. Im Kühlschrank ca. 1 Stunde durchziehen lassen und mit Kakaopulver bestäubt servieren.

Zubereitungszeit: ca. 5 Minuten
Kühlzeit: ca. 1 Stunde

Pro Person: 2 Points

ORANGEN-CRÊPES

1. Eier, Mehl und Mineralwasser verrühren und mit Süßstoff und Salz würzen. Aus diesem Teig in einer beschichteten Pfanne vier dünne Crêpes ausbacken.

2. Hüttenkäse mit Süßstoff abschmecken und die Crêpes dünn damit bestreichen. Orangen schälen, in dünne Scheiben schneiden, auf die eine Seite der Crêpes legen, zusammenklappen, in eine Auflaufform geben und im vorgeheizten Backofen bei 175 Grad (Gas: Stufe 2) ca. 15 Minuten backen. Vor dem Servieren mit Puderzucker bestäuben.

Für 4 Personen:

4 Eier
70 g Mehl
200 ml Mineralwasser
einige Tropfen flüssiger Süßstoff
Salz
210 g Hüttenkäse
4 Orangen
1 EL Puderzucker

Zubereitungszeit: ca. 15 Minuten
Garzeit: ca. 30 Minuten

Pro Person: 4 Points

GEBACKENE ANANAS

Für 4 Personen:

250 ml fettarme Milch
4 EL Weizengrieß
225 g Magerquark
4 EL Mineralwasser
einige Tropfen Vanillearoma
einige Tropfen
flüssiger Süßstoff
1 Ei
3 TL gehackte Mandeln
4 Scheiben Ananas
(Konserve ohne Zucker)

1. Milch aufkochen, Grieß einrühren, ca. 15 Minuten ausquellen und etwas abkühlen lassen.

2. Quark mit Mineralwasser verrühren und mit Vanillearoma und Süßstoff abschmecken.

3. Grieß mit Ei, 2 Teelöffeln Mandeln und Süßstoff verrühren. Ananasscheiben abtropfen lassen und in der Grießmasse wenden. Brat-Folie in einer Pfanne erhitzen und Ananasscheiben darauf von beiden Seiten goldbraun backen.

4. Grieß-Ananas mit Vanillequark auf Tellern anrichten und mit restlichen Mandeln bestreut servieren.

Zubereitungszeit: ca. 10 Minuten
Garzeit: ca. 25 Minuten

Pro Person: 3 Points

ROTE BIRNEN MIT VANILLECREME

Für 4 Personen:

200 ml Kirschsaft, ohne Zucker
1 kleine Stange Zimt
2 Nelken
4 Birnen
3 EL Magerquark
500 g fettarmer Joghurt
Mark einer halben Vanilleschote
einige Tropfen flüssiger Süßstoff
2 TL gehackte Pistazien

1. Kirschsaft mit Zimt und Nelken aufkochen. Birnen schälen, halbieren und Kerngehäuse entfernen. Birnen sofort in den kochenden Kirschsaft geben und ca. 3 Minuten garen. Birnen im Saft auskühlen lassen.

2. Quark und Joghurt glatt rühren und mit Vanillemark und Süßstoff abschmecken. Vanillejoghurt als Spiegel auf große Teller gießen, Birnen darauf anrichten und mit Pistazien bestreut servieren.

Zubereitungszeit: ca. 10 Minuten
Garzeit: ca. 10 Minuten
Kühlzeit: ca. 30 Minuten

Pro Person: 2 Points

JOGHURT-MOUSSE MIT RHABARBER

Für 4 Personen:

4 Blatt weiße Gelatine
2 EL Frischkäse
(30 % Fett i. Tr.)
500 g fettarmer Joghurt
Saft einer halben Zitrone
einige Tropfen
flüssiger Süßstoff
1 kg Rhabarber
400 ml Apfelsaft,
ohne Zucker
2 EL Vanillepuddingpulver

1. Gelatine nach Packungsanweisung in kaltem Wasser einweichen. Frischkäse und Joghurt verrühren, mit Zitronensaft und Süßstoff abschmecken. Gelatine schmelzen und mit der Joghurtmasse vermengen. Joghurt-Mousse in 4 Formen füllen und im Kühlschrank ca. 3 Stunden erkalten lassen.

2. Rhabarber in Stücke schneiden und mit Apfelsaft ca. 3 Minuten garen. Puddingpulver in 50 ml Wasser anrühren, zum Rhabarber geben und nochmals aufkochen. Rhabarber abkühlen lassen und mit Süßstoff abschmecken.

3. Joghurt-Mousse auf Dessert-Teller stürzen und Rhabarber rundherum anrichten.

Zubereitungszeit: ca. 15 Minuten
Garzeit: ca. 10 Minuten
Kühlzeit: ca. 3 Stunden

Pro Person: 2 Points

OBSTSALAT »FITNESS«

1. Apfel in Spalten schneiden und mit 1 Esslöffel Zitronensaft beträufeln. Grapefruit filetieren und dabei Saft auffangen. Melonenkugeln ausstechen und Weintrauben halbieren.

2. Das Obst auf einem Teller anrichten. Grapefruitsaft und restlichen Zitronensaft verrühren, mit Süßstoff abschmecken und über das Obst geben.

Zubereitungszeit: ca. 10 Minuten

Für 1 Person:

1 Apfel
2 EL Zitronensaft
1 Grapefruit
½ Netzmelone
50 g blaue Weintrauben
1 EL Grapefruitsaft
einige Tropfen
flüssiger Süßstoff

Pro Person: 0,5 Points

EDLE TEETALER

Für 25 Stück:

280 g Mehl
½ TL Backpulver
75 g Zucker
1 EL Vanillezucker
1 Ei
125 g Halbfettmargarine
60 g Aprikosen-Konfitüre, kalorienreduziert
60 g Kirsch-Konfitüre, kalorienreduziert
1 EL Puderzucker

1. Mehl auf eine Arbeitsfläche sieben, in die Mitte eine Vertiefung drücken. Backpulver, Zucker, Vanillezucker und Ei hineingeben. Margarineflocken an den Rand setzen und zu einem glatten Teig verkneten. Teig zu einer Kugel formen, in Klarsichtfolie wickeln und ca. 30 Minuten kalt stellen.

2. Teig dünn ausrollen und Plätzchen in drei verschiedenen Größen ausstechen. Plätzchen auf ein mit Back-Folie ausgelegtes Backblech setzen und im vorgeheizten Backofen bei 175 Grad (Gas: Stufe 2) ca. 15 Minuten backen.

3. Kleine und mittelgroße Plätzchen auf der Unterseite mit Konfitüre bestreichen und terrassenförmig auf die großen setzen. Die Plätzchen mit Puderzucker bestäubt servieren.

Zubereitungszeit: ca. 25 Minuten
Ruhezeit: ca. 30 Minuten
Backzeit: ca. 15 Minuten

Pro Stück: 1,5 Points

JOGHURT-GEBÄCK

Für 50 Stück:

170 g Halbfettmargarine
175 g Zucker
1 TL flüssiger Süßstoff
2 Eier
2 TL Limettensaft
(ersatzweise Zitronensaft)
75 g Magermilch-Joghurt
320 g Mehl
3 EL Stärkemehl
1 TL Backpulver

1. Margarine, Zucker, Süßstoff und Eier schaumig rühren, Limettensaft und Joghurt unterrühren. Mehl, Stärke und Backpulver mischen und unterrühren.

2. Mit 2 Teelöffeln kleine Portionen auf ein mit Back-Folie ausgelegtes Backblech legen, glatt streichen und im vorgeheizten Backofen bei 175 Grad (Gas: Stufe 2) ca. 10 Minuten backen.

Zubereitungszeit: ca. 15 Minuten
Backzeit: ca. 10 Minuten

Pro Stück: 1 Point

SCHWARZ-WEISS-GEBÄCK

1. Mehl und Backpulver mischen. Mit Margarine, Zucker, Vanillezucker, Salz, Rum-Aroma und Ei zu einem Teig verkneten und in Klarsichtfolie gewickelt ca. 30 Minuten kalt stellen.

2. Kakao mit braunem Zucker vermischen und unter die Hälfte des Teiges kneten. Dunklen Teig zu einer Rolle formen, den hellen Teig ausrollen und um die dunkle Teigrolle legen.

3. Teig in gleichmäßige Scheiben schneiden, Plätzchen auf ein mit Back-Folie ausgelegtes Backblech legen und im vorgeheizten Backofen bei 200 Grad (Gas: Stufe 3) ca. 10 Minuten backen.

Zubereitungszeit: ca. 15 Minuten
Ruhezeit: ca. 30 Minuten
Backzeit: ca. 10 Minuten

Für 36 Stück:

260 g Mehl
½ TL Backpulver
110 g Halbfettmargarine
120 g Zucker
1 TL Vanillezucker
1 Prise Salz
einige Tropfen Rum-Aroma
1 Ei
1 EL Kakaopulver, entölt, ohne Zucker
1 EL brauner Zucker

Pro Stück: 1 Point

KNUSPRIGE INGWERTÜTEN

Für 36 Stück:

125 g Marzipan-Rohmasse
90 g Puderzucker
1 Eiweiß
40 g Mehl
65 ml fettarme Milch
2 EL Sahne (30 % Fett)
Mark einer Vanilleschote
½ TL Ingwer, gemahlen
50 g Kuvertüre, halbbitter

1. Marzipan-Rohmasse mit Puderzucker, Eiweiß, Mehl und Milch in eine Schüssel geben und mit einem Pürierstab pürieren. Sahne, Vanillemark und Ingwer unter die Marzipanmasse rühren und 2 Stunden ruhen lassen.

2. Eine Schablone von ca. 8 cm Durchmesser ausschneiden. Ein Backblech mit Back-Folie auslegen und mit Hilfe der Schablone den Marzipan-Teig dünn auf das Backblech streichen. Im vorgeheizten Backofen bei 200 Grad (Gas: Stufe 3) ca. 5 Minuten backen.

3. Die Kreise noch warm zu Tüten zusammendrehen und auf einem Kuchengitter auskühlen lassen. Kuvertüre im Wasserbad oder in der Mikrowelle schmelzen, die Ränder der Ingwertüten hineintauchen und auf einem Kuchengitter trocknen lassen.

Zubereitungszeit: ca. 25 Minuten
Ruhezeit: ca. 2 Stunden
Backzeit: ca. 5 Minuten

Pro Stück: 1 Point

HIMBEER-SCHNECKEN

Für 15 Stück:

100 g Halbfettmargarine
4 EL Streusüße
1 Ei
abgeriebene Schale
einer Limette (ersatzweise
einer unbehandelten Zitrone)
240 g Mehl
1 TL Backpulver
120 g Himbeer-Gelee,
kalorienreduziert

1. Margarine mit Streusüße schaumig schlagen, Ei und Limettenschale unterrühren. Mehl und Backpulver sieben, dazugeben und alles zu einem geschmeidigen Teig verarbeiten. Ein Drittel des Teiges abnehmen und mit 3 Esslöffeln Wasser glatt rühren. Restlichen Teig zu einer Kugel formen, in Klarsichtfolie wickeln und ca. 1 Stunde kalt stellen.

2. Gekühlten Teig dünn ausrollen, 15 Kreise von ca. 4 cm Durchmesser ausstechen und auf ein mit Back-Folie ausgelegtes Backblech setzen. Restlichen Teig in einen Spritzbeutel geben und schneckenförmig auf die Plätzchen spritzen.

3. Im vorgeheizten Backofen bei 200 Grad (Gas: Stufe 3) ca. 25 Minuten backen und auskühlen lassen. Himbeer-Gelee unter Rühren kurz erhitzen, in einen Gefrierbeutel füllen, eine kleine Ecke abschneiden und Gelee zwischen die Spiralen spritzen.

Zubereitungszeit: ca. 25 Minuten
Ruhezeit: ca. 1 Stunde
Backzeit: ca. 25 Minuten

Pro Stück: 2 Points

KLEINE ESPRESSO-KUCHEN

Für 8 Stück:

115 g Halbfettmargarine
2 EL Zucker
einige Tropfen flüssiger Süßstoff
einige Tropfen Vanillearoma
1 Schnapsglas Kaffeelikör (20 ml)
2 TL Espresso-Instantpulver
2 Eier
110 g Mehl
50 g Stärkemehl
1 TL Backpulver
3 EL Puderzucker
3 EL Orangensaft, ohne Zucker
8 Mokkabohnen

1. Margarine mit Zucker, Süßstoff, Vanillearoma, Kaffeelikör und Espresso-Pulver schaumig rühren und Eier untermischen. Mehl, Stärke und Backpulver mischen, sieben und zufügen.

2. Den Teig in 8 große Papier-Muffinformen verteilen, im vorgeheizten Backofen bei 200 Grad (Gas: Stufe 3) ca. 20 Minuten backen und abkühlen lassen.

3. Puderzucker mit Orangensaft verrühren, in einen kleinen Gefrierbeutel geben, eine Ecke abschneiden, die Kuchen dekorativ damit verzieren und auf jeden Kuchen eine Mokkabohne setzen.

Zubereitungszeit: ca. 15 Minuten
Backzeit: ca. 20 Minuten

Pro Stück: 4 Points

Tipp

Anstelle des Kaffeelikörs können Sie auch einige Tropfen Rum-Aroma mit in den Teig geben.

BUNTE MUFFINS

1. Eier, Zucker und Margarine schaumig rühren. Mehl und Backpulver vermischen, zufügen und zu einem glatten Teig verrühren. Milch nach und nach unterrühren.

2. Teig halbieren. Eine Hälfte mit Kakaopulver verrühren und Blaubeeren vorsichtig unterheben. Andere Hälfte mit Zimt und Orangenschale verrühren.

3. Jeweils 1 Esslöffel Teig in Muffin-Papierformen füllen und im Backofen bei 200 Grad (Gas: Stufe 3) ca. 20 Minuten backen.

Zubereitungszeit: ca. 15 Minuten
Backzeit: ca. 20 Minuten

Für 12 Stück:

3 Eier
6 EL Zucker
100 g Halbfettmargarine
240 g Mehl
1 Packung Backpulver
125 ml fettarme Milch
1 EL Kakaopulver, entölt, ohne Zucker
4 EL Blaubeeren
2 TL Zimt
4 TL abgeriebene Orangenschale

Pro Stück: 3 Points

Muffins: kleine Kuchen für Groß und Klein

Die Tradition, zur Teezeit kleines Gebäck zu verzehren, stammt ursprünglich aus England. Besonderer Beliebtheit erfreuten sich kleine Hefekuchen, die zur Tea-Time verzehrt wurden. Mit den englischen Einwanderern kamen auch die kleinen Hefekuchen nach Amerika. Hier entwickelten sich daraus die amerikanischen Muffins aus Rührteig. Zur Herstellung werden eine Backform mit 12 Vertiefungen oder Papier-Muffinformen verwendet.
In den letzten Jahren sind die beliebten kleinen Kuchen auch bei uns bekannt geworden. Es gibt unzählige Zubereitungsmöglichkeiten für die kleinen Köstlichkeiten. Für die Kinderparty können Sie Muffins bunt mit Zuckerguss und Gummibären verzieren. Muffins können Sie problemlos auf Vorrat backen, denn sie lassen sich gut einfrieren, einfach nach dem Auftauen kurz aufbacken: fertig!

APFEL-QUITTEN-MUFFINS

Für 12 Stück:

2 Äpfel (z. B. Boskoop)
2 EL Zitronensaft
1 Ei
4 EL brauner Zucker
1 TL Vanillezucker
125 g Halbfettmargarine
6 TL Quitten-Gelee, kalorienreduziert
125 ml fettarme Milch
120 g Weizenvollkornmehl
120 g Mehl
2 TL Backpulver
1/2 TL Natron
4 TL gemahlene Haselnüsse

1. Äpfel in feine Würfel schneiden und mit Zitronensaft beträufeln. Ei, Zucker, Vanillezucker, Margarine, Quitten-Gelee und Milch schaumig rühren. Vollkornmehl, Mehl, Backpulver, Natron sowie Haselnüsse vermischen, nach und nach dazugeben und Apfelwürfel unterziehen.

2. Teig in 12 Papier-Muffinformen füllen und im vorgeheizten Backofen bei 175 Grad (Gas: Stufe 2) ca. 25 Minuten backen.

Zubereitungszeit: ca. 15 Minuten
Backzeit: ca. 25 Minuten

Pro Stück: 3 Points

MANDEL-WAFFELN

Für 8 Stück:

185 g Halbfettmargarine
2 EL Streusüße
½ TL flüssiger Süßstoff
1 TL Vanillezucker
1 Prise Salz
2 Eier
100 g Mehl
100 g Stärkemehl
1/2 TL Backpulver
4 TL gemahlene Mandeln
3 EL fettarme Milch
1 EL Puderzucker

1. Margarine, Streusüße, Süßstoff, Vanillezucker und Salz schaumig rühren. Eier trennen und Eigelb zugeben. Mehl, Stärke, Backpulver und Mandeln vermischen und mit der Milch nach und nach unter die Ei-Masse rühren. Eiweiß steif schlagen und vorsichtig unterheben.

2. Beschichtetes Waffeleisen erhitzen, Teig einfüllen und nacheinander 8 Waffeln abbacken. Waffeln mit Puderzucker bestäuben.

Zubereitungszeit: ca. 15 Minuten
Backzeit: ca. 30 Minuten

Pro Stück: 5 Points

Tipp
Zu den Waffeln schmeckt ein frisches Pfirsich- oder Kirschkompott.

BUTTERMILCH-ORANGEN-KUCHEN

1. Margarine schaumig schlagen, nach und nach Zucker, Süßstoff und Vanillezucker unterrühren und die Eier zufügen.

2. Mehl mit Backpulver vermischen. Die Buttermilch mit 2 Esslöffeln Orangensaft und Orangenschale verrühren. Abwechselnd Mehl und Buttermilch-Mischung unter die Ei-Masse rühren, dabei mit Mehl beginnen. Orangeat sehr fein hacken und zum Schluss unterheben.

3. Kastenform (Länge 26 cm) mit Back-Folie auslegen, Teig in die Form füllen und im vorgeheizten Backofen bei 200 Grad (Gas: Stufe 3) ca. 70 Minuten backen, in der Form gut auskühlen lassen und stürzen. Puderzucker mit restlichem Orangensaft glatt rühren und den Kuchen damit überziehen.

Für 20 Stücke:

130 g Halbfettmargarine
165 g Zucker
einige Tropfen flüssiger Süßstoff
1 TL Vanillezucker
4 Eier
280 g Mehl
1 TL Backpulver
80 ml Buttermilch
100 ml Orangensaft, ohne Zucker
abgeriebene Schale einer unbehandelten Orange
1 Packung Orangeat (100 g)
120 g Puderzucker

Zubereitungszeit: ca. 30 Minuten
Backzeit: ca. 70 Minuten

Pro Stück: 3 Points

FEINER WALNUSSKUCHEN

Für 20 Stücke:

250 g Halbfettmargarine
3 Eier
180 g Honig
einige Tropfen Vanille-Aroma
200 g Mehl
2 TL Backpulver
100 g gemahlene Walnüsse

1. Margarine schaumig schlagen, nach und nach Eier, Honig und Vanille-Aroma unterrühren. Mehl mit Backpulver mischen, sieben, mit den gemahlenen Walnüssen mischen und unter die Margarine-Honig-Masse rühren.

2. Teig in eine mit Back-Folie ausgelegte Kastenform (Länge 26 cm) füllen und im vorgeheizten Backofen bei 175 Grad (Gas: Stufe 2) ca. 75 Minuten backen, auskühlen lassen und aus der Form stürzen.

Zubereitungszeit: ca. 20 Minuten
Backzeit: ca. 75 Minuten

Pro Stück: 3,5 Points

Tipp

Dekorieren Sie Ihren Kuchen mit weißer Kuvertüre und gehackten Pistazien. Berechnen Sie insgesamt für 50 g Kuvertüre und 3 Teelöffel Pistazien pro Stück 0,5 Points zusätzlich.

APFELKUCHEN MIT ZIMTSTREUSELN

Für 8 Stücke:

FÜR DEN TEIG:
- 100 g Halbfettmargarine
- 160 g Mehl
- 2 TL gemahlene Mandeln
- 60 g Zucker
- 1 TL Vanillezucker
- 1 Prise Salz
- 1 Eigelb

FÜR DIE FÜLLUNG:
- 500 g säuerliche Äpfel
- 4 EL Rosinen
- 1 EL Vanillezucker
- 1 Prise Zimt
- 1 TL Mandelblätter

FÜR DIE STREUSEL:
- 80 g Mehl
- 40 g Halbfettmargarine
- 60 g Zucker
- 1 TL Zimt

Pro Stück: **5 Points**

1. Für den Teig Margarine, Mehl, Mandeln, Zucker, Vanillezucker, Salz und Eigelb rasch zu einem geschmeidigen Teig verkneten und in Klarsichtfolie gewickelt ca. 30 Minuten kalt stellen.

2. Eine Springform (Ø 22 cm) mit Back-Folie auslegen. Mürbeteig ausrollen und Boden und Rand der Springform mit Teig auslegen.

3. Für die Füllung Äpfel würfeln, mit Rosinen, Vanillezucker, Zimt und Mandelblättern mischen und auf dem Boden verteilen. Für die Streusel Mehl, Margarine, Zucker und Zimt verkneten und auf die Füllung bröseln. Apfelkuchen im vorgeheizten Backofen bei 175 Grad (Gas: Stufe 2) ca. 40 Minuten backen.

Zubereitungszeit: ca. 25 Minuten
Ruhezeit: ca. 30 Minuten
Backzeit: ca. 40 Minuten

Tipp

Zum Backen eignen sich die säuerlichen Boskoop-Äpfel am besten, da sie beim Backen ein intensives Aroma entfalten.

KOKOS-LIMETTEN-KUCHEN

1. Eine Gugelhupfform (Ø 24 cm) mit 1 Teelöffel Margarine einfetten. Restliche Margarine mit Limettenschale, Zucker und Eiern schaumig schlagen. Stärke, Mehl und Backpulver vermischen, darüber sieben und mit Rum-Aroma unterrühren. Limetten auspressen und den Saft mit den Kokosnussraspeln unter den Teig mischen.

2. Teig in die Gugelhupfform geben und im vorgeheizten Backofen bei 175 Grad (Gas: Stufe 2) ca. 70 Minuten backen. Kuchen etwas auskühlen lassen, aus der Form stürzen und servieren.

Zubereitungszeit: ca. 20 Minuten
Backzeit: ca. 70 Minuten

Für 20 Stücke:

200 g Halbfettmargarine
abgeriebene Schale einer unbehandelten Limette
120 g Zucker
4 Eier
120 g Stärkemehl
300 g Mehl
1 Päckchen Backpulver
einige Tropfen Rum-Aroma
2 Limetten
65 g Kokosnussraspeln

Pro Stück: 3,5 Points

KERNIGER BIRNEN-KUCHEN

Für 20 Stücke:

2 Birnen
100 ml Zitronensaft
1 kleine Stange Zimt
140 g Halbfettmargarine
165 g Zucker
einige Tropfen flüssiger Süßstoff
1 TL Vanillezucker
4 Eier
300 g Mehl
2 TL Backpulver
40 g Haferflocken

1. Birnen würfeln, mit Zitronensaft und Zimtstange aufkochen und abkühlen lassen.

2. Margarine mit Zucker, Süßstoff und Vanillezucker schaumig rühren, nach und nach Eier unterrühren. Mehl mit Backpulver mischen und mit den Haferflocken unter die Ei-Masse rühren.

3. Zimtstange aus dem Birnensud herausnehmen, Birnen mit Saft unter den Teig heben. Teig in eine mit Back-Folie ausgelegte Kastenform (Länge 26 cm) füllen und im vorgeheizten Backofen bei 175 Grad (Gas: Stufe 2) ca. 70 Minuten backen.

Zubereitungszeit: ca. 20 Minuten
Backzeit: ca. 70 Minuten

Pro Stück: 2,5 Points

LEBKUCHEN-KAFFEE-TORTE

1. Lebkuchen zerbröseln. Margarine mit Lebkuchen und Schokolade verkneten und in eine mit Back-Folie ausgelegte Springform (Ø 26 cm) drücken.

2. Frischkäse mit Joghurt und Kaffeepulver verrühren und mit Süßstoff abschmecken. Tortenguss, Zucker und Wasser erhitzen und unter die Kaffee-Creme ziehen.

3. Kaffee-Creme auf dem Boden verteilen, glatt streichen und ca. 3 Stunden kalt stellen. Torte mit Kakaopulver bestäubt servieren.

Zubereitungszeit: ca. 25 Minuten
Kühlzeit: ca. 3 Stunden

Für 12 Stücke:

160 g Lebkuchen
90 g Halbfettmargarine
50 g Raspelschokolade (40 %)
450 g Frischkäse (30 % Fett i. Tr.)
150 g fettarmer Joghurt
2 TL Instant Kaffeepulver
einige Tropfen flüssiger Süßstoff
1 Packung roter Tortenguss, ohne Zucker
3 EL Zucker
250 ml Wasser
1 TL Kakaopulver, entölt, ohne Zucker

Pro Stück: 4 Points

ANANAS-REIS-TORTE

Für 12 Stücke:

150 g Löffelbiskuits
130 g Halbfettmargarine
200 g Ananasstücke (Konserve ohne Zucker)
500 g fettarmer Joghurt
2 EL Zucker
einige Tropfen flüssiger Süßstoff
310 g Milchreis, verzehrfertig
2 EL Vanillezucker
2 TL Zitronensaft
6 Blatt weiße Gelatine

1. Löffelbiskuits zerbröseln. Margarine zerlassen, mit den Bröseln vermischen und in eine mit Back-Folie ausgelegte Springform (Ø 26 cm) drücken.

2. Ananasstücke mit Joghurt, Zucker, Süßstoff, Milchreis, Vanillezucker und Zitronensaft vermengen. Gelatine in reichlich kaltem Wasser ca. 10 Minuten einweichen, ausdrücken, unter Erwärmen auflösen, unter die Joghurt-Milchreismasse ziehen und ca. 30 Minuten kühl stellen, bis die Masse zu gelieren beginnt. Füllung auf dem Boden verteilen, glatt streichen und ca. 3 Stunden kalt stellen.

Zubereitungszeit: ca. 25 Minuten
Kühlzeit: ca. 3 Stunden, 30 Minuten

Pro Stück: 3 Points

DAS NEUE GROSSE

WeightWatchers

KOCHBUCH Nr. 2

Über 200 Rezepte und Tipps

INHALT

Legende

Kreatives
Kochen

Preiswert

Für die Familie

Schnell und
einfach

VORWORT

Herzlich willkommen bei *Weight Watchers* – Ihren Experten in Sachen Abnehmen

Seit 1963 haben weltweit mehr als 30 Millionen Teilnehmer in über 30.000 *Weight Watchers* Treffen erfolgreich abgenommen. Heute ist *Weight Watchers* Ihr Experte in Sachen Gewichtsreduzierung und Gewichtserhaltung. Das Konzept wird ständig auf den neuesten Stand der Ernährungsforschung gebracht, damit gewährleistet ist, dass Sie sicher und gesund abnehmen.

Der Schlüssel zum Erfolg: Das *Weight Watchers* Treffen
Die *Weight Watchers* Treffen sind der Schlüssel zum erfolgreichen Abnehmen und zur Gewichtserhaltung. Teilnehmer können jederzeit starten, denn die Treffen sind »offene« Treffen. Von *Weight Watchers* ausgebildete Leiter vermitteln im Dialog mit den Teilnehmern das nötige Wissen, um erfolgreich abzunehmen. In den Treffen erhalten die Teilnehmer außerdem weiterführende Broschüren, Rezepte sowie Ernährungs- und Verhaltenstipps.

Das Fernprogramm: Bequem abnehmen von zu Hause
Wenn Ihr Terminkalender aus allen Nähten platzt und Sie nicht wissen, wo Sie die Zeit für die Treffen hernehmen sollen – warum nicht einfach von zu Hause aus abnehmen? Das *Weight Watchers* Fernprogramm versorgt Sie mit den gesamten Unterlagen. Ihre Fragen werden telefonisch von uns beantwortet.

Das Ernährungskonzept *Points Plus*

Points, Points, Points
Den Rezepten dieses Buches liegt das erfolgreichste *Weight Watchers* Konzept aller Zeiten zugrunde: *Points Plus.* Bei diesem System wird al-

lem, was Sie essen und trinken, eine gewisse *Points*-Anzahl zugeordnet, die sich aus dem Kalorien- und Fettgehalt eines Lebensmittels errechnet. Hier einige Beispiele: Für die meisten Früchte und Gemüse müssen Sie sich gar keine *Points* anrechnen, eine unbegrenzte Menge an Kartoffeln pro Mahlzeit zählt lediglich 2 *Points*, ein Rosinenbrötchen hat 2 *Points*, ein Croissant dagegen 8,5 *Points*.

Je nach Körpergewicht und Geschlecht, also entsprechend Ihrem Grundumsatz, steht Ihnen täglich eine gewisse Anzahl von *Points* zur Verfügung. Wenn Sie z.B. eine Frau sind und 80 kg wiegen, haben Sie 20 *Points* pro Tag zur Verfügung. Ihren Vorlieben und Ihrem Tagesrhythmus gemäß können Sie sich beliebige Gerichte mit der entsprechenden *Points*-Zahl zusammenstellen. Flexibel wie nie, ohne Abwiegen und Abmessen, passt sich *Points Plus* Ihren Lebensumständen an.

Bewegung bringt *Bonus-Points*

Bewegung beschleunigt das Abnehmen, strafft die Haut und macht fit. Außerdem können Sie durch Bewegung zusätzliche *Points* sammeln, so genannte *Bonus-Points*. Dafür müssen Sie nicht täglich stundenlang im Fitnessstudio schwitzen, schon 15 Minuten Gartenarbeit, Staub saugen, schnelles Gehen, Heimwerken oder Spielen mit den Kindern reichen aus. Ihre verdienten *Bonus-Points* können Sie in einem gewissen Umfang für Essen und Trinken einsetzen, z.B. wenn Sie eingeladen sind oder einer Süßigkeit nicht widerstehen können.

Tätigkeit	15 Minuten	30 Minuten
Aqua-Aerobic	1,5	3
Bowling	1,5	3
Disco Dancing	1,5	3
Gartenarbeit	1	2
Hausarbeit (Putzen)	0,5	1
Inline Skaten	2	4
Joggen	2	4
Rad fahren (langsam)	1	2
Schwimmen	2	4
Spazieren gehen	1	2
Walking (schnelles Gehen)	2	4

Regelmäßiger Sport tut Ihnen beim Abnehmen selbstverständlich gut. Bevor Sie allerdings mit einem intensiven Bewegungstraining beginnen, raten wir Ihnen, sich von Ihrem Arzt untersuchen zu lassen. Er wird klären, ob gesundheitliche Gründe dagegen sprechen.

Fitness, Wellness & Co. – mit *Weight Watchers* auf Erfolgskurs

Weight Watchers bietet ein ganzheitliches Konzept, das auf eine langfristige Änderung der Ernährungs- und Lebensgewohnheiten abzielt. Die folgenden Tipps sollen Ihnen dabei helfen.

Spaß an der Bewegung

Manchmal sind es nur kleine Änderungen, die Erfolg versprechen ...

Innere Einstellung

Positiv denken ist das Stichwort! Statt »Ich muss mich mehr bewegen«, sagen Sie sich lieber »Ich tue meinem Körper und mir etwas Gutes«.

Sportzeit

Sie haben keine Zeit für Sport? Das ist eine Frage der Prioritäten in Ihrem Leben. Setzen Sie sich feste Zeiten, zu denen Sie aktiv sind. Dann gibt es auch keine Ausreden.

Turn your radio on

Legen Sie Ihre Lieblingsmusik auf und lassen Sie sich vom Rhythmus mitreißen! Musik sorgt für gute Laune. So lassen sich kleine Anstrengungen besser wegstecken.

Doppelpack

Zusammen macht es mehr Spaß! Überzeugen Sie einen Freund oder eine Freundin mitzumachen und motivieren Sie sich gegenseitig. Hängen lassen gilt nicht!

Ganz relaxed – in 60 Sekunden

Stress, Ärger, Müdigkeit oder Kopfschmerzen und noch einen langen

Tag vor sich? Unsere Tipps helfen Ihnen, wieder fit zu werden, um mit neuer Motivation durchstarten zu können.

Stress ade!

Untersuchungen haben gezeigt, dass bestimmte Düfte Stressreaktionen abbauen. Schnuppern Sie an Lavendel (Lavendelkissen, Duftlampe) und lassen Sie Ihren Stress verduften!

Ohrenmassage

Ziehen Sie sich selbst die Ohren lang! Eine sanfte Massage der Ohrmuschel versorgt den Körper mit frischer Energie. Rollen Sie die Ohrmuschel mit Zeigefinger und Daumen hin und her.

Pfefferminze

Befeuchten Sie Stirn, Schläfen und Nacken mit etwas kaltem Wasser. Tragen Sie danach wenige Tropfen ätherisches Pfefferminzöl oder Minzgel auf. Massieren Sie die Stellen sanft und wedeln Sie sich anschließend frische Luft zu.

Powerfood Banane

Das gelbe Früchtchen liefert einen genialen Power-Mix aus Kohlenhydraten und nervenstärkenden Mineralstoffen. Alles für 1 *Point* zu haben.

Farben sind Vitamine für die Seele

Sorgen Sie für kleine Farbkleckse in Ihrem Leben, egal, ob in Ihrer Wohnung oder an Ihrem Arbeitsplatz. Ein bunter Blumenstrauß oder ein farbenprächtiges Bild verbreiten gute Laune. Gelb zum Beispiel ist die Farbe der Sonne, der Lebensfreude, des Optimismus. Gelb vertreibt kleine Tiefs, belebt den Geist und macht kreativ.

Unser besonderer Erfolgstipp: Der Kilo-Kick

Wir haben viele unserer Teilnehmer befragt: »Welche Strategie hat Ihnen in einer Woche geholfen, in der Sie besonders gut abgenommen haben? Was haben Sie gegessen, verändert oder zusätzlich ausprobiert?« Die vielen fantastischen Ideen und Tipps präsentieren wir Ihnen als Kilo-Kick.

Trinken Sie sich fit!
Viele Teilnehmer berichten, dass gerade regelmäßiges Trinken ihr Kilo-Kick in einer Woche mit einem besonders guten Gewichtsverlust war. Planen Sie das Trinken bewusst in Ihren Alltag ein und nehmen Sie täglich mindestens 1,5 bis 2 Liter Flüssigkeit zu sich, am besten Wasser, Früchte- und Kräutertee, Fruchtsaftschorlen.

Der Fisch-Kilo-Kick
Essen Sie dreimal pro Woche Fisch. Viele Teilnehmer behaupten, dass das Abnehmen damit besonders gut funktioniere. In jedem Fall ist es sehr gesund.

Lustvoll genießen!
Ein Kilo-Kick, der Ihnen Abwechslung und neue Motivation verschafft: Genießen Sie bewusst und lustvoll – denn wer sich ein Genusserlebnis gönnt und dabei sein schlechtes Gewissen über Bord wirft, ist viel entspannter. Sie wissen, dass Sie ab und zu Ihre Lieblingsspeisen essen können und sind deswegen viel zufriedener. Sparen Sie *Points* und genießen Sie dafür ein anderes Mal ohne schlechtes Gewissen – kochen Sie sich zum Beispiel Ihr Lieblingsessen.

Bunter Teller
Probieren Sie neue Lebensmittel und Rezepte und bringen Sie Abwechslung auf Ihren Teller! Sie werden sehen, wie viel Spaß das macht! Starten Sie gleich mit den leckeren Rezepten aus diesem Buch.

Einladung? Kein Problem!
Auch wenn Sie abends eingeladen sind und unbeschwert genießen möchten, muss Ihre Figur nicht darunter leiden. Entscheidend ist, bis zum Beginn der Feier möglichst wenige *Points* zu verbrauchen. Dank der vielen 0-*Points*-Lebensmittel ist das gar kein Problem. Knabbern Sie über den Tag verteilt reichlich Obst und Gemüse, kochen Sie sich eine Gemüsesuppe und essen Sie dazu ein Brötchen für 2 *Points.* Trinken Sie außerdem viel – das mindert das Hungergefühl.

Das Treffen macht den Unterschied!
Viele Teilnehmer versichern uns immer wieder: Die Teilnahme am

Weight Wachters Treffen macht den Unterschied! Hier bekommen Sie die nötigen Tipps und die Motivation zum Durchhalten. Die *Weight Watchers* Leiter und Teilnehmer können sich gut in Ihre Situation versetzen und unterstützen Sie bei allen Herausforderungen.

Wollen Sie mehr wissen? Dann rufen Sie uns an! Wir informieren Sie über Treffen in Ihrer Nähe, das *Weight Watchers* Fernprogramm und unsere Angebote.

Deutschland:
Telefon: 0 18 02/23 45 64 (€ 0,06 pro Gespräch) www.weightwatchers.de

Schweiz:
Telefon: 09 00/57 05 06 (Fr 0,36 pro Minute) www.weightwatchers.ch

Eine Woche mit *Points Plus*

Damit Sie unser Ernährungskonzept testen können, haben wir für Sie eine Woche mit *Points Plus* zusammengestellt. An jedem Tag nehmen Sie insgesamt 20 *Points* zu sich: ein Frühstück, zwei Snacks, eine leichte Mahlzeit und eine Hauptmahlzeit, deren Abfolge Sie frei wählen können. Alle Rezepte zu den Mahlzeiten finden Sie in diesem Kochbuch. Natürlich können Sie jedes Gericht auch durch ein anderes mit der gleichen *Points*-Zahl ersetzen. Möchten Sie zwischendurch noch weitere Snacks, dann knabbern Sie rohes, gekochtes oder sauer eingelegtes Gemüse, essen Sie Obst oder trinken Sie Gemüsesäfte. Das alles ist für 0 *Points* zu haben.

Wir wünschen Ihnen viel Erfolg beim Abnehmen und guten Appetit!

Ihr Weight Watchers Team

1. Tag

Frühstück:
Crêpes mit Vanillebeeren (S. 534)
Leichte Mahlzeit:
Leichtes Pfannen-Gemüse mit 1 Brötchen (S. 406)

Hauptmahlzeit:
Putenschnitzel »Altes Land« (S. 500)
1. Snack:
250 g Fruchtjoghurt, extra-leicht, bis 0,4% Fett und 1 Apfel
2. Snack:
5 Kräcker und 1 Glas Gemüsesaft

Trinken Sie sich fit! 1,5–2 Liter täglich (Wasser, Früchte- und Kräutertee)

▶ **TIPP** Sie können die 5 Kräcker auch durch 6 Löffelbiskuits ersetzen.

2. Tag

Frühstück:
250 ml Buttermilch, 1 kleine Banane, 1 TL gehackte Nüsse, 3 EL Beeren (TK)
Leichte Mahlzeit:
Tortellini-Salat (S. 320)
Hauptmahlzeit:
Gefüllte Tomaten mit 6 EL gegartem Reis (S. 433)
1. Snack:
1 Scheibe Toast mit 1 Scheibe Schnittkäse, 30% Fett i.Tr. und Paprikastreifen (Gemüsepeperoni)
2. Snack:
3 Haselnuss-Stangen und 1 Cappuccino mit geschäumter Milch (S. 547)

Trinken Sie sich fit! 1,5–2 Liter täglich (Wasser, Früchte- und Kräutertee)

▶ **TIPP** Der Tortellini-Salat eignet sich sehr gut zum Mitnehmen.

3. Tag

Frühstück:
Hirseschmarren mit Beerensauce (S. 538)
Leichte Mahlzeit:
Überbackener Schafkäse mit Salat »Rhodos« und 1 Kiwi (S. 327)
Hauptmahlzeit:
Balkanpfanne mit Lamm (S. 528)

1. Snack:
1 Glas Tomatensaft und Gurkenstifte
2. Snack:
Bunte Waldbeeren-Schnitte (S. 548)

Trinken Sie sich fit! 1,5–2 Liter täglich (Wasser, Früchte- und Kräutertee)

▶ **TIPP** Sie können das Lamm auch durch die gleiche Menge mageres Rindfleisch ersetzen.

Tag 4:
Frühstück:
Apfel-Pfannkuchen mit Zimt (S. 532)
Leichte Mahlzeit:
Ciabatta »Bistro« (S. 346)
Hauptmahlzeit:
Makkaroni mit Schinkensauce (S. 377)
1. Snack:
Obstsalat aus 1 Kiwi, 1 Orange, 1 kleinen Banane und Zitronensaft
2. Snack:
1 Zitronenkeks (S. 554)

Trinken Sie sich fit! 1,5–2 Liter täglich (Wasser, Früchte- und Kräutertee)

▶ **TIPP** Die Gerichte dieses Tages schmecken garantiert der ganzen Familie!

Tag 5:
Frühstück:
Erfrischender Frühlingsquark mit 1 Brötchen (S. 348)
Leichte Mahlzeit:
Bauernsalat »Kreta« und 1 Birne (S. 326)
Hauptmahlzeit:
Scharfes Curry mit Huhn (S. 504)
1. Snack:
1 Scheibe Knäckebrot mit Tomatenmark und 1 Scheibe Schnittkäse, 30% Fett i.Tr.

2. Snack:
1 Cappuccino mit geschäumter Milch und 1 Orange

Trinken Sie sich fit! 1,5–2 Liter täglich (Wasser, Früchte- und Kräutertee)

▶ **TIPP** Der Bauernsalat »Kreta« ist bestimmt Ihr nächster Party-Hit!

Tag 6:

Frühstück:
1 Mehrkornbrötchen mit 1 TL Margarine und 1 kleinen Ecke Camembert, 30% Fett i.Tr., und Ananas
Leichte Mahlzeit:
Italienische Minestrone (S. 316)
Hauptmahlzeit:
Spargel mit Lachs (S. 480)
1. Snack:
4 Tomaten-Kartoffel-Snacks (S. 336)
2. Snack:
200 ml trockener Rotwein und 3 Grissini (Brotsticks)

Trinken Sie sich fit! 1,5–2 Liter täglich (Wasser, Früchte- und Kräutertee)

▶ **TIPP** Unser Menütipp für Ihre Gäste: Als Vorspeise Italienische Minestrone, Spargel mit Lachs als Hauptspeise und 1 eisgekühlte Melone zum Dessert.

Tag 7:

Frühstück:
1 Scheibe Brot mit 1 TL Margarine, 1 Scheibe gekochtem Schinken und Tomatenscheiben
Leichte Mahlzeit:
Gebackener Camembert auf Salat (S. 347)
Hauptmahlzeit:
Kalbsroulade Parisienne (S. 516)
1. Snack:
1 Papaya mit Zitronensaft beträufelt

2. Snack:
1 Scheibe Pumpernickel mit 1 EL Frischkäse, 30% Fett i.Tr., und Karottenstiften

Trinken Sie sich fit! 1,5–2 Liter täglich (Wasser, Früchte- und Kräutertee)

▶ **TIPP** Unser Tipp für Ihr Sonntagsessen ist die Kalbsroulade »Parisienne«.

SUPPEN, SALATE, SNACKS

ZUCCHINI-CREME-SUPPE MIT CROÛTONS

Für 4 Personen:

4 Zucchini
4 Schalotten
2 Knoblauchzehen
1,2 Liter Gemüsebrühe (4 TL Instant)
2 Zweige Thymian
8 EL saure Sahne
Salz
Pfeffer
4 Scheiben Vollkorn-Toastbrot

Pro Person: 2 POINTS

1. Zucchini in Scheiben, Schalotten und Knoblauchzehen in feine Würfel schneiden. Schalotten und Knoblauch in einer beschichteten Pfanne fettfrei andünsten. Zucchinischeiben zufügen, mitdünsten, Gemüsebrühe zugeben, kurz aufkochen und alles pürieren.

2. Thymian fein hacken und einen kleinen Teil zur Dekoration beiseite stellen. Suppe mit saurer Sahne, Thymian, Salz und Pfeffer abschmecken. Für die Croûtons Toastbrot würfeln und in einer beschichteten Pfanne fettfrei rösten. Zucchini-Cremesuppe mit restlichem Thymian und Croûtons bestreut servieren.

Zubereitungszeit: ca. 5 Minuten
Garzeit: ca. 10 Minuten

Thymian
Die mediterrane Küche ist ohne Kräuter und insbesondere ohne Thymian nicht vorstellbar. Letzterer harmoniert besonders gut mit Knoblauch, Tomaten und Oliven und kann in der Küche vielfältig eingesetzt werden. Thymian hat ein sehr starkes Aroma, das auch bei längerem Kochen erhalten bleibt, und wird daher sparsam verwendet. Auch im berühmten Gewürzmix »Herbes de Provence« ist Thymian ein wesentlicher Bestandteil neben Rosmarin, Bohnenkraut, wildem Majoran, Oregano und Lavendel. Thymian mit seinem intensiven Aroma macht das Besondere vieler Mahlzeiten aus. Sein Name leitet sich sogar vom griechischen Wort »Thumus« = Duft ab.
Dem Kraut wird neben der würzenden auch eine heilende Kraft nachgesagt: beruhigend, hustenlösend und stärkend. Das Wunderkraut blüht in der Zeit von Juni bis September und verbreitet während dieser Zeit seinen charakteristisch intensiven Geruch.

POTAGE AU ROQUEFORT (ROQUEFORTSUPPE)

1. Karotten, Zwiebeln und Bleichsellerie fein würfeln und Lauch in dünne Scheiben schneiden. Margarine in einem Topf erhitzen und das Gemüse darin andünsten. Mehl darüber stäuben und kurz anschwitzen. Mit Brühe und Milch unter Rühren ablöschen und ca. 10 Minuten garen.

2. Roquefortkäse zerbröckeln und in der heißen Suppe unter Rühren schmelzen lassen. Mit Salz und Pfeffer abschmecken und servieren.

Zubereitungszeit: ca. 15 Minuten
Garzeit: ca. 15 Minuten

Für 4 Personen:

4 Karotten
2 Zwiebeln
2 Stangen Bleichsellerie
1 Stange Lauch
4 TL Margarine
2 EL Mehl
750 ml Gemüsebrühe
(4 TL Instant)
250 ml fettarme Milch
90 g Roquefortkäse
Salz
Pfeffer

Pro Person: 4 POINTS

FRISCHE GEMÜSESUPPE

Für 2 Personen:

4 mittelgroße Karotten
1 Gemüsezwiebel
2 Stangen Lauch
1 gelbe Paprikaschote
1 Liter Gemüsebrühe
(2 TL Instant)
200 g Erbsen (TK)
Pfeffer
1 Bund Schnittlauch

Pro Person: 1 POINT

1. Karotten und Gemüsezwiebel würfeln, Lauch halbieren und in Scheiben schneiden. Paprikaschote in Streifen schneiden.

2. Zwiebelwürfel in einem Topf fettfrei glasig braten, Karottenwürfel zufügen, kurz mitbraten, mit Gemüsebrühe auffüllen und 5 Minuten kochen lassen.

3. Paprikastreifen und Lauchscheiben zufügen und ca. 5 Minuten garen. Erbsen zur Suppe geben, mit Pfeffer abschmecken und weitere 5 Minuten garen.

4. Schnittlauch in Ringe schneiden. Suppe anrichten und mit Schnittlauch bestreut servieren.

Zubereitungszeit: ca. 5 Minuten
Garzeit: ca. 20 Minuten

Brühe selbst gemacht

Mit wenigen Zutaten können Sie selber eine leckere Gemüsebrühe herstellen. Für 1 Liter Brühe geben Sie 500 g klein geschnittenes Gemüse, 2 Lorbeerblätter, 2–3 Petersilienzweige in einen Topf und füllen mit 1 Liter kaltem Wasser auf. Suppe erhitzen, ca. 30 Minuten köcheln lassen, mit Pfeffer würzen, durch ein Sieb streichen und die selbstgemachte Gemüsebrühe ist fertig. Als Gemüse können Sie Sellerie, Karotten, Lauch, Fenchel oder Zwiebeln verwenden. Brühe können Sie sehr gut einfrieren.
So haben Sie immer eine Zwischenmahlzeit für 0 POINT im Haus. Mit ein paar Zutaten wird aus der Brühe schnell eine wohlschmeckende Hauptmahlzeit. Heiße Brühe weckt in der kalten Jahreszeit die Lebensgeister und sorgt für behagliches Wohlbefinden. Im Sommer schmeckt sie auch gut gekühlt und gewürzt.

PETERSILIEN-RAHM-SUPPE

1. Zwiebel, 2 Karotten und Kartoffel grob würfeln und in einem Topf fettfrei anschwitzen. Gemüsebrühe angießen, zugedeckt ca. 20 Minuten garen und Suppe pürieren.

2. Restliche Karotte in feine Streifen schneiden, in die Suppe geben und weitere 5 Minuten bei milder Hitze garen. Petersilie hacken, mit saurer Sahne unterrühren und mit Salz und Pfeffer abgeschmeckt servieren.

Zubereitungszeit: ca. 10 Minuten
Garzeit: ca. 25 Minuten

Für 1 Person:

1 Zwiebel
3 Karotten
1 mittelgroße Kartoffel
250 ml Gemüsebrühe
(2 TL Instant)
1 Bund Petersilie
2 EL saure Sahne
Salz
Pfeffer

Pro Person: 2 POINTS

CREMIGE KAROTTEN-SUPPE MIT INGWER

Für 4 Personen:

100 g Weichweizen
800 g Karotten
1 Liter Gemüsebrühe
(4½ TL Instant)
2 TL Ingwer, gerieben
2 EL Sauerrahm (Schmand, 24 % Fett)
2 EL gehackte Petersilie
2 TL Sesam

1. Weichweizen nach Packungsanweisung garen. Karotten würfeln, in einem beschichteten Topf andünsten, Brühe angießen und ca. 20 Minuten garen. ⅓ der Karotten herausnehmen und den Rest pürieren.

2. Ingwer, Sauerrahm, Petersilie, Weichweizen und Karottenwürfel zugeben und auf Tellern anrichten. Sesam fettfrei in einer beschichten Pfanne anrösten, über die angerichtete Suppe streuen und servieren.

Zubereitungszeit: ca. 10 Minuten
Garzeit: ca. 20 Minuten

Pro Person: 2 POINTS

ROTE PAPRIKASUPPE

Für 1 Person:

2 rote Paprikaschoten
1 Zwiebel
250 ml Gemüsebrühe
(2 TL Instant)
1 EL saure Sahne
1 EL Obstessig
Salz
Pfeffer
Paprikapulver
1 EL Kürbiskerne

1. Paprikaschoten und Zwiebel würfeln und fettfrei anschwitzen. Gemüsebrühe angießen und zugedeckt ca. 10 Minuten garen.

2. Suppe pürieren, saure Sahne unterrühren und mit Essig, Salz, Pfeffer und Paprikapulver abschmecken. Suppe mit Kürbiskernen bestreut servieren.

Zubereitungszeit: ca. 5 Minuten
Garzeit: ca. 10 Minuten

Pro Person: 2 POINTS

KLASSISCHE LINSENSUPPE

1. Karotten in Scheiben, Zwiebeln und Lauch in Ringe schneiden und in einem Topf fettfrei anschwitzen. Gemüsebrühe angießen und zugedeckt ca. 15 Minuten garen.

2. Linsen in die Suppe geben und weitere 5 Minuten garen. Suppe mit Salz, Pfeffer und Essig abschmecken. Linsen-Suppe heiß servieren.

Zubereitungszeit: ca. 5 Minuten
Garzeit: ca. 20 Minuten

Für 1 Person:

2 Karotten
2 Zwiebeln
1 Stange Lauch
300 ml Gemüsebrühe
(2 TL Instant)
4 EL Linsen (Konserve)
Salz
Pfeffer
1 EL Essig

Pro Person: 2 POINTS

PIKANTE JOGHURT-GURKENSUPPE

Für 1 Person:

1 Knoblauchzehe
250 g Magermilch-Joghurt
1 EL saure Sahne
½ Salatgurke
2 TL gehackte Kräuter
1 TL gehackte Walnüsse
Salz
Pfeffer

1. Knoblauchzehe mit Joghurt und saurer Sahne pürieren. Gurke fein würfeln, mit Kräutern und Walnüssen unter die Joghurt-Masse rühren und mit Salz und Pfeffer abschmecken.

2. Joghurt-Gurkensuppe nach Wunsch mit Kräuterbaguette servieren.

Zubereitungszeit: ca. 5 Minuten
Garzeit: ca. 15 Minuten

Pro Person: 3 POINTS

MEXIKANISCHER CHILI-TOPF

1. Chilischote in feine Ringe schneiden, Knoblauchzehe zerdrücken und beides mit Tatar fettfrei knusprig braun braten. Tatarmasse mit Salz, Pfeffer und Paprikapulver kräftig würzen.

2. Tomaten, Mais und Kidneybohnen hinzugeben, erhitzen und nochmals kräftig abschmecken. Chili-Topf in einen Teller geben und mit 1 Esslöffel saurer Sahne servieren.

Zubereitungszeit: ca. 5 Minuten
Garzeit: ca. 10 Minuten

Für 1 Person:

1 rote Chilischote
1 Knoblauchzehe
3 EL Tatar (90 g)
Salz
Pfeffer
Paprikapulver
300 g geschälte Tomaten (Konserve)
2 EL Mais (Konserve)
3 EL Kidneybohnen (Konserve)
1 EL saure Sahne

Pro Person: 4 POINTS

INDISCHE GEFLÜGELSUPPE

Für 1 Person:

1 Stange Lauch
1 Karotte
1 kleines Stück Sellerie
1 kleines Hähnchenbrustfilet (120 g)
300 ml Gemüsebrühe (2 TL Instant)
2 Tomaten
1 Zwiebel
1 TL Pflanzenöl
2 EL rote Linsen, trocken
1 TL Gelbwurz (Kurkuma)
Salz
Pfeffer
1 TL gehackter Koriander

1. Lauch, Karotte und Sellerie grob zerkleinern, mit Hähnchenbrustfilet in einen Topf geben. Gemüsebrühe und 200 ml Wasser angießen und zugedeckt bei milder Hitze ca. 30 Minuten garen. Hähnchenbrustfilet abgießen, Brühe auffangen und 300 ml abmessen. Fleisch in Streifen schneiden und Gemüse würfeln.

2. Tomaten überbrühen, häuten, entkernen und in Spalten schneiden. Zwiebel fein würfeln. Öl in einem Topf erhitzen, Zwiebelwürfel und rote Linsen darin anschwitzen, Gelbwurz darüber stäuben und mit der aufgefangenen Gemüsebrühe ablöschen. Linsen zugedeckt ca. 5 Minuten garen.

3. Fleischstreifen, Gemüsewürfel mit Tomatenspalten in der Suppe erhitzen, mit Salz und Pfeffer abschmecken und mit Koriander bestreut servieren.

Pro Person: 5 POINTS

Zubereitungszeit: ca. 10 Minuten
Garzeit: ca. 40 Minuten

Rote Linsen
Rote Linsen werden auch als »ägyptische« Linsen bezeichnet. Rote Linsen sind geschält und sehr zart, daher brauchen sie nicht eingeweicht zu werden und benötigen nur eine kurze Garzeit.

TOMATENSUPPE MIT GRIESS-GNOCCHI

1. Milch und Margarine aufkochen, Grieß einrühren und zugedeckt ca. 15 Minuten ausquellen lassen. Parmesan unterrühren und mit Salz und Pfeffer würzen.

2. Von der Grießmasse kleine Klöße abstechen und in siedendem, nicht mehr kochendem Salzwasser bei mittlerer Hitze ca. 10 Minuten gar ziehen lassen, bis sie an der Oberfläche schwimmen. Gnocchi mit einer Schaumkelle aus dem Wasser nehmen und gut abtropfen lassen.

3. Knoblauchzehe fein hacken und in Öl scharf anbraten, Tomaten hinzugeben und mit Thymian und Oregano ca. 5 Minuten einkochen lassen. Tomatensuppe mit Zucker, Salz und Pfeffer abschmecken. Gnocchi in der Suppe erwärmen und mit Thymian bestreut servieren.

Zubereitungszeit: ca. 10 Minuten
Garzeit: ca. 30 Minuten

Für 2 Personen:

250 ml fettarme Milch
1 TL Halbfettmargarine
8 EL Grieß
5 EL geriebener Parmesan (32% Fett i. Tr.)
Salz
Pfeffer
1 Knoblauchzehe
1 TL Pflanzenöl
500 g geschälte Tomaten (Konserve)
1 TL Thymian
1 TL Oregano
1 Prise Zucker

Pro Person: 5 POINTS

WIENER KARTOFFEL-SUPPE MIT PILZEN

Für 1 Person:

1 Zwiebel
250 g Kartoffeln
1 TL Pflanzenöl
250 ml Gemüsebrühe
(2 TL Instant)
100 g braune Champignons
Salz
Pfeffer
1 Prise geriebene
Muskatnuss
einige Blätter Majoran

1. Zwiebel und Kartoffeln fein würfeln. Öl in einem Topf erhitzen und beides darin glasig schwitzen. Gemüsebrühe angießen und zugedeckt ca. 15 Minuten köcheln lassen.

2. Champignons in Scheiben schneiden. Die Hälfte der Suppe entnehmen, pürieren und in den Topf zurückgeben. Champignonscheiben ca. 5 Minuten in der Suppe garen, mit Salz, Pfeffer und Muskatnuss abschmecken und mit Majoran garniert servieren.

Zubereitungszeit: ca. 10 Minuten
Garzeit: ca. 20 Minuten

Pro Person: 3 POINTS

MAISCREME-SUPPE

Für 4 Personen:

2 TL Pflanzenmargarine
200 g Mais (Konserve)
800 ml Gemüsebrühe
(4 TL Instant)
1 TL Paprikapulver
4 EL Sauerrahm (Schmand, 24 % Fett)
Salz, Pfeffer
4 TL gehackte Petersilie
4 Scheiben Baguettebrot

1. Margarine in einem Topf zerlassen und den Mais darin kurz andünsten. Mit Brühe ablöschen und ca. 10 Minuten garen. Suppe mit einem Mixer pürieren und Paprikapulver unterrühren.

2. Sauerrahm einrühren, mit Salz und Pfeffer abschmecken, mit gehackter Petersilie bestreuen und zu Baguette servieren.

Zubereitungszeit: ca. 5 Minuten
Garzeit: ca. 10 Minuten

Pro Person: 3 POINTS

CREMIGE PETERSILIENSUPPE

Für 4 Personen:

2 Knoblauchzehen
3 Zwiebeln
2 TL Pflanzenöl
300 g Tatar
500 ml fettarme Milch
300 ml Gemüsebrühe
(1 TL Instant)
2 Bund glatte Petersilie
2 EL heller Saucenbinder
(Instantpulver)
Salz
Pfeffer
4 Scheiben Brot

1. Knoblauchzehen und Zwiebeln würfeln. Öl in einer Pfanne erhitzen, Knoblauch- und Zwiebelwürfel mit Tatar knusprig braten. Tatarmasse aus der Pfanne nehmen.

2. Milch und Brühe aufkochen, Petersilie hineingeben und pürieren. Suppe mit Saucenbinder andicken, Tatarmasse hinzugeben, mit Salz und Pfeffer abschmecken und mit Brot servieren.

Zubereitungszeit: ca. 15 Minuten
Garzeit: ca. 15 Minuten

Pro Person: 5 POINTS

Kräuter: Was duftet da so gut?
Der wichtigste Grund, Kräuter in der Küche zu verwenden: Es schmeckt einfach besser. Der aromatische Duft und die feine Würze bereichern jedes Gericht. Daneben regen sie Appetit und Verdauung an und enthalten eine Menge Vitamine und Mineralstoffe. Frische Kräuter sollten möglichst sofort in Wasser gestellt werden.
Wenn Sie Kräuter länger aufbewahren möchten: waschen, trocken schütteln, in einen Frischhaltebeutel geben, etwas aufblasen, gut verschließen und im Kühlschrank aufbewahren. Kräuter erst vor der Verwendung zerkleinern, verwenden Sie dafür ein Wiegemesser oder ein scharfes Messer, damit die Kräuter geschnitten, nicht zerdrückt werden. Für die Verwendung gilt folgende Regel: Je härter und gröber die Blätter sind (z.B. Rosmarin), desto länger können sie mitgaren. Zarte Kräuter sollten erst kurz vor dem Servieren zugegeben werden.

BUNTE NUDELSUPPE

Für 4 Personen:

140 g Suppennudeln, trocken
Salz
1 Blumenkohl
2 Stangen Lauch
4 Karotten
1250 ml Gemüsebrühe
(4 TL Instant)
240 g Tatar
2 Eier
2 EL Paniermehl
Pfeffer

1. Nudeln nach Packungsanweisung in reichlich Salzwasser garen. Nudeln abgießen und mit kaltem Wasser abschrecken.

2. Blumenkohl in Röschen teilen, Lauch in Ringe und Karotten in Scheiben schneiden. Gemüsebrühe aufkochen und Gemüse darin ca. 10 Minuten garen.

3. Tatar mit Eiern und Paniermehl vermengen, mit Salz und Pfeffer würzen und kleine Bälle formen. Tatarbälle in die Suppe geben und bei kleiner Hitze zugedeckt ca. 10 Minuten gar ziehen lassen. Suppennudeln zugeben, mit Salz und Pfeffer abschmecken und servieren.

Zubereitungszeit: ca. 10 Minuten
Garzeit: ca. 25 Minuten

Pro Person: 4 POINTS

BUNTE GEMÜSESUPPE

1. Kartoffeln, Karotten und Tomate würfeln und Lauchzwiebel in Ringe schneiden. Gemüsebrühe aufkochen, Kartoffel- und Karottenwürfel zugeben und ca. 10 Minuten garen.

2. Tomatenwürfel, Lauchzwiebelringe und Blumenkohlröschen zugeben und weitere 10 Minuten garen. Die Suppe mit Salz, Pfeffer, Oregano und Liebstöckel abschmecken.

Zubereitungszeit: ca. 10 Minuten
Garzeit: ca. 20 Minuten

Für 1 Person:

200 g junge Kartoffeln
1 Bund junge Karotten
1 Tomate
1 Lauchzwiebel
500 ml Gemüsebrühe
(4 TL Instant)
100 g Blumenkohlröschen
Salz
Pfeffer
½ TL Oregano
1 Msp. Liebstöckel

Pro Person: 2 POINTS

ITALIENISCHE MINESTRONE

Für 1 Person:

2 Scheiben roher Schinken, ohne Fett
1 Zwiebel
1 Knoblauchzehe
1 mittelgroße Kartoffel
½ Aubergine
1 kleine Zucchini
1 Karotte
1 Stange Lauch
150 ml Gemüsebrühe (2 TL Instant)
200 g geschälte Tomaten (Konserve)
1 TL italienische Kräuter
2 EL gegarter Reis
2 EL weiße Bohnen (Konserve)
Salz
Pfeffer
Paprikapulver

1. Schinken, Zwiebel und Knoblauchzehe fein hacken und fettfrei anbraten. Kartoffel, Aubergine, Zucchini und Karotte würfeln, Lauch in Ringe schneiden und mit anschwitzen.

2. Gemüsebrühe und Tomaten angießen, Kräuter zugeben und zugedeckt ca. 15 Minuten garen.

3. Reis und Bohnen in der Minestrone erhitzen und mit Salz, Pfeffer und Paprikapulver abgeschmeckt servieren.

Zubereitungszeit: ca. 10 Minuten
Garzeit: ca. 20 Minuten

Pro Person: 4 POINTS

Minestrone
Minestrone ist eine italienische Gemüsesuppe, die je nach Region unterschiedlich zubereitet wird. In diese bunte Suppe passt jedes Gemüse, so können Sie das Gemüse, was Sie gerade zur Hand haben, verwenden. Anstatt mit gegartem Reis kann die Suppe auch mit Nudeln zubereitet werden. Besonders lecker schmeckt die Minestrone, wenn sie kurz vor dem Servieren mit frisch geriebenem Parmesan bestreut wird. Verwenden Sie pro Teller einen Esslöffel geriebenen Parmesan und berechnen Sie dafür 0,5 POINTS.

BUNTER HÜHNERTOPF

Für 4 Personen:

4 Lauchzwiebeln
8 Karotten
4 kleine Stangen Lauch
4 kleine Stücke Hühnerbrustfilet, gegart (à 100 g)
400 g frische, grüne Bohnen (ersatzweise Konserve)
1,2 Liter Hühnerbrühe (4 TL Instant)
150 g Suppennudeln, trocken
Salz
Pfeffer
2 Msp. Safran (ersatzweise Currypulver)
4 EL Schnittlauchringe

1. Lauchzwiebeln in Ringe, Karotten in Scheiben sowie Lauch und Hühnerfleisch in Streifen schneiden. Alles mit grünen Bohnen in einer beschichteten Pfanne fettfrei andünsten.

2. Hühnerbrühe angießen, Suppennudeln zugeben und ca. 5 Minuten garen. Mit Salz, Pfeffer und Safran abschmecken und mit Schnittlauchringen bestreut servieren.

Zubereitungszeit: ca. 10 Minuten
Garzeit: ca. 10 Minuten

Pro Person: 4 POINTS

BOHNENSALAT MIT FEURIGEM DRESSING

1. Tomatenmark mit Brühe, Essig und Petersilie verrühren und mit Salz, Pfeffer, Cayennepfeffer und Süßstoff abschmecken.

2. Lauchzwiebeln in Ringe schneiden, Petersilienblätter abzupfen und grob hacken. Beides mit Kidneybohnen, weißen Bohnen, Thymian und Dressing verrühren. Teller mit Salatblättern auslegen und Bohnensalat darauf anrichten.

Zubereitungszeit: ca. 10 Minuten

Für 4 Personen:

4 EL Tomatenmark
300 ml Gemüsebrühe
(1 TL Instant)
4 TL Balsamicoessig
4 EL gehackte Petersilie
Salz
Pfeffer
2 Msp. Cayennepfeffer
einige Tropfen flüssiger
Süßstoff
2 Bund Lauchzwiebeln
1 Bund glatte Petersilie
8 EL Kidneybohnen
(Konserve)
8 EL weiße Bohnen
(Konserve)
4 TL Thymian
1 Kopf Eisbergsalat

Pro Person: 2 POINTS

TORTELLINI-SALAT

Für 4 Personen:

240 g Tortellini, trocken
Salz
1 Bund Basilikum
4 EL Weinessig
(ersatzweise Obstessig)
4 TL Pflanzenöl
Pfeffer
3 Zucchini
250 ml Gemüsebrühe
(2 TL Instant)
5 Tomaten

1. Tortellini in Salzwasser bissfest garen. Basilikum fein hacken und mit Essig verrühren. Öl unterschlagen und mit Salz und Pfeffer abschmecken. Tortellini abgießen, noch heiß mit der Marinade mischen und ca. 30 Minuten ziehen lassen.

2. Zucchini mit einem Sparschäler längs in feine Scheiben schneiden. Brühe aufkochen, Zucchinischeiben zufügen und ca. 3 Minuten darin blanchieren. Abgießen und Kochflüssigkeit auffangen. Tomaten kreuzweise einritzen, überbrühen, häuten, entkernen und in Würfel schneiden.

3. Zucchinischeiben und Tomatenwürfel unter den Salat heben und mit ca. 100 ml Brühe vermengen. Salat ca. weitere 30 Minuten ziehen lassen, abschmecken und servieren.

Zubereitungszeit: ca. 10 Minuten
Marinierzeit: ca. 1 Stunde
Garzeit: ca. 15 Minuten

Pro Person: 4 POINTS

FELDSALAT MIT SCAMPI

Für 2 Personen:

1 Chicorée
200 g frische Champignons (ersatzweise Steinpilze)
2 Schalotten
200 g Feldsalat
1 Knoblauchzehe
2 TL Olivenöl
120 g Scampi (ersatzweise 20 mittelgroße Garnelen)
4 TL Zitronensaft
8 EL Gemüsebrühe (½ TL Instant)
2 TL mittelscharfer Senf
Salz
Pfeffer
einige Tropfen flüssiger Süßstoff

1. Chicorée in Streifen, Pilze in Scheiben, Schalotten in Würfel schneiden und mit Feldsalat auf großen Tellern anrichten. Knoblauchzehe zerdrücken. Öl in einer Pfanne erhitzen, Knoblauch und Scampi zufügen und ca. 5 Minuten von allen Seiten anbraten.

2. Für das Dressing Zitronensaft mit Gemüsebrühe und Senf verrühren und mit Salz, Pfeffer und Süßstoff abschmecken. Salat mit Dressing beträufeln, Scampi darauf anrichten und servieren.

Zubereitungszeit: ca. 10 Minuten
Garzeit: ca. 5 Minuten

Pro Person: 2 POINTS

SPINATSALAT MIT KNOBLAUCH-CROÛTONS

Für 4 Personen:

200 g Kirschtomaten
2 Zwiebeln
800 g frischer Blattspinat
4 EL Weißweinessig
4 TL Olivenöl
4 EL Gemüsebrühe
(¼ TL Instant)
2 TL Schnittlauchringe
Salz
Pfeffer
einige Tropfen flüssiger Süßstoff
2 Scheiben Toastbrot
1 Knoblauchzehe

1. Kirschtomaten halbieren, Zwiebeln in Ringe schneiden und Blattspinat in mundgerechte Stücke zupfen. Salatzutaten auf Teller anrichten. Für das Dressing Essig mit 3 Teelöffeln Olivenöl, Gemüsebrühe und Schnittlauchringen verrühren und mit Salz, Pfeffer und Süßstoff pikant abschmecken.

2. Für die Croûtons Toastbrot in Würfel schneiden und Knoblauchzehe zerdrücken. Restliches Olivenöl in einer beschichteten Pfanne erhitzen, Knoblauch zufügen und Toastbrotwürfel darin goldbraun anrösten. Salat mit Dressing beträufeln und mit Knoblauch-Croûtons bestreut servieren.

Zubereitungszeit: ca. 10 Minuten
Garzeit: ca. 5 Minuten

Pro Person: 1,5 POINTS

BUNTER MAISSALAT

Für 4 Personen:

je ½ Kopf Eisbergsalat, Frisée und Lollo Rosso
3 kleine Zwiebeln
8 Tomaten
2 gekochte Eier
350 g Mais (Konserve)
250 g fettarmer Joghurt
4 EL saure Sahne
1 EL Ketchup
Knoblauchsalz
Pfeffer
einige Tropfen flüssiger Süßstoff
4 EL Schnittlauchringe

1. Salate in mundgerechte Stücke zupfen, Zwiebeln in Ringe, Tomaten in Achtel und Eier in Scheiben schneiden. Alles mit Mais auf einem Teller anrichten.

2. Joghurt, saure Sahne und Ketchup verrühren, mit Knoblauchsalz, Pfeffer und Süßstoff abschmecken. Dressing über den Salat geben, mit Schnittlauchringen bestreuen und servieren.

Zubereitungszeit: ca. 10 Minuten

Pro Person: 3 POINTS

BAUERNSALAT »KRETA«

Für 4 Personen:

500 g Tomaten
je 1 rote und grüne Peperoni
2 Salatgurken
2 Zwiebeln
½ Bund Majoran
½ Bund Thymian
120 g Schafkäse
75 g grüne Oliven
30 g schwarze Oliven
4 TL kaltgepresstes Olivenöl
3 EL Kräuteressig
1–2 Knoblauchzehen
Salz
Pfeffer

Pro Person: 4,5 POINTS

1. Tomaten in Achtel, Peperoni in dünne Streifen, Gurken in Scheiben und Zwiebeln in Ringe schneiden. Majoran- und Thymianblättchen von den Stielen zupfen, Schafkäse in Würfel schneiden und alles mit Oliven mischen.

2. Olivenöl mit Kräuteressig verrühren, Knoblauchzehen zerdrücken, zugeben und mit Salz und Pfeffer abschmecken. Dressing über die Salatzutaten träufeln.

Zubereitungszeit: ca. 10 Minuten

Oliven

Oliven gehören zu den Steinfrüchten. Ihre Farbe variiert von grün über rot-violett bis dunkelblau und sie haben einen herben, leicht bitteren Geschmack. Der Anbau von Oliven erfolgt vor allem in den Mittelmeerländern, aber auch in Südamerika und in Kalifornien. Durch das Einlegen in Essig oder Salzwasser werden die Früchte erst genießbar. Würzig mariniert mit Kräutern, Knoblauch und Gewürzen sind sie besonders beliebt und begehrt. Schwarze Oliven werden hauptsächlich mit Stein angeboten, während es die grünen Oliven gefüllt mit Paprika, Mandeln oder Sardellen gibt.
Etwa 90% der Oliven werden zu Öl verarbeitet, die restliche Ernte wird als Tafeloliven verwendet. Die Olivenbäume werden immer noch mühsam von Hand geerntet. Die Ernte beginnt im Herbst mit den grünen, noch unreifen Oliven, gefolgt von den halbreifen lila Früchten und endet mit den ausgereiften, schwarzen Früchten. Unmittelbar nach der Ernte werden sie verlesen, gewaschen und dann zu Olivenöl oder Tafeloliven weiterverarbeitet.

ÜBERBACKENER SCHAFKÄSE MIT SALAT »RHODOS«

1. Zwiebeln in feine Ringe schneiden. Tomaten kreuzweise einritzen, überbrühen, häuten, entkernen und in Spalten schneiden. Schafkäse in Scheiben schneiden und in eine Auflaufform setzen.

2. Zwiebeln, Tomaten und abgetropfte Peperonis darauf verteilen. Käse und Kräuter vermengen, über das Gemüse streuen und im vorgeheizten Backofen bei 175 Grad (Gas: Stufe 2) ca. 15 Minuten backen.

3. Für den Salat Zwiebel hacken, Weißkohl in feine Streifen und Gurke in Würfel schneiden. Kirschtomaten halbieren und Oliven in Scheiben schneiden. Salatzutaten in eine Schüssel geben und vermengen. Essig mit Öl, Senf und Rosmarin verrühren und mit Salz, Pfeffer und Süßstoff abschmecken. Dressing mit dem Salat vermengen, kurz ziehen lassen und mit Schafkäse servieren.

Zubereitungszeit: ca. 10 Minuten
Garzeit: ca. 15 Minuten

Für 4 Personen:

2 Zwiebeln
4 Tomaten
240 g Schafkäse
100 g milde Peperonis (Konserve)
4 EL geriebener Käse (32 % Fett i. Tr.)
1 EL gemischte Kräuter

FÜR DEN SALAT »RHODOS«:
1 Zwiebel
¼ Kopf Weißkohl (250 g)
1 Salatgurke
250 g Kirschtomaten
10 schwarze Oliven, ohne Kern
4 EL Obstessig
3 TL Olivenöl
1 TL Senf
1 TL Rosmarin
Salz
Pfeffer
einige Tropfen flüssiger Süßstoff

Pro Person: 6,5 POINTS

FRÜHLINGSSALAT MIT KALBSFILET

Für 4 Personen:

8 Karotten
4 Kohlrabi
8 Frühlingszwiebeln
6 EL saure Sahne
150 g Magermilch-Joghurt
8 EL Minze
Salz
Pfeffer
einige Tropfen flüssiger Süßstoff
375 g mageres Kalbsfilet (ersatzweise 360 g Geflügelfilet)

1. Karotten und Kohlrabi raspeln, Frühlingszwiebeln in Ringe schneiden und alles vermengen.

2. Für das Dressing saure Sahne mit Joghurt vermischen, Minze fein hacken, unterrühren und mit Salz, Pfeffer sowie etwas Süßstoff abschmecken.

3. Kalbsfilet in feine Streifen schneiden, in einer beschichteten Pfanne fettfrei von allen Seiten ca. 5 Minuten anbraten und mit Salz und Pfeffer würzen. Salat auf Teller verteilen und mit Minzdressing und Filetstreifen anrichten.

Zubereitungszeit: ca. 15 Minuten
Garzeit: ca. 5 Minuten

Pro Person: 2,5 POINTS

ITALIENISCHER BROTSALAT

1. Brotscheiben in grobe Stücke zerteilen und in einer beschichteten Pfanne fettfrei anrösten.

2. Paprikaschoten in Stücke, Tomaten in Spalten und Frühlingszwiebeln in Ringe schneiden. Salat in mundgerechte Stücke zupfen und alles vermengen.

3. Essig mit Brühe, Salz und Pfeffer verrühren. Nussöl unterschlagen und abschmecken. Salat auf Tellern anrichten, mit Dressing beträufeln und mit Haselnüssen bestreuen.

Zubereitungszeit: ca. 20 Minuten

Für 4 Personen:

4 Scheiben Brot
2 gelbe Paprikaschoten
4 Tomaten
2 Bund Frühlingszwiebeln
1 Kopf Eichblattsalat
4 EL Apfelessig
200 ml Gemüsebrühe
(1 TL Instant)
Salz
Pfeffer
3 TL Nussöl
(ersatzweise Pflanzenöl)
1 TL gehobelte Haselnüsse

Pro Person: 3 POINTS

FAMILY-SALAT

Für 4 Personen:

1 Knoblauchzehe
4 TL gemischte Kräuter (TK)
125 ml Gemüsebrühe
(1 TL Instant)
4 EL Essig
2 TL Sojasauce
1 TL Senf
Salz
Pfeffer
einige Tropfen flüssiger Süßstoff
4 Tomaten
je 1 rote und grüne Paprikaschote
4 Scheiben Schweinebratenaufschnitt
1 Zwiebel
1 Bund Schnittlauch
8 EL Mais (Konserve)

1. Knoblauchzehe zerdrücken und mit Kräutern, Gemüsebrühe, Essig, Sojasauce und Senf verrühren. Mit Salz, Pfeffer und Süßstoff abschmecken.

2. Tomaten, Paprikaschoten und Schweinebratenaufschnitt würfeln, Zwiebel und Schnittlauch in Ringe schneiden. Alle Zutaten mit Mais in eine Schüssel geben, mit Marinade vermengen und ca. 2 Stunden durchziehen lassen.

Zubereitungszeit: ca. 20 Minuten
Marinierzeit: ca. 2 Stunden

Pro Person: 1 POINT

RUCOLA-MANDARINEN-SALAT MIT WALNUSS

1. Rucola in mundgerechte Stücke zupfen. 8 Mandarinen filetieren. Rucola mit Mandarinenfilets mischen und auf Tellern anrichten. Restliche Mandarinen auspressen.

2. Mandarinensaft, Walnussöl, Weißweinessig, Süßstoff und Salz zu einem Dressing verrühren und den Salat damit beträufeln. Walnüsse hacken und Salat damit bestreut servieren.

Zubereitungszeit: ca. 10 Minuten

Für 4 Personen:

800 g Rucola
10 Mandarinen
4 TL Walnussöl
(ersatzweise Pflanzenöl)
2 EL Weißweinessig
einige Tropfen flüssiger Süßstoff
Salz
40 g Walnüsse

Pro Person: 3 POINTS

SALAT MIT SESAMTOMATEN

Für 4 Personen:

2 EL Zucker
5 EL Orangensaft, ohne Zucker
1 EL Sojasauce
250 g Kirschtomaten
7 TL Sesamsamen
2 gelbe Paprikaschoten
1 Bund Frühlingszwiebeln
1 Salatgurke
1 Karotte
1 Kopf Lollo Bionda (ersatzweise Blattsalat)
2 EL Weißweinessig
1 TL Senf
Salz
Pfeffer
einige Tropfen flüssiger Süßstoff
4 Scheiben Sesam-Knäckebrot

1. Zucker in einer beschichteten Pfanne karamellisieren, mit Orangensaft und Sojasauce ablöschen. Kirschtomaten mit Sesam zufügen, verrühren, von der Herdplatte nehmen und durchziehen lassen.

2. Paprikaschoten in Streifen, Frühlingszwiebeln in Ringe schneiden. Gurke streifenförmig schälen und in Scheiben schneiden. Karotte grob raspeln. Salat in mundgerechte Stücke zupfen. Gemüse vermischen und auf Teller verteilen.

3. Sesamtomaten auf dem Salat anrichten. Essig und Senf zu dem Schmorfond geben, verrühren und mit Salz, Pfeffer und Süßstoff abschmecken. Salat mit Dressing beträufeln und mit Knäckebrot servieren.

Zubereitungszeit: ca. 15 Minuten
Garzeit: ca. 5 Minuten

Pro Person: 2 POINTS

BROT MIT SCHAFKÄSEFÜLLUNG

Für 20 Scheiben:

FÜR DEN TEIG:
200 g Vollkornmehl
200 g Weizenmehl
100 g Roggenmehl
1 Würfel frische Hefe
Salz

FÜR DIE FÜLLUNG:
210 g Schafkäse
2 grüne Peperoni
2 Schalotten
200 g Champignons
200 g Karotten
100 g Mais (Konserve)
3 EL Sojasauce

1. Vollkornmehl mit Weizenmehl und Roggenmehl mischen, in eine Schüssel geben und eine Mulde in die Mitte schieben. Hefe hineinbröckeln, 5 Esslöffel lauwarmes Wasser zugeben und abgedeckt an einem warmen Ort ca. 15 Minuten gehen lassen. 1 Prise Salz und ca. 250 ml Wasser zufügen, zu einem glatten Hefeteig verarbeiten und ca. 30 Minuten zugedeckt an einem warmen Ort gehen lassen.

2. Schafkäse in Würfel, Peperoni und Schalotten in Ringe, Champignons in Scheiben, Karotten in Stifte schneiden und mit Mais vermengen. Gemüse mit Sojasauce beträufeln und ca. 5 Minuten ziehen lassen. Brotteig ausrollen, Gemüsemasse auf eine Hälfte des Teigs geben und die andere Brotteighälfte darüber schlagen.

3. Brot auf ein mit Back-Folie ausgelegtes Backblech setzen und im vorgeheizten Backofen auf der mittleren Schiene bei 200 Grad (Gas: Stufe 3, Umluft: 180 Grad) ca. 25 Minuten backen. Brot herausnehmen, mit Aluminiumfolie abdecken und ca. 25 weitere Minuten backen.

Zubereitungszeit: ca. 30 Minuten
Ruhezeit: ca. 45 Minuten
Backzeit: ca. 50 Minuten

Pro Scheibe: 2 POINTS

BRUSCHETTA MIT BOHNEN

1. Baguette in 12 Scheiben schneiden und im vorgeheizten Backofen bei 150 Grad (Gas: Stufe 1) ca. 5 Minuten rösten.

2. Tomaten und Zwiebel fein würfeln. Zwiebelwürfel in einer beschichteten Pfanne anrösten, Tomatenwürfel und Bohnen zufügen. Mit Essig ablöschen und ca. 5 Minuten dünsten. Tomatenmark einrühren und mit Rosmarin, Salz und Pfeffer abschmecken.

3. Knoblauchzehe abziehen, halbieren und warme Baguettescheiben damit bestreichen. Bruschetta mit Bohnenmasse belegen und servieren.

Für 12 Scheiben:

1 kleines Baguette (250 g)
2 Tomaten
1 Zwiebel
100 g weiße Bohnen (Konserve)
2 EL Balsamicoessig
1 TL Tomatenmark
2 TL Rosmarin
Salz
Pfeffer
1 Knoblauchzehe

Zubereitungszeit: ca. 15 Minuten
Backzeit: ca. 5 Minuten
Garzeit: ca. 5 Minuten

Pro Scheibe: 1 POINT

TOMATEN-KARTOFFEL-SNACKS

Für 12 Stück:

½ Bund Petersilie
2 Knoblauchzehen
3 TL Olivenöl
Salz
Pfeffer
3 mittelgroße gekochte Pellkartoffeln
3 Tomaten
2 EL geriebener Parmesan (32% Fett i. Tr.)
2 TL weißer Balsamicoessig (ersatzweise Rotweinessig)

1. Petersilie, Knoblauchzehen und Olivenöl pürieren und mit Salz und Pfeffer würzen.

2. Kartoffeln und Tomaten in ca. 1 cm dicke Scheiben schneiden. Kartoffelscheiben auf ein mit Back-Folie belegtes Backblech legen und mit Petersilien-Pesto bestreichen. Jeweils 1 Tomatenscheibe auf eine Kartoffelscheibe legen und mit Parmesan bestreuen. Tomaten-Kartoffel-Snacks im vorgeheizten Backofen bei 220 Grad (Gas: Stufe 3) ca. 10 Minuten gratinieren. Tomaten-Kartoffel-Snacks mit Essig beträufeln und servieren.

Zubereitungszeit: ca. 10 Minuten
Garzeit: ca. 10 Minuten

Pro Stück: 0,5 POINTS

GEMÜSE-ANTIPASTI

1. Zucchini und Auberginen in Scheiben, Paprikaschote in grobe Stücke schneiden, Zwiebeln und Champignons halbieren.

2. 3 Teelöffel Olivenöl in einer beschichteten Pfanne erhitzen, zunächst Zucchinischeiben und Paprikastücke von beiden Seiten ca. 5 Minuten braun anbraten und auf Küchenpapier abtropfen lassen. Weitere 3 Teelöffel Öl zugeben und Auberginenscheiben ebenso braten. Restliches Öl erhitzen und Zwiebeln sowie Champignons von allen Seiten anbraten.

3. Zitronensaft, Weißweinessig, Senf, Brühe und Thymian verrühren und alles pikant mit Salz, Pfeffer und Süßstoff abschmecken. Vorbereitetes Gemüse auf Platten anrichten, mit dem Dressing beträufeln und mit frischem Thymian garniert servieren.

Zubereitungszeit: ca. 10 Minuten
Garzeit: ca. 15 Minuten

Für 4 Personen:

2 Zucchini
2 Auberginen
1 rote Paprikaschote
200 g kleine weiße Zwiebeln
500 g kleine Champignons
10 TL Olivenöl
8 EL Zitronensaft
2 EL Weißweinessig
2 EL mittelscharfer Senf
8 EL Gemüsebrühe (½ TL Instant)
4 TL gehackter Thymian
Salz
bunter Pfeffer
einige Tropfen flüssiger Süßstoff

Pro Person: 2,5 POINTS

PIKANTE KÄSESCHNECKEN

Für 4 Personen:

270 g Hefeteig (TK)
je ½ rote, gelbe und grüne Paprikaschote
40 g Salami, in dünnen Scheiben
120 g Frischkäse mit Kräutern (30 % Fett i. Tr.)
1 Eigelb
Salz
Pfeffer
1 Kopfsalat
800 g Feldsalat
400 g Kirschtomaten
100 g Mais (Konserve)
8 EL Balsamicoessig
2 TL Pflanzenöl
7 EL Gemüsebrühe (½ TL Instant)
einige Tropfen flüssiger Süßstoff

1. Hefeteig nach Packungsanweisung auftauen lassen. Paprikaschoten fein würfeln, in einer beschichteten Pfanne andünsten und abkühlen lassen. Salamischeiben würfeln, mit Frischkäse, Eigelb und Paprikawürfeln verrühren und mit Salz und Pfeffer abschmecken.

2. Hefeteig zu einem Rechteck von ca. 30 x 20 cm ausrollen. Käsemasse darauf streichen, von der Längsseite her aufrollen und ca. 1 Stunde tiefkühlen. 12 ca. 1 cm dicke Scheiben abschneiden und auf ein mit Back-Folie ausgelegtes Backblech legen. Im vorgeheizten Backofen auf der mittleren Schiene bei 180 Grad (Gas: Stufe 2, Umluft: 160 Grad) ca. 20 Minuten backen.

3. Kopfsalat und Feldsalat in mundgerechte Stücke zupfen, Kirschtomaten halbieren und mit Mais mischen. Balsamicoessig, Öl und Gemüsebrühe verrühren, mit Salz, Pfeffer und Süßstoff abschmecken und Dressing über den Salat träufeln. Jeweils 3 Käseschnecken mit Salat auf Tellern anrichten und servieren.

Zubereitungszeit: ca. 30 Minuten
Kühlzeit: ca. 1 Stunde
Backzeit: ca. 20 Minuten

Pro Person: 6 POINTS

BUNTE SCHAFKÄSECREME

Für 4 Personen:

120 g Schafkäse (45% Fett i. Tr.)
600 g Magerquark
250 g fettarmer Joghurt
3 kleine Zwiebeln
2 rote Paprikaschoten
4 kleine Gewürzgurken
1 TL Kümmel
4 TL Senf
1 TL Paprikapulver
Salz
Pfeffer
4 EL Schnittlauchringe

1. Schafkäse mit einer Gabel zerdrücken und mit Quark und Joghurt zu einer glatten Creme verrühren.

2. Zwiebeln und Paprikaschoten fein würfeln und Gewürzgurken fein hacken. Alles unter die Käsecreme rühren, mit Kümmel, Senf und Paprikapulver würzen. Mit Salz und Pfeffer kräftig abschmecken und mit Schnittlauchringen bestreut servieren.

Zubereitungszeit: ca. 10 Minuten

Pro Person: 4,5 POINTS

Schafkäse

Schafkäse, ursprünglich aus Griechenland stammend, muss aus mindestens 25% Schafmilch bestehen. Er wird vorwiegend in Spanien, Korsika, Sardinien, Sizilien und auf den griechischen Inseln erzeugt. Der pikante und salzige Geschmack entsteht durch Reifung der Käseblöcke in einer bis zu 10-prozentigen Salzlake. Weil Schafkäse traditionell lange lagern, werden sie oft im späteren Reifestadium in Olivenöl eingelegt, um den intensiven Geruch zu mildern.

Der Käse mit seiner weichen Konsistenz ist reich an Vitaminen und enthält weniger Cholesterin als Kuhmilchkäse. Menschen mit einer Milchunverträglichkeit vertragen Schafmilchprodukte in der Regel besser als Kuhmilchprodukte. Bekannte Schafkäse sind der griechische Feta, der spanische Manchego und der französische Roquefort.

Der Roquefort aus den französischen Cevennen mit dem scharfen, aromatischen Geschmack gilt als König der Edelpilzkäse. Der Erfolg des edlen Schafkäse erklärt sich aus dem einzigartigen Klima der Höhlen des Combalou, in denen der Schimmelkäse reift. Der typische Schafkäse des Mittelmeerraumes wird besonders für würzige Füllungen, Aufläufe, Pizzen und als Salatzutat verwendet.

SALSA-BURGER

1. Zwiebel in Würfel schneiden, Brötchen in Wasser einweichen, gut ausdrücken und beides mit Tatar und Ei vermischen. Mit Senf und Salz würzen und zu vier dünnen Burgern formen. Brat-Folie in einer Pfanne erhitzen und die Burger bei mittlerer Hitze von jeder Seite ca. 5 Minuten braten. Zwiebeln in Ringe, 1 Tomate und Gewürzgurken in Scheiben schneiden.

2. Brötchen aufschneiden und mit Senf sowie Salsa Sauce bestreichen. Unterseite mit jeweils einem Salatblatt belegen, restlichen Salat in mundgerechte Stücke zupfen. Zwiebelringe in der Pfanne kurz andünsten. Burger auf die Bröchenunterseiten legen. Die Gewürzgurken-, Tomatenscheiben und Zwiebelringe auf den Burgern verteilen und mit zweiter Brötchenhälfte abdecken.

3. Restliche Tomaten und Salatgurke würfeln und mit dem verbliebenen Kopfsalat mischen. Für das Dressing Joghurt mit Milch glatt rühren, Schnittlauchringe unterheben und pikant mit Salz, Pfeffer und Süßstoff abschmecken. Dressing über den Salat träufeln und zum Salsa Burger servieren.

Für 4 Personen:

1 Zwiebel
½ Brötchen vom Vortag
360 g Tatar
(ersatzweise Geflügeltatar)
1 Ei
1 TL Senf
Salz
2 Zwiebeln
8 Tomaten
2 Gewürzgurken
4 Brötchen
4 TL mittelscharfer Senf
6 EL Salsa Sauce
(Fertigprodukt)
1 Kopfsalat
1 Salatgurke
150 g Magermilch-Joghurt
125 ml fettarme Milch
2 EL Schnittlauchringe
Salz
Pfeffer
einige Tropfen flüssiger
Süßstoff

Zubereitungszeit: ca. 10 Minuten
Garzeit: ca. 12 Minuten

Pro Person: 5 POINTS

HAMBURGER MIT KRÄUTERQUARK

Für 1 Person:

1 Lauchzwiebel
3 EL Tatar (90 g)
3 EL Magerquark
2 TL gemischte Kräuter (TK)
1 EL Haferflocken
Salz
½ TL Senf
3 Gewürzgurken
Currypulver
1 Tomate
1 Sandwich-Brötchen
einige Salatblätter

1. Lauchzwiebel in Ringe schneiden und mit Tatar, 2 Esslöffeln Quark, 1 TL Kräuter und Haferflocken vermischen. Mit Salz und Senf würzen, zu einem flachen Hamburger formen und in einer beschichteten Pfanne fettfrei von beiden Seiten ca. 5 Minuten braten.

2. Gewürzgurken fein hacken, mit dem restlichen Quark und Kräutern vermischen und mit Salz und Currypulver abschmecken. Tomate in Scheiben schneiden. 1 Brötchenhälfte mit Salatblättern, Hamburger, Kräuterquark und Tomatenscheiben belegen, andere Brötchenhälfte auflegen und servieren.

Zubereitungszeit: ca. 10 Minuten
Garzeit: ca. 10 Minuten

Pro Person: 5,5 POINTS

GEFÜLLTES FLADENBROT

1. Für das Tzatziki Gurke hobeln, Knoblauchzehe zerdrücken, mit Joghurt vermischen und pikant mit Salz und Pfeffer abschmecken. Tomate in Scheiben, Zwiebel in Ringe schneiden, Weißkohl fein hobeln, Peperonis halbieren und Schafkäse zerbröckeln.

2. Fladenbrot auf einem Toaster von beiden Seiten rösten und bunt mit einem Teil des Gemüses, des Tzatzikis und dem Schafkäse füllen. Fladenbrot mit restlichem Gemüse und Tzatziki servieren.

Zubereitungszeit: ca. 10 Minuten

Für 1 Person:

¼ Salatgurke
½ Knoblauchzehe
1 Becher Magermilch-Joghurt (150 g)
Salz
bunter Pfeffer
1 Tomate
½ Zwiebel
1 kleines Stück Weißkohl (100 g)
2 Peperonis (Konserve)
2 EL Schafkäse (45 % Fett i. Tr.)
1 Stück Fladenbrot (75 g)

Pro Person: 6 POINTS

PIKANTER BRATLING MIT SCHAFKÄSECREME

Für 4 Personen:

FÜR DIE BRATLINGE:
2 Zwiebeln
1 Knoblauchzehe
4 TL Pflanzenöl
300 g weiße Bohnen (Konserve)
300 g braune Bohnen (Konserve)
½ Bund glatte Petersilie
1 TL geriebener Ingwer
2 Eier
6 EL Mehl
6 TL gerösteter Sesam
Salz
Pfeffer

FÜR DIE SCHAFKÄSECREME:
90 g Schafkäse
250 g Magermilch-Joghurt
½ Bund Lauchzwiebeln
1 rote Paprikaschote

1. Zwiebeln in Ringe schneiden und Knoblauch zerdrücken. 1 Teelöffel Öl in einer beschichteten Pfanne erhitzen und beides darin andünsten. Bohnen abtropfen lassen, mit Zwiebeln und Knoblauch in eine Schüssel geben und alles pürieren.

2. Petersilie hacken und mit Ingwer, Eiern, Mehl und Sesam unter die Bohnenmasse rühren. Mit Salz und Pfeffer abschmecken. Restliches Öl in die Pfanne geben und erhitzen. Aus der Masse kleine Bratlinge formen und im heißen Öl rundherum anbraten.

3. Für die Creme Schafkäse zerdrücken und mit Joghurt verrühren. Lauchzwiebeln in Ringe und Paprikaschote in feine Würfel schneiden. Gemüse unter die Schafkäsecreme heben und mit Pfeffer abschmecken. Pikante Bratlinge mit Schafkäsecreme servieren.

Zubereitungszeit: ca. 20 Minuten
Garzeit: ca. 15 Minuten

Pro Person: 8,5 POINTS

CIABATTA »BISTRO«

Für 1 Person:

1 kleine Zwiebel
1 Tomate
1 rote Paprikaschote
50 g Champignons
Salz
Pfeffer
Kräuter der Provence
1 Ciabatta-Brötchen
2 TL Pesto
½ Kugel Mozzarella (50 g)

Pro Person: 7 POINTS

1. Zwiebel, Tomate und Paprikaschote in Würfel, Champignons in Scheiben schneiden, alles in einer beschichteten Pfanne ca. 5 Minuten fettfrei anbraten und mit Salz, Pfeffer und Kräutern der Provence würzen.

2. Ciabatta-Brötchen aufschneiden, jede Hälfte mit 1 TL Pesto bestreichen und mit dem vorbereiteten Gemüse belegen. Mozzarella fein würfeln, auf beide Brötchenhälften verteilen und im vorgeheizten Backofen bei 250 Grad (Gas: Stufe 4) ca. 5 Minuten überbacken.

Zubereitungszeit: ca. 10 Minuten
Garzeit: ca. 10 Minuten

Mozzarella
Diese kleine, runde Spezialität aus dem Süden Italiens wird schon seit 700 Jahren produziert. Neben dem sogenannten Parmesan ist Mozzarella die beliebteste Käsesorte Italiens. Die Grundlage des ursprünglichen Mozzarella ist Büffelmilch, doch aufgrund der großen Beliebtheit und der damit verbundenen Absatzmenge wird heute der größte Teil aus Kuhmilch hergestellt. Für die Dicklegung des aus natürlichen Zutaten und ohne Konservierungsstoffe hergestellten Mozzarella wird ausschließlich Zitronensäure verwendet. Der Begriff Mozzarella, der von dem italienischen Wort »mozzare« abstammt, bedeutet soviel wie „abschlagen“ oder »abziehen«. Durch das Abziehen der Kugeln von der Käsemasse bekommt der Mozzarella seine typische Form. Um die Frische zu gewährleisten werden die Kugeln oder Rollen traditionell in Salzlake aufbewahrt. Mozzarella ist vielfältig einsetzbar, da er durch seinen milden Geschmack sehr gut mit vielen anderen Zutaten, wie Gemüse und Kräutern, harmoniert. Die leichte Bekömmlichkeit und die Frische machen ihn zu einem immer populäreren Bestandteil in der deutschen Küche.

GEBACKENER CAMEMBERT AUF SALAT

1. Käse halbieren, Eigelb verquirlen und Haselnüsse mit der Hälfte des bunten Pfeffers mischen. Käsehälften zunächst in Ei und anschließend in Nussmischung wenden. Käsehälften in einer beschichteten Pfanne von beiden Seiten je ca. 4–5 Minuten anbraten.

2. Salat in mundgerechte Stücke zupfen, Tomate achteln, Zucchini in Scheiben, Frühlingszwiebeln in Ringe schneiden und auf einem Teller anrichten.

3. Für das Dressing Öl mit Essig und Orangensaft verrühren und mit Salz, restlichem buntem Pfeffer sowie Süßstoff abschmecken. Salat mit Dressing beträufeln und gebackenen Käse darauf anrichten.

Zubereitungszeit: ca. 10 Minuten
Garzeit: ca. 10 Minuten

Für 1 Person:

60 g Camembert (30 % Fett i. Tr.)
1 Eigelb
2 TL gehackte Haselnüsse
½ TL bunter Pfeffer
einige Blätter Lollo Bianco und Lollo Rosso
1 Tomate
1 gelbe Zucchini (ersatzweise grüne)
2 Frühlingszwiebeln
2 TL Haselnussöl
3 TL Weißweinessig
2 TL Orangensaft
Salz
einige Tropfen flüssiger Süßstoff

Pro Person: 8 POINTS

ERFRISCHENDER FRÜHLINGSQUARK

Für 4 Personen:

450 g Magerquark
50 ml Mineralwasser
Salz
Pfeffer
2 hartgekochte Eier
10 grüne Oliven, ohne Stein
1 Bund Radieschen
2 Fleischtomaten
½ Salatgurke
1 Bund glatte Petersilie
1 Knoblauchzehe

1. Quark mit Mineralwasser verrühren und mit Salz und Pfeffer würzen. Eier vierteln. Oliven und Radieschen in Scheiben, Tomaten und Gurke in Würfel schneiden.

2. Petersilie grob hacken und 1 Teelöffel zum Garnieren beiseite stellen. Knoblauchzehe zerdrücken und mit restlicher Petersilie, Radieschenscheiben, Tomaten- und Gurkenwürfeln mischen. Mit Salz und Pfeffer würzen.

3. Die Hälfte der Quarkmasse in eine Schüssel geben. ⅔ der Gemüsemischung darauf verteilen und mit restlichem Quark bedecken. Eierspalten außen herumsetzen und die restliche Gemüsemischung in die Mitte geben. Mit Petersilie garniert servieren.

Zubereitungszeit: ca. 15 Minuten

Pro Person: 3 POINTS

KARTOFFELN, NUDELN, REIS

HERZHAFTE BAUERNPFANNE

Für 4 Personen:

FÜR DIE BAUERNPFANNE:
2 Zwiebeln
160 g roher Schinken, ohne Fett
2 TL Pflanzenöl
240 g Tatar
Salz
Pfeffer
800 g gekochte Kartoffeln
3 Zucchini
75 ml Gemüsebrühe (½ TL Instant)
1 TL Rosmarin

FÜR DEN GURKENSALAT:
1 Salatgurke
1 Kopfsalat
45 g Parmesan (32 % Fett i. Tr.)
1 Becher saure Sahne (150 g)
2 TL Salatkräuter (TK)
1 TL Senf
einige Tropfen flüssiger Süßstoff

1. Zwiebeln und Schinken in Würfel schneiden. Öl erhitzen, Zwiebeln und Schinken zugeben und unter Rühren anbraten. Tatar zufügen, salzen, pfeffern und krümelig anbraten.

2. Kartoffeln in Spalten und Zucchini in Würfel schneiden. Kartoffelspalten und Zucchiniwürfel zufügen und ca. 5 Minuten anbraten. Mit Brühe ablöschen, mit Rosmarin würzen und weitere ca. 5 Minuten garen.

3. Für den Salat Salatgurke in Scheiben schneiden, Kopfsalat in mundgerechte Stücke zupfen und Parmesan reiben. Für das Dressing saure Sahne mit Parmesan, Kräutern und Senf verrühren, mit Salz, Pfeffer und Süßstoff abschmecken und über den Salat geben. Herzhafte Bauernpfanne abschmecken und mit Gurkensalat servieren.

Zubereitungszeit: ca. 20 Minuten
Garzeit: ca. 15 Minuten

Pro Person: 6,5 POINTS

KARTOFFELN MIT PESTOFÜLLUNG

1. Kartoffeln halbieren und mit einem Teelöffel so aushöhlen, dass ein ca. 1 cm breiter Rand bleibt. Kartoffelinneres mit der Milch pürieren. Basilikum und Pinienkerne fein hacken, Knoblauchzehe zerdrücken, mit Parmesan und Olivenöl unter die Kartoffelmasse mischen und pikant mit Salz, Pfeffer und Muskatnuss abschmecken.

2. Die Kartoffelmasse mit Hilfe einer großen Spritztülle in die Kartoffelhälften füllen und im vorgeheizten Backofen bei 200 Grad (Gas: Stufe 3) ca. 5 Minuten backen.

Zubereitungszeit: ca. 10 Minuten
Garzeit: ca. 5 Minuten

Für 4 Personen:

1 kg gekochte Pellkartoffeln
125 ml fettarme Milch
2 Bund Basilikum
1 EL Pinienkerne
1 Knoblauchzehe
2 EL geriebener Parmesan (32 % Fett i. Tr.)
1 TL Olivenöl
Salz
Pfeffer
geriebene Muskatnuss

Pro Person: 3 POINTS

KRÄUTERKARTOFFELN MIT HÜTTENKÄSE-DIP

Für 4 Personen:

1 kg Kartoffeln
½ Bund gehackte Petersilie
½ Bund gehackter Thymian
grobes Salz

FÜR DEN HÜTTENKÄSE-DIP:
je 1 gelbe und rote Paprikaschote
1 Knoblauchzehe
300 g Hüttenkäse
150 g Magerquark
2 EL geriebener Käse (32 % Fett i. Tr.)
2 TL süßer Senf
1 TL Currypulver
2 TL Zitronensaft
einige Tropfen flüssiger Süßstoff

1. Kartoffeln gründlich waschen und gut abtrocknen. Kräuter grob hacken. Kartoffeln einzeln auf kleine Stücke Aluminiumfolie setzen, mit Salz und Kräutern bestreuen, zusammenwickeln und auf dem Grill ca. 20 Minuten garen.

2. Für den Hüttenkäse-Dip Paprikaschoten in sehr feine Würfel schneiden und Knoblauchzehe zerdrücken. Hüttenkäse mit Quark glatt rühren. Paprikawürfel, Knoblauch, Käse, Senf, Currypulver und Zitronensaft unterrühren. Dip mit Süßstoff abschmecken und zu den Kräuterkartoffeln servieren.

Zubereitungszeit: ca. 15 Minuten
Garzeit: ca. 20 Minuten

Pro Person: 4 POINTS

SCHINKEN-SPINAT-PASTETEN

1. Kartoffeln mit Schale ca. 15 Minuten kochen, ausdämpfen lassen und pellen.

2. Zwiebel und Schinken fein würfeln, Öl erhitzen und beides darin ca. 5 Minuten andünsten. Spinat zugeben und zusammenfallen lassen. Emmentaler hinzugeben und mit Salz, Pfeffer und Muskatnuss würzen.

3. Kartoffeln durch die Presse drücken und mit Ei, Hartweizengrieß und Stärkemehl zu einem glatten Teig verkneten. Masse mit Salz, Pfeffer und Muskatnuss würzen und in 4 Portionen auf ein mit Back-Folie ausgelegtes Backblech legen. Teig mit einem Löffelrücken etwas flach drücken. Schinken-Spinat-Masse auf die Mitte der Teigstücke geben und den Teigrand mit Hilfe eines Messers hochziehen. Pasteten im vorgeheizten Backofen bei 200 Grad (Gas: Stufe 3) ca. 15 Minuten backen.

4. Pilze in Scheiben schneiden, in einer beschichteten Pfanne ca. 5 Minuten dünsten und mit Salz, Pfeffer und Zitronensaft abschmecken. Das Pilzgemüse mit Petersilie bestreut zu den Schinken-Spinat-Pasteten servieren.

Für 2 Personen:

250 g mehligkochende Kartoffeln
1 Zwiebel
2 Scheiben roher Schinken, ohne Fett
1 TL Pflanzenöl
200 g Blattspinat (TK)
2 EL geriebener Emmentaler (30% Fett i. Tr.)
Salz
Pfeffer
1 Prise geriebene Muskatnuss
1 Ei
4 EL Hartweizengrieß
2 EL Stärkemehl
300 g Pilze
einige Tropfen Zitronensaft
1 TL Petersilie

Zubereitungszeit: ca. 25 Minuten
Garzeit: ca. 40 Minuten

Pro Person: 6 POINTS

GEGRILLTE KARTOFFELSPIESSE

Für 2 Personen:

16 kleine junge Kartoffeln
1 kleines Putenbrustfilet (120 g)
16 Kirschtomaten
16 Perlzwiebeln (Konserve)
Salz
Pfeffer
1 TL italienische Kräuter
1 Glas Buttermilch
1 kleiner Kopf Blattsalat
1 EL Croûtons für Salat, Fertigprodukt

1. Kartoffeln gründlich waschen und mit Schale garen.

2. Fleisch in 8 Stücke schneiden. Kartoffeln, Kirschtomaten und Perlzwiebeln mit Fleischstücken bunt gemischt auf 4 große Spieße stecken. Brat-Folie in einer Pfanne erhitzen und die Spieße darauf rundherum ca. 5 Minuten braten (oder grillen), mit Salz und Pfeffer würzen und mit Kräutern bestreuen.

3. Buttermilch mit Salz und Pfeffer abschmecken. Salat in mundgerechte Stücke zupfen, mit Buttermilch-Dressing beträufeln und mit Croûtons bestreut zu den Kartoffelspießen servieren.

Zubereitungszeit: ca. 10 Minuten
Garzeit: ca. 25 Minuten

Pro Person: 4 POINTS

KARTOFFEL-PAPRIKA-GULASCH

Für 1 Person:

3 große festkochende Kartoffeln
1 Zwiebel
1 Knoblauchzehe
1 TL Pflanzenöl
250 ml Gemüsebrühe (1 TL Instant)
3 EL Tomatensaft
1 Msp. Cayennepfeffer
½ TL Kümmel
1 TL Currypulver
je 1 rote und gelbe Paprikaschote
2 EL saure Sahne
Salz
Pfeffer

1. Kartoffeln in Würfel, Zwiebel in Ringe schneiden und Knoblauchzehe fein hacken. Öl in einer beschichteten Pfanne erhitzen und Zwiebeln und Knoblauch darin glasig dünsten.

2. Kartoffelwürfel zugeben, kurz mitdünsten, Gemüsebrühe und Tomatensaft angießen, mit Cayennepfeffer, Kümmel und Currypulver würzen und bei mittlerer Hitze ca. 10 Minuten zugedeckt garen.

3. Paprikaschoten würfeln, zu den Kartoffeln geben und weitere 10 Minuten garen. Saure Sahne zugeben und nach Geschmack mit Salz und Pfeffer nachwürzen.

Zubereitungszeit: ca. 15 Minuten
Garzeit: ca. 20 Minuten

Pro Person: 4 POINTS

KARTOFFEL-TOMATEN-SUPPE

1. Kartoffeln durch die Presse drücken. Tomaten überbrühen, häuten, entkernen und in sehr kleine Würfel schneiden. Zwiebel in kleine Würfel schneiden und Knoblauchzehe fein hacken.

2. Öl in einer Pfanne erhitzen, Zwiebel- und Knoblauchwürfel darin glasig dünsten. Zerdrückte Kartoffeln, Tomatenwürfel, Zitronensaft, Gemüsebrühe und Milch zugeben. Die Suppe kurz aufkochen, gehackte Petersilie zugeben und mit Salz und Pfeffer abschmecken.

Zubereitungszeit: ca. 10 Minuten
Garzeit: ca. 10 Minuten

Für 1 Person:

3 mittelgroße gekochte Kartoffeln
4 Tomaten
1 Zwiebel
½ Knoblauchzehe
1 TL Olivenöl
½ TL Zitronensaft
125 ml Gemüsebrühe (1 TL Instant)
125 ml fettarme Milch
1 EL gehackte Petersilie
Salz
Pfeffer

Pro Person: 4 POINTS

NEUE KARTOFFELN MIT MATJESTATAR

Für 1 Person:

1 Matjeshering (80 g)
1 rote Zwiebel
1 kleiner Apfel
100 g Rote Bete (Konserve)
1 Gewürzgurke
1 TL gehackter Dill
2 EL Gurkensud
2 TL Crème fraîche
1 Prise Piment
Salz
Pfeffer
einige Tropfen flüssiger Süßstoff
300 g gekochte Frühkartoffeln (z. B. Drillinge)

Pro Person: 8 POINTS

1. Matjesfilet abtropfen lassen und in Würfel schneiden. Zwiebel in Ringe, Apfel, Rote Bete und Gewürzgurke in Würfel schneiden.

2. Alle Zutaten mit Dill, Gurkensud, Crème fraîche und Piment vermischen, mit Salz, Pfeffer und Süßstoff abschmecken und zu den Frühkartoffeln servieren.

Zubereitungszeit: ca. 15 Minuten

Matjes: der Frühlingsfisch

Der Begriff »Matjes« kennzeichnet ein bestimmtes Entwicklungsstadium des Herings, in dem er noch nicht gelaicht hat. Der Matjes wird im Volksmund oft »jungfräulicher« Hering genannt. Eventuell lässt sich der Name »Matjes« auf das »Meisje« (holländisch Mädchen) zurückführen. Matjeszeit ist von Mitte Mai bis Ende Juni. Die Fische werden nach dem Fang sofort mit einem Schnitt geöffnet, ausgenommen und in Salz eingelegt. Durch das Einlegen in Salzlake wird das Fischfleisch zart und gewinnt an Aroma. In Deutschland wird Matjes als besondere Delikatesse gehandelt und am liebsten als Matjessalat oder mit frischen Kartoffeln in einer Marinade mit Gewürzgurken, Zwiebel und Apfel verspeist.

KARTOFFEL-BROCCOLI-AUFLAUF

1. Broccoli in Röschen teilen und in Salzwasser ca. 10 Minuten bissfest garen. Kartoffeln schälen und in Scheiben schneiden, Paprikaschote in grobe Würfel schneiden. Alles in eine Auflaufform schichten.

2. Gemüsebrühe aufkochen, Käse darin schmelzen und mit Salz, Pfeffer und Muskatnuss abschmecken. Käseguss über den Auflauf geben und im vorgeheizten Backofen bei 200 Grad (Gas: Stufe 3) ca. 20 Minuten überbacken.

Zubereitungszeit: ca. 15 Minuten
Garzeit: ca. 35 Minuten

Für 1 Person:

250 g Broccoli
Salz
3 mittelgroße gekochte Kartoffeln
1 rote Paprikaschote
125 ml Gemüsebrühe (1 TL Instant)
2 EL Schmelzkäse (25% Fett i. Tr.)
Pfeffer
geriebene Muskatnuss

Pro Person: 3 POINTS

SPINAT-GNOCCHI MIT TOMATENSAUCE

Für 2 Personen:

400 g mehligkochende Kartoffeln
Salz
300 g Blattspinat (ersatzweise TK)
1 Ei
3 EL Stärkemehl
3 EL Hartweizengrieß
Pfeffer
geriebene Muskatnuss
5 Tomaten
2 Knoblauchzehen
2 TL Pflanzenöl
Kräutersalz
2 EL geriebener Parmesan (32% Fett i. Tr.)

1. Kartoffeln in Salzwasser ca. 20 Minuten kochen und abgießen. Spinat fein hacken. Heiße Kartoffeln durch eine Presse drücken und mit Ei, Stärkemehl, Grieß und Spinat zu einem Teig verarbeiten. Kartoffelmasse mit Salz, Pfeffer und Muskatnuss würzen.

2. Aus der Kartoffelmasse kleine Knödel formen und mit einer Gabel eine Vertiefung in die Mitte drücken. Gnocchi in siedendem Salzwasser ca. 10 Minuten gar ziehen lassen, bis sie an der Oberfläche schwimmen.

3. Tomaten überbrühen, häuten und mit Knoblauchzehen sehr fein würfeln. Pflanzenöl in einem Topf erhitzen, Knoblauchwürfel darin anschwitzen, Tomatenwürfel zugeben und bei geringer Hitze ca. 10 Minuten köcheln lassen. Mit Kräutersalz und Pfeffer pikant abschmecken.

4. Gnocchi mit einer Schaumkelle aus dem Topf nehmen, mit Tomatensauce und Parmesan bestreut servieren.

Pro Person: 6 POINTS

Zubereitungszeit: ca. 10 Minuten
Garzeit: ca. 30 Minuten

Tipp:
Drücken Sie den Tiefkühl-Spinat gut aus, bevor Sie ihn verwenden.

KARTOFFELPFANNE RATATOUILLE

Für 1 Person:

3 gekochte Kartoffeln
1 Knoblauchzehe
1 Zucchini
1 Aubergine
1 rote Paprikaschote
1 Zwiebel
1 TL Olivenöl
300 g passierte Tomaten (Konserve)
½ TL Thymian
Salz
Pfeffer

1. Kartoffeln in Scheiben schneiden, Knoblauchzehe fein hacken, Zucchini, Aubergine, Paprikaschote und Zwiebel grob würfeln.

2. Olivenöl in einer großen Pfanne erhitzen, Knoblauch und Zwiebelwürfel darin glasig braten. Kartoffelscheiben und restliches Gemüse hinzugeben und 5 Minuten braten.

3. Passierte Tomaten und Thymian zugeben und weitere 10 Minuten bei mittlerer Hitze unter Rühren garen. Kartoffelpfanne mit Salz und Pfeffer abgeschmeckt servieren.

Zubereitungszeit: ca. 10 Minuten
Garzeit: ca. 15 Minuten

Pro Person: 3 POINTS

GEFÜLLTE KARTOFFELROLLE

Für 2 Personen:

6 gekochte Kartoffeln
1 Ei
2 EL Mehl
Salz
geriebene Muskatnuss
2 Frühlingszwiebeln
1 rote Paprikaschote
5 EL Tatar (150 g)
Cayennepfeffer
1 Päckchen Fix für Salatsauce
6 Tomaten
1 TL gehackte Petersilie (TK)

1. Kartoffeln zerdrücken, mit Ei, Mehl, Salz und Muskatnuss zu einem glatten Teig verarbeiten. Teig auf einer großen Fläche Aluminiumfolie zu einem Rechteck ausrollen.

2. Frühlingszwiebeln in Ringe, Paprikaschote in feine Würfel schneiden. Tatar in einer beschichteten Pfanne fettfrei knusprig braun braten, Gemüse hinzugeben und ca. 5 Minuten unter Rühren mitbraten. Tatar-Gemüse-Masse mit Salz und Cayennepfeffer kräftig würzen, auf dem Kartoffelteig verteilen, mit Hilfe der Aluminiumfolie aufrollen und in Aluminiumfolie umwickelt ca. 1 Stunde anfrieren.

3. Fix für Salatsauce nach Packungsanweisung ohne Öl zubereiten. Tomaten in Scheiben schneiden und mit Salatsauce und Petersilie vermengen.

4. Brat-Folie in einer Pfanne erhitzen, Kartoffelrolle in ca. 1 cm dicke Scheiben schneiden und darauf von beiden Seiten ca. 10 Minuten goldbraun braten. Kartoffelrolle mit Tomatensalat servieren.

Zubereitungszeit: ca. 10 Minuten
Gefrierzeit: ca. 1 Stunde
Garzeit: ca. 20 Minuten

Pro Person: 5 POINTS

FRIESISCHER KARTOFFELSCHMAUS

Für 1 Person:

1 Scheibe roher Schinken, ohne Fett
2 Lauchzwiebeln
3 Kartoffeln
100 ml Gemüsebrühe (1 TL Instant)
1 kleines Seelachsfilet (150 g)
Saft einer Zitrone
Salz
2 Tomaten
75 g Magermilch-Joghurt
Pfeffer
1 kleiner Kopf Blattsalat

1. Schinken würfeln, Lauchzwiebeln in Ringe und Kartoffeln in Scheiben schneiden. Schinkenwürfel in einer beschichteten Pfanne fettfrei knusprig braun braten. Zwiebelringe und Kartoffelscheiben hinzugeben, Gemüsebrühe angießen und zugedeckt ca. 15 Minuten garen.

2. Fischfilet grob würfeln, mit 2 Teelöffeln Zitronensaft beträufeln und leicht salzen. Tomaten in Spalten schneiden. Fischwürfel und Tomatenspalten zu den Kartoffeln geben und weitere 5 Minuten zugedeckt gar ziehen lassen.

3. Joghurt mit restlichem Zitronensaft, Salz und Pfeffer abschmecken. Blattsalat in mundgerechte Stücke zupfen und mit Joghurt-Dressing vermengen. Kartoffelschmaus mit Salat servieren.

Zubereitungszeit: ca. 15 Minuten
Garzeit: ca. 25 Minuten

Pro Person: 5 POINTS

GNOCCHI MIT GEMÜSESAUCE

1. Kartoffeln ca. 20 Minuten garen, noch heiß schälen und mit Stärkemehl und Salz zu einem glatten Teig verarbeiten. Gnocchi formen und in siedendem Salzwasser ca. 15 Minuten gar ziehen lassen.

2. Zwiebel, Knoblauchzehe, Paprikaschote und Karotten fein würfeln und in einer beschichteten Pfanne fettfrei anrösten. Tomatenmark und Gemüsebrühe hinzufügen und bei kleiner Hitze ca. 5 Minuten garen. Gemüsesauce mit Salz und Pfeffer abschmecken und Gnocchi darauf anrichten.

Zubereitungszeit: ca. 20 Minuten
Garzeit: ca. 40 Minuten

Für 1 Person:

200 g mehligkochende Kartoffeln
2 EL Stärkemehl
Salz
1 Zwiebel
1 Knoblauchzehe
1 rote Paprikaschote
2 Karotten
1 EL Tomatenmark
125 ml Gemüsebrühe (½ TL Instant)
Pfeffer

Pro Person: 3 POINTS

KARTOFFEL-CRÊPES MIT SCHNITTLAUCHQUARK

Für 2 Personen:

3 EL Magerquark
3 EL Mineralwasser
Salz
Pfeffer
einige Tropfen flüssiger Süßstoff
2 Lauchzwiebeln
2 TL Schnittlauchringe
150 g geschälte Kartoffeln
2 EL Wasser
1 EL Zitronensaft
2 EL Stärkemehl
1 Ei
2 TL Pflanzenöl

1. Quark mit 2 Esslöffeln Mineralwasser verrühren und mit Salz, Pfeffer und Süßstoff abschmecken. Lauchzwiebeln in feine Ringe schneiden, die Hälfte mit Schnittlauchringen unter die Quarkmasse rühren.

2. Kartoffeln grob würfeln und mit Wasser, Zitronensaft und Salz pürieren. Mit Stärkemehl, Ei und restlichem Mineralwasser zu einem glatten, leicht flüssigen Teig verrühren.

3. Pfanne mit 1 Teelöffel Öl einpinseln, die Hälfte des Teiges einfüllen und von beiden Seiten goldbraun backen. Pfanne mit restlichem Öl einpinseln, verbliebenen Teig zu einem zweiten Crêpe verarbeiten.

4. Crêpes mit Schnittlauchquark füllen und mit restlichen Lauchzwiebelringen bestreut servieren.

Zubereitungszeit: ca. 10 Minuten
Garzeit: ca. 10 Minuten

Pro Person: 4 POINTS

KARTOFFEL-WIRSING-EINTOPF

Für 1 Person:

2 Zwiebeln
½ kleiner Kopf Wirsing
2 Scheiben roher Schinken, ohne Fett
3 Kartoffeln
1 Knoblauchzehe
300 ml Gemüsebrühe (1 TL Instant)
½ TL Kümmel (ganz oder gemahlen)
Salz
Pfeffer

1. Zwiebeln und Wirsing in Streifen schneiden, Schinken und Kartoffeln würfeln.

2. Schinkenwürfel in einem Topf anbraten, Zwiebel- und Wirsingstreifen hinzugeben und ca. 5 Minuten anrösten. Knoblauchzehe zerdrücken und mit Kartoffelwürfeln, Gemüsebrühe und Kümmel zu dem Wirsing geben. Eintopf im geschlossenen Topf ca. 20 Minuten garen und mit Kümmel, Salz und Pfeffer abgeschmeckt servieren.

Zubereitungszeit: ca. 10 Minuten
Garzeit: ca. 25 Minuten

Pro Person: 3 POINTS

HERZHAFTE KARTOFFELPFANNE

1. Kalbsschnitzel und Paprikaschote in dünne Streifen, Kartoffeln in Scheiben, Karotten in Stifte und Lauchzwiebeln in Ringe schneiden.

2. Einen beschichteten Wok mit dem Öl erhitzen und Fleischstreifen darin anbraten. Paprikastreifen, Kartoffelscheiben, Karottenstifte und Lauchzwiebelringe zugeben und ca. 5 Minuten garen.

3. Mit Gemüsebrühe ablöschen, Saucenbinder darüber streuen, unterrühren, aufkochen lassen und mit Salz, Pfeffer und Paprikapulver pikant abschmecken.

Zubereitungszeit: ca. 10 Minuten
Garzeit: ca. 15 Minuten

Für 1 Person:

1 dünne Scheibe Kalbsschnitzel, mager (125 g)
1 gelbe Paprikaschote
2 mittelgroße gekochte Kartoffeln
2 Karotten
2 Lauchzwiebeln
1 TL Pflanzenöl
125 ml Gemüsebrühe (1 TL Instant)
1 TL heller Saucenbinder (Instantpulver)
Salz
Pfeffer
Paprikapulver

Pro Person: 5 POINTS

WÜRZIGER KARTOFFELKUCHEN

Für 4 Personen:

2 dünne Scheiben gekochter Schinken
1 kg gekochte Kartoffeln
2 Eier
90 g Mehl
½ TL Backpulver
4 TL gehackte gemischte Kräuter
8 EL geriebener Käse (32% Fett i. Tr.)
geriebene Muskatnuss
Paprikapulver
Salz
Pfeffer
100 g fettarmer Joghurt
100 ml Orangensaft, ohne Zucker
einige Tropfen flüssiger Süßstoff
1 Kopf Chinakohl

1. Schinken in feine Streifen schneiden, Kartoffeln pürieren, mit Eiern, Mehl und Backpulver zu einem glatten Teig verkneten. Schinkenstreifen, Kräuter und Käse darunter mengen und mit Muskatnuss, Paprikapulver, Salz und Pfeffer würzen.

2. Kartoffelmasse auf ein mit Back-Folie ausgelegtes Backblech streichen und im vorgeheizten Backofen bei 175 Grad (Gas: Stufe 2) ca. 20 Minuten backen.

3. Joghurt mit Orangensaft verrühren und mit Süßstoff, Salz und Pfeffer abschmecken. Chinakohl in Streifen schneiden und mit Salatsauce vermengen. Kartoffelkuchen in Stücke schneiden und mit Chinakohlsalat servieren.

Zubereitungszeit: ca. 10 Minuten
Garzeit: ca. 20 Minuten

Pro Person: 6 POINTS

PESTO-KARTOFFELN MIT TOMATENSALAT

1. Kartoffeln schälen, in Salzwasser ca. 10 Minuten garen und abkühlen lassen.

2. Knoblauchzehe zerdrücken, mit Pinienkernen und 1 Prise Salz pürieren. Basilikum hacken und mit Parmesan unterrühren, Olivenöl einlaufen lassen und das Pesto gut vermengen.

3. Kartoffeln im Abstand von ca. 1 cm einschneiden, vorsichtig auseinander drücken und Pesto hineinstreichen. Kartoffeln auf Back-Folie setzen und im vorgeheizten Backofen bei 180 Grad (Gas: Stufe 2) ca. 20 Minuten garen.

4. Orangensaft mit Essig verrühren und mit Salz, Pfeffer und Süßstoff abschmecken. Tomaten in Scheiben, Schnittlauch in Ringe schneiden und mit Dressing vermengen. Pesto-Kartoffeln mit Tomatensalat servieren.

Zubereitungszeit: ca. 15 Minuten
Garzeit: ca. 30 Minuten

Für 4 Personen:

8 mittelgroße Kartoffeln
Salz
1 Knoblauchzehe
2 EL Pinienkerne
1 Bund Basilikum
3 EL geriebener Parmesan (32 % Fett i. Tr.)
4 TL Olivenöl
5 EL Orangensaft, ohne Zucker
2 EL Weißweinessig
Pfeffer
einige Tropfen flüssiger Süßstoff
8 Tomaten
½ Bund Schnittlauch

Pro Person: 4 POINTS

SPIRALNUDELN MIT PAPRIKA-TOMATEN-SAUCE

Für 2 Personen:

160 g Spiralnudeln, trocken
Salz
1 rote Chilischote (ersatzweise ½ TL Paprikapulver)
1 Stange Lauch
4 Schalotten
6 Tomaten
je 1 rote und gelbe Paprikaschote
2 EL gehackter Thymian
Pfeffer

1. Nudeln in reichlich kochendem Salzwasser nach Packungsanweisung bissfest garen.

2. Chilischote und Lauch in Ringe, Schalotten und Tomaten in Würfel und Paprikaschoten in Streifen schneiden. Chili und Schalotten in einer beschichteten Pfanne bei schwacher Hitze fettfrei andünsten. Lauch, Tomaten und Paprika zufügen und ca. 5 Minuten schmoren. Mit Thymian, Salz und Pfeffer abschmecken. Nudeln mit Paprika-Tomaten-Sauce servieren.

Zubereitungszeit: ca. 5 Minuten
Garzeit: ca. 10 Minuten

Pro Person: 4 POINTS

NUDEL-LAUCH-GRATIN

Für 4 Personen:

180 g Nudeln, trocken
Salz
2 Stangen Lauch
4 Karotten
1 TL Pflanzenöl
300 g Tatar
200 ml Gemüsebrühe
(1 TL Instant)
Pfeffer
80 g geriebener Käse
(32 % Fett i. Tr.)

1. Nudeln nach Packungsanweisung in reichlich Salzwasser bissfest garen.

2. Lauch in Ringe schneiden und Karotten würfeln. Öl in einer beschichteten Pfanne erhitzen und Tatar darin knusprig braten. Gemüse zum Tatar geben, Brühe angießen und ca. 5 Minuten garen. Alles mit Salz und Pfeffer würzen.

3. Nudeln und Tatar-Gemüsemasse vermengen und in eine flache Auflaufform füllen. Käse darüber streuen und im vorgeheizten Backofen bei 200 Grad (Gas: Stufe 3) ca. 15 Minuten überbacken.

Zubereitungszeit: ca. 10 Minuten
Garzeit: ca. 30 Minuten

Pro Person: 5 POINTS

MAKKARONI-KUCHEN

1. Makkaroni in kochendem Salzwasser nach Packungsanweisung bissfest garen. Karotten in Würfel und Frühlingszwiebel in Stifte schneiden, Romanesco in Röschen teilen und alles in kochendem Salzwasser ca. 5 Minuten blanchieren. Karottenwürfel, Romanescoröschen, Frühlingszwiebelringe, Pinienkerne und abgeschüttete Makkaroni vermengen, auf ein mit Margarine gefettetes, tiefes Backblech geben und mit Schinkenwürfeln bestreuen.

2. Milch, Schmand und Eier verquirlen, mit Salz, Pfeffer, Muskatnuss und Basilikum würzen und über die Nudeln gießen. Makkaroni-Kuchen im vorgeheizten Backofen auf der mittleren Schiene bei 200 Grad (Gas: Stufe 3, Umluft: 180 Grad) ca. 25 Minuten backen. Etwas abkühlen lassen, in Quadrate schneiden und servieren.

Zubereitungszeit: ca. 25 Minuten
Gar-/Backzeit: ca. 40 Minuten

Für 12 Stücke:

240 g Makkaroni, trocken
Salz
4 Karotten
1 Frühlingszwiebel
1 Romanesco
(ersatzweise 1 Broccoli)
3 EL Pinienkerne
2 TL Halbfettmargarine
80 g Schinkenwürfel, roh, ohne Fett
½ Liter fettarme Milch
120 g Sauerrahm (Schmand, 24 % Fett)
6 Eier
Pfeffer
geriebene Muskatnuss
1 EL gehacktes Basilikum

Pro Stück: 3,5 POINTS

PAPRIKA-HUHN MIT FARFALLE

Für 1 Person:

60 g Farfalle, trocken
Salz
1 kleines Hühnerbrustfilet (120 g)
Paprikapulver
Pfeffer
je 1 rote und gelbe Paprikaschote
1 kleine rote Zwiebel
¼ Salatgurke
¼ Kopfsalat
1 TL Pflanzenöl
1 TL Senf
2 TL Obstessig
einige Tropfen flüssiger Süßstoff
2 TL geriebener Käse (32% Fett i. Tr.)
½ TL Oregano

Pro Person: 7 POINTS

1. Nudeln in reichlich kochendem Salzwasser nach Packungsanweisung bissfest garen.

2. Hühnerbrustfilet mit Paprikapulver, Salz und Pfeffer einreiben und in einer beschichteten Pfanne fettfrei von allen Seiten anbraten. Paprikaschoten würfeln, mit dem Fleisch vermengen und ca. 5 Minuten dünsten.

3. Zwiebel in Ringe, Salatgurke in Scheiben schneiden und Salat in mundgerechte Stücke zupfen. Öl mit Senf und Essig verrühren und mit Salz, Pfeffer und Süßstoff abschmecken. Salatzutaten in eine Schüssel geben, mit Dressing vermengen und mit Käse bestreuen.

4. Paprika-Huhn mit Oregano, Salz und Pfeffer abschmecken, mit Nudeln und Salat servieren.

Zubereitungszeit: ca. 5 Minuten
Garzeit: ca. 10 Minuten

Was ist Grünkern?

In Grünkern, dem unreifen, gerösteten Korn des Dinkels, steckt die geballte Kraft von Kohlenhydraten, Ballaststoffen, Eiweiß, Vitaminen und Mineralstoffen, aber nur wenig Fett! Hier dürfen Sie gerne kräftig zulangen. Das Paprika-Huhn schmeckt gut mit einer leckeren Grünkerngrütze. Nehmen Sie 3 EL Grünkernschrot, das Sie mit 1 Zwiebel fettfrei andünsten, gießen Sie 200 ml Hühnerbrühe (1 TL Instant) an und lassen Sie das Ganze ca. 15 Minuten bei schwacher Hitze garen. Geben Sie kurz vor Ende der Garzeit die Paprikawürfel zu und servieren Sie das Gericht mit 1 EL Schmand. Berechnen Sie 1 POINT zusätzlich.

MAKKARONI MIT SCHINKENSAUCE

1. Makkaroni in reichlich kochendem Salzwasser nach Packungsanweisung bissfest garen.

2. Schinken, Zwiebeln, Knoblauchzehen und Tomaten würfeln und Chilischoten in Streifen schneiden. Schinken, Zwiebeln und Knoblauch in einer beschichteten Pfanne fettfrei andünsten, Chilistreifen zugeben und mitbraten. Tomatenfleisch zufügen, ca. 5 Minuten einkochen lassen und mit Salz und Pfeffer abschmecken.

3. Makkaroni mit Sauce anrichten und mit geraspeltem Parmesan und Basilikumblättern garniert servieren.

Zubereitungszeit: ca. 5 Minuten
Garzeit: ca. 12 Minuten

Für 4 Personen:

240 g Makkaroni, trocken
Salz
8 Scheiben roher Schinken, ohne Fett
4 kleine Zwiebeln
3 Knoblauchzehen
10 Tomaten
2 Chilischoten (ersatzweise 1 TL mildes Paprikapulver)
Pfeffer
4 EL geraspelter Parmesan (32% Fett i. Tr.)
einige Basilikumblätter

Pro Person: 4,5 POINTS

GRÜNE SPAGHETTI MIT LACHS

Für 4 Personen:

240 g grüne dünne Spaghetti, trocken
Salz
500 g Lachsfilet
Saft von 1 Zitrone
100 ml Gemüsebrühe (1 TL Instant)
150 g fettarmer Joghurt
1 EL saure Sahne
1 TL heller Saucenbinder (Instantpulver)
2 TL Senf (z.B. Löwensenf mittelscharf)
einige Blätter Minze

1. Spaghetti nach Packungsanweisung in kochendem Salzwasser bissfest garen. Lachsfilet mit der Hälfte des Zitronensaftes säuern und salzen. Eine beschichtete Pfanne erhitzen, Lachsfilet darin von beiden Seiten braten und warm stellen.

2. Gemüsebrühe mit Joghurt und saurer Sahne in einem Topf erhitzen, Saucenbinder einrühren und mit Senf, Salz und restlichem Zitronensaft abschmecken. Nudeln abgießen, und mit Senfsauce und Lachs auf Tellern anrichten, mit Minze garnieren und dazu servieren.

Zubereitungszeit: ca. 10 Minuten
Garzeit: ca. 20 Minuten

Pro Person: 7 POINTS

Tipp:
Dazu schmeckt vorzüglich ein Blumenkohl-Broccoli-Gemüse mit Senfsauce. Für die Senfsauce verdoppeln Sie einfach die Saucenmenge im Rezept! Berechnen Sie dann pro Person 0,5 POINTS zusätzlich.

SPAGHETTI MIT SOJA-BOLOGNESE

Für 4 Personen:

240 g Spaghetti, trocken
Salz
1 große Zwiebel
2 Knoblauchzehen
1 TL Olivenöl
6 Tomaten
2 Karotten
8 EL Tomatenmark
700 g passierte Tomaten
¾ l Gemüsebrühe
180 g Sojagranulat (Fertigpackung)
Pfeffer
Sojasauce

FÜR DEN SALAT:

3 rote Paprika
1 Zucchini
400 g Feldsalat
100 g Mais (Konserve)
100 g Kresse
150 g fettarmer Joghurt
2 TL Zitronensaft
3 EL Orangensaft, ohne Zucker
einige Tropfen flüssiger Süßstoff

1. Spaghetti nach Packungsanweisung in kochendem Salzwasser garen. Zwiebel und Knoblauch fein hacken, Olivenöl in einer beschichteten Pfanne erhitzen und Zwiebeln und Knoblauch darin andünsten. Tomaten und Karotten in feine Würfel schneiden, zufügen und dünsten. Tomatenmark zugeben, und passierte Tomaten zugeben, Gemüsebrühe angießen und ca. 10 Minuten leicht köcheln lassen.

2. Sojagranulat zugeben, unterrühren und ca. 5 Minuten quellen lassen. Bolognese mit Salz, Pfeffer und Sojasauce pikant abschmecken. Paprika und Zucchini würfeln und mit Feldsalat, Mais und Kresse vermengen. Joghurt mit Zitronensaft und Orangensaft verrühren. Sauce mit Süßstoff, Salz und Pfeffer abschmecken und über den Salat geben. Spaghetti mit Soja-Bolognese auf Tellern anrichten und mit buntem Feldsalat servieren.

Zubereitungszeit: ca. 15 Minuten
Garzeit: ca. 15 Minuten

Pro Person: 6 POINTS

PIKANTE NUDELPFANNE

1. Nudeln nach Packungsanleitung in kochendem Salzwasser bissfest garen. Schinken und Auberginen in Würfel schneiden. Gemüsezwiebel in Ringe schneiden, Tomaten überbrühen, häuten, entkernen und in Würfel schneiden.

2. Schinkenwürfel in einer beschichteten Pfanne knusprig braten. Zwiebelringe und Auberginenwürfel zufügen, mit Gemüsebrühe ablöschen und ca. 10 Minuten garen.

3. Tomatenwürfel, abgetropfte Nudeln und Mais unterrühren und mit Pfeffer und Rosmarin würzen. Schafkäse würfeln. Nudelpfanne pikant abschmecken und mit Schafkäse bestreut servieren.

Zubereitungszeit: ca. 15 Minuten
Garzeit: ca. 20 Minuten

Für 4 Personen:

240 g Nudeln, trocken (z. B. Farfalle)
Salz
120 g roher Schinken, ohne Fett
2 Auberginen
1 Gemüsezwiebel
4 Tomaten
150 ml Gemüsebrühe (1 TL Instant)
100 g Mais (Konserve)
Pfeffer
Rosmarin
120 g Schafkäse

Pro Person: 6 POINTS

PENNE ITALIA

Für 1 Person:

60 g Spiralnudeln, trocken
Salz
1 Zwiebel
2 Karotten
200 g passierte Tomaten (Konserve)
½ kleines Glas trockener Rotwein
1 TL Zimt
Paprikapulver
3 EL geriebener Käse (32% Fett i. Tr.)
100 g fettarmer Joghurt
2 TL Balsamicoessig
einige Tropfen flüssiger Süßstoff
½ Kopf Friséesalat

1. Nudeln nach Packungsanweisung in reichlich Salzwasser bissfest garen.

2. Zwiebel fein würfeln, Karotten in Scheiben schneiden und beides in einer beschichteten Pfanne unter Rühren fettfrei anbraten. Tomaten und Rotwein zugeben, mit Zimt würzen und mit Salz und Paprikapulver abschmecken.

3. Nudeln und Sauce vermengen und in eine Auflaufform füllen. Käse darüber streuen und im vorgeheizten Backofen bei 200 Grad (Gas: Stufe 3) ca. 15 Minuten überbacken.

4. Joghurt mit Essig verrühren und mit Süßstoff abschmecken. Salat in mundgerechte Stücke zupfen, mit dem Dressing vermengen und mit Penne Italia servieren.

Zubereitungszeit: ca. 15 Minuten
Garzeit: ca. 40 Minuten

Pro Person: 6 POINTS

PASTA MIT ZUCCHINISAUCE

1. Spaghetti in reichlich kochendem Salzwasser nach Packungsanweisung bissfest garen.

2. Zucchini und Knoblauchzehen würfeln und in einer beschichteten Pfanne fettfrei andünsten. Brühe angießen, pürieren und einkochen lassen. Saure Sahne einrühren und mit Salz und Pfeffer abschmecken.

3. Spaghetti mit gehackten Walnüssen vermischen und mit Zucchinisauce servieren.

Zubereitungszeit: ca. 5 Minuten
Garzeit: ca. 10 Minuten

Für 4 Personen:

240 g Spaghetti, trocken
Salz
4 mittelgroße Zucchini
3 Knoblauchzehen
200 ml Gemüsebrühe
(1 TL Instant)
120 g saure Sahne
Pfeffer
4 TL gehackte Walnüsse

Pro Person: 5 POINTS

NUDELN MIT RINDFLEISCHSAUCE

Für 4 Personen:

240 g Spiralnudeln, trocken
Salz
3 kleine Zwiebeln
400 g Sellerie
4 Karotten
4 Lauchzwiebeln
600 g stückige Tomaten (Konserve)
4 EL Tomatenmark
200 g Rinderbraten, mager, gegart
Pfeffer
4 TL gemischte italienische Kräuter
4 EL geriebener Käse (32% Fett i. Tr.)
einige Blätter frische Petersilie

1. Nudeln in reichlich kochendem Salzwasser nach Packungsanweisung bissfest garen.

2. Zwiebeln, Sellerie und Karotten würfeln, Lauchzwiebeln in Ringe schneiden und in einer beschichteten Pfanne fettfrei andünsten. Tomaten mit Tomatenmark zugeben. Rinderbraten würfeln, in die Sauce geben, erhitzen und mit Salz, Pfeffer und gemischten Kräutern pikant abschmecken.

3. Nudeln mit Fleischsauce anrichten, mit Käse bestreuen und mit Petersilie garniert servieren.

Zubereitungszeit: ca. 10 Minuten
Garzeit: ca. 10 Minuten

Pro Person: 5 POINTS

SPAGHETTI MIT TOMATEN-LACHSSAUCE

Für 4 Personen:

240 g Spaghetti, trocken
Salz
3 kleine Zwiebeln
4 Scheiben geräucherter Lachs (à 60 g)
4 EL Zitronensaft
400 g Kirschtomaten
120 g saure Sahne
4 TL gehackter Dill
Pfeffer
einige Tropfen flüssiger Süßstoff

Pro Person: 6 POINTS

1. Spaghetti in reichlich kochendem Salzwasser nach Packungsanweisung bissfest garen.

2. Zwiebeln würfeln und in einer beschichteten Pfanne fettfrei andünsten. Lachs in Würfel schneiden, zugeben und mit Zitronensaft beträufeln. Kirschtomaten halbieren, nach ca. 5 Minuten zum Fisch geben und kurz mitdünsten.

3. Saure Sahne zugeben und mit Dill, Salz, Pfeffer und Süßstoff abschmecken. Spaghetti mit Tomaten-Lachssauce anrichten.

Zubereitungszeit: ca. 5 Minuten
Garzeit: ca. 10 Minuten

Lachs

Lachse gehören zu den Edelfischen. Die Fische haben eine bewegte Kindheit: Sie werden im Süßwasser geboren und gelangen über Flüsse ins offene Meer. Dort verbringen sie bis zu 4 Jahre, um dann zum Laichen an ihren Geburtsort zurückzukehren. Dafür legen sie schon mal bis zu 1500 km zurück.
Im Pazifik tummeln sich fünf verschiedene Lachsfamilien: Riesenlachs, roter Lachs, Silberlachs, Buckellachs und Ketalachs. Die einzige Familie im Atlantik trägt auch seinen Namen: Atlantiklachs. Ein besonderer Lachs ist der Quananiche (kleiner Verlorener), denn er lebt im Süßwasser in kleinen Seen und Flüssen Nordamerikas und Skandinaviens. Lachs wird hauptsächlich frisch, gefroren oder geräuchert angeboten.
Räucherlachs wird zur Haltbarmachung extra gesalzen. Meist müssen die Speisen, die mit Räucherlachs bereitet werden, nicht oder nur wenig zusätzlich gesalzen werden.
Übrigens, der bekannte und preiswerte Seelachs gehört nicht zur Lachsfamilie, sondern ist mit Dorsch und Kabeljau eng verwandt. Der Seelachs ist ein Schwarmfisch und lebt in der Nordsee und in den Gewässern Islands und Norwegens. Er gehört wie Lachs zu den beliebtesten Speisefischen in Deutschland.

RAVIOLI MIT RICOTTA-SPINAT-FÜLLUNG

Für 4 Personen:

370 g Hartweizengrieß
3 Eier
1 TL Salz
350 g frischer Spinat (ersatzweise 250 g TK)
125 g Ricotta
2 EL geriebener Parmesan (32 % Fett i. Tr.)
Pfeffer
geriebene Muskatnuss
4 EL Mehl
1 kg Tomaten
2 ½ Bund Basilikum
4 rote Zwiebeln
3 EL weißer Balsamicoessig
einige Tropfen flüssiger Süßstoff

1. Hartweizengrieß auf eine Arbeitsfläche geben, in die Mitte eine Vertiefung drücken, Eier, Salz und ca. 80 ml Wasser zugeben. Alles vermischen und den Teig gut durchkneten, bis er glatt und glänzend ist und abgedeckt ca. 20 Minuten ruhen lassen.

2. Spinat tropfnass in einem Topf bei schwacher Hitze zusammenfallen lassen, hacken, mit Ricotta und Parmesan mischen und mit Salz, Pfeffer und Muskatnuss kräftig würzen.

3. Arbeitsfläche mit Mehl ausstreuen und den Teig zu zwei Platten ausrollen. Auf eine Teigplatte im Abstand von etwa 4 cm jeweils ein Häufchen Spinat-Füllung setzen. Die andere Nudelplatte mit Wasser bestreichen und mit der feuchten Seite nach unten auflegen. Zwischenräume zwischen der Füllung mit den Fingern fest andrücken. Mit einem Teigrädchen die einzelnen Ravioli ausrädeln und in Salzwasser ca. 10 Minuten garen.

4. Tomaten würfeln, Basilikum grob hacken und Zwiebeln in Würfel schneiden. Zwiebeln in einer beschichteten Pfanne fettfrei andünsten. Tomatenwürfel zufügen und kurz andünsten. Mit Balsamicoessig, Süßstoff, Salz und Pfeffer würzen. Basilikum unterheben, kurz aufkochen und zu den Ravioli servieren.

Zubereitungszeit: ca. 25 Minuten
Ruhezeit: ca. 20 Minuten
Garzeit: ca. 10 Minuten

Pro Person: 8 POINTS

SPAGHETTI MIT TOMATEN AUBERGINEN-SAUCE

Für 4 Personen:

240 g Spaghetti, trocken
Salz
2 Zwiebeln
1 Knoblauchzehe
2 Auberginen
480 g geschälte Tomaten (Konserve)
Pfeffer
Paprikapulver

1. Spaghetti in reichlich Salzwasser nach Packungsanweisung bissfest garen.

2. Zwiebeln würfeln, Knoblauchzehe zerdrücken und in einer beschichteten Pfanne fettfrei glasig dünsten.

3. Auberginen würfeln, hinzufügen und mit Tomaten ablöschen. Tomaten-Auberginen-Sauce mit Salz, Pfeffer und Paprikapulver kräftig abschmecken und zu den Spaghetti servieren.

Zubereitungszeit: ca. 10 Minuten
Garzeit: ca. 15 Minuten

Pro Person: 3 POINTS

Aubergine: die violette Verführung

Früher trugen Auberginenpflanzen nur weiße oder gelbe Früchte in der Größe eines Hühnereies. Daher kommt der Name »Eierfrucht«. Die heute gängigen Sorten haben glänzende, schwarze bis »auberginenfarbige« (= braun-lila) Früchte mit einer birnenförmigen Gestalt. In der Küche werden Auberginen vielseitig verwendet, z.B. gekocht, gedünstet, gebraten, gebacken, gegrillt oder püriert. Die Würzung spielt bei Auberginen eine große Rolle, da sie keinen ausgeprägten Eigengeschmack haben. Zu Auberginen passen Knoblauch, Chilipulver, Currypulver, Lorbeer, Petersilie, Piment sowie auch Rosmarin besonders gut.

FARFALLE MIT RUCOLA-TOMATEN-SAUCE

Für 4 Personen:

240 g Farfalle trocken
Salz
2 Zwiebeln
1 Knoblauchzehe
6 Tomaten
2 TL Olivenöl
500 g Rucola
Saft einer Zitrone
Pfeffer
4 EL geriebener Parmesan (32 % Fett i. Tr.)

1. Nudeln nach Packungsanweisung in reichlich Salzwasser bissfest garen.

2. Zwiebeln, Knoblauchzehe und Tomaten würfeln. Öl in einer Pfanne erhitzen, Zwiebel- und Knoblauchwürfel darin glasig anschwitzen, Tomatenwürfel zufügen und ca. 5 Minuten garen.

3. Rucola hinzugeben, zusammenfallen lassen und mit Zitronensaft, Salz und Pfeffer abschmecken. Farfalle mit Rucola-Tomaten-Sauce und Parmesan bestreut servieren.

Zubereitungszeit: ca. 5 Minuten
Garzeit: ca. 15 Minuten

Pro Person: 4 POINTS

GEMÜSE-REIS-SALAT

1. ½ Liter Wasser mit Kurkuma, Safran, Kreuzkümmelpulver, Zimt, Muskat, Salz und Pfeffer zum Kochen bringen, Reis zugeben und bei schwacher Hitze ca. 20 Minuten garen, bis der Reis körnig ist.

2. Tomaten entkernen und vierteln, 1 Zucchini und 1 Karotte grob raspeln, Spinat in breite Streifen schneiden und die Hälfte der Frühlingszwiebeln in fingerlange Stücke schneiden. Frühlingszwiebeln, Spinat, die Hälfte der Tomatenviertel, grob geraspelte Zucchini und Karotte in eine beschichtete Pfanne geben und unter ständigem Rühren ca. 5 Minuten dünsten. Brühe zufügen und verrühren.

3. Restliche Karotte und Zucchini in Scheiben und verbliebene Frühlingszwiebeln in Ringe schneiden. Reis mit gedünstetem Gemüse vermischen, Karotten-, Zucchinischeiben und Frühlingszwiebelringe unterheben.

Zubereitungszeit: ca. 20 Minuten
Garzeit: ca. 25 Minuten

Für 4 Personen:

1 TL Kurkumapulver (ersatzweise Currypulver)
¼ TL Safranfäden
¼ TL Kreuzkümmelpulver (Cumin)
1 Msp. Zimt
1 Msp. Muskatnuss, gerieben
Salz
Pfeffer
200 g Naturreis, trocken (z.B. Uncle Ben's)
2 Tomaten
2 kleine Zucchini
2 Karotten
250 g Spinat (ersatzweise 200 g TK)
5 Frühlingszwiebeln
2 TL Gemüsebrühe (1 Prise Instant)

Pro Person: 2,5 POINTS

Kurkuma
Kurkuma, auch Gelbwurzel, Chinesische Wurzel, Indischer Safran, Gelber Ingwer oder Turmerik genannt, gehört zu der Familie der Ingwergewächse und stammt ursprünglich aus Südostasien. Indien ist heute sowohl der wichtigste Produzent, als auch der größte Konsument des einst heiligen Gewürzes. Kurkuma wird gerne als Ersatz für das teure Safran verwendet. In der indischen und asiatischen Küche ist Kurkuma eine unabdingbare Zutat. Die Farbe gibt hier die Qualität an, je intensiver, desto besser ist das Gewürz.

PROVENÇALISCHE REISPFANNE

Für 4 Personen:

1 Knoblauchzehe
2 Zwiebeln
2 TL Olivenöl
160 g Risottoreis (ersatzweise Langkornreis)
3 EL Tomatenmark
450 ml Gemüsebrühe (3 TL Instant)
3 gelbe Paprikaschoten
3 Zucchini
Pfeffer
Paprikapulver
Kräuter der Provence

1. Knoblauchzehe zerdrücken, Zwiebeln fein würfeln und beides im erhitzten Olivenöl in einer Pfanne kurz andünsten. Reis zufügen und unter Rühren glasig andünsten. Tomatenmark unterrühren, die Hälfte der Gemüsebrühe angießen und im geschlossenen Topf ca. 20 Minuten garen.

2. Paprikaschoten in Streifen, Zucchini halbieren und in Stücke schneiden. Gemüse nach ca. 10 Minuten unter das Risotto heben und mit Pfeffer, Paprika und Kräutern würzen. Risotto mehrmals umrühren, nach und nach die restliche Brühe angießen. Reispfanne abschmecken und servieren.

Zubereitungszeit: ca. 15 Minuten
Garzeit: ca. 25 Minuten

Pro Person: 2,5 POINTS

FEINE REIS-CASHEW-PFANNE

1. Reis nach Packungsanweisung in Salzwasser zusammen mit 2 Esslöffeln Currypulver garen. Zwiebeln fein würfeln und Knoblauch hacken. Öl in einer Pfanne erhitzen und Zwiebeln und Knoblauch darin anbraten. Mais, Reis, Cashewnüsse und Rosinen zugeben und alles mit Salz, Pfeffer und Currypulver abschmecken.

2. Für den Salat Papaya in Würfel, Chicorée in Streifen schneiden und beides mischen. Für das Dressing Orangensaft, -schale, Essig, Senf und Öl verrühren, mit Salz, Pfeffer und Süßstoff abschmecken und mit den Salatzutaten mischen. Reis-Cashew-Pfanne mit dem Salat servieren.

Zubereitungszeit: ca. 25 Minuten
Garzeit: ca. 30 Minuten

Für 4 Personen:

FÜR DIE REIS-CASHEW-PFANNE:
200 g Langkornreis, trocken
Salz
Currypulver
6 Zwiebeln
3 Knoblauchzehen
2 TL Erdnussöl
(ersatzweise Pflanzenöl)
300 g Mais (Konserve)
50 g Cashewnüsse
6 EL Rosinen
Pfeffer

FÜR DEN CHICORÉE-FRUCHT-SALAT:
2 kleine Papaya
(ersatzweise Orangen)
4 Chicorée-Stauden
100 ml Orangensaft,
ohne Zucker
1 Msp. abgeriebene
Orangenschale
3 EL Apfelessig
2 TL mittelscharfer Senf
3 TL Sonnenblumenöl
einige Tropfen flüssiger
Süßstoff

Pro Person: 7,5 POINTS

FEURIGE REISPFANNE

Für 4 Personen:

1 Knoblauchzehe
2 rote Chilischoten
1 Bund Frühlingszwiebeln
je 2 rote und gelbe Paprikaschoten
2 TL Olivenöl
240 g Tatar
Salz
Pfeffer
Paprikapulver
320 g gegarter Reis
200 g Mais (Konserve)
400 g geschälte Tomaten (Konserve)
Kurkuma
einige Petersilienblätter

1. Knoblauchzehe zerdrücken, Chilischoten entkernen und in feine Streifen schneiden. Frühlingszwiebeln in Ringe und Paprikaschoten in Rauten schneiden.

2. Öl in einer Pfanne erhitzen, Tatar mit Knoblauch und Chilistreifen zufügen, krümelig anbraten und mit Salz, Pfeffer und Paprikapulver würzen. Frühlingszwiebelringe und Paprikastücke zufügen und ca. 5 Minuten garen.

3. Reis und Mais zugeben, kurz anbraten und mit Tomaten ablöschen. Reispfanne ca. 5 weitere Minuten garen, mit Paprikapulver und Kurkuma abschmecken und mit Petersilie garniert servieren.

Zubereitungszeit: ca. 15 Minuten
Garzeit: ca. 15 Minuten

Pro Person: 4 POINTS

WÜRZIGES SCHASCHLIK AUF TOMATEN-REIS-BETT

Für 4 Personen:

160 g Reis, trocken
Salz
2 Knoblauchzehen
6 Tomaten
Paprikapulver
Pfeffer
1 Bund Basilikum
720 g Hähnchenbrustfilet
2 gelbe Paprikaschoten

1. Reis nach Packungsanweisung in Salzwasser garen.

2. Knoblauchzehen zerdrücken, Tomaten würfeln und in einer beschichteten Pfanne fettfrei ca. 5 Minuten dünsten. Reis hinzu geben und mit Paprikapulver, Salz und Pfeffer würzen. Basilikum grob hacken und darunter mengen.

3. Hähnchenbrustfilet und Paprikaschoten grob würfeln, abwechselnd auf Spieße stecken und mit Salz, Pfeffer und Paprikapulver würzen. Brat-Folie in einer Pfanne erhitzen und Spieße darauf ca. 5 Minuten rundherum braten und auf Tomaten-Reis anrichten.

Zubereitungszeit: ca. 10 Minuten
Garzeit: ca. 25 Minuten

Pro Person: 5 POINTS

GEMÜSE-GERICHTE

GEMÜSE-PUFFER MIT KRÄUTERDIP

Für 4 Personen:

1 Zwiebel
4 Karotten
1 kleine Zucchini
½ Sellerieknolle
4 mittelgroße Kartoffeln
6 EL Mehl
3 Eier
1 TL gehackte Nüsse
Salz
Cayennepfeffer
Knoblauchpulver
450 g Magerquark
1 EL Zitronensaft
1 TL Thymian, gehackt
1 TL Oregano, gehackt
1 TL Basilikum, gehackt
Pfeffer

1. Zwiebel würfeln. Karotten, Zucchini, Sellerie und Kartoffeln raspeln. Mehl mit 1 Esslöffel Wasser und Eiern verrühren. Zwiebelwürfel, geraspelte Karotten, Zucchini, Sellerie, Kartoffeln und Nüsse unterrühren. Mit Salz, Cayennepfeffer und Knoblauch abschmecken.

2. Aus der Masse kleine Puffer formen und diese in einer beschichteten Pfanne von beiden Seiten auf Brat-Folie knusprig braun braten. Quark mit Zitronensaft verrühren, Kräuter unterheben, mit Salz und Pfeffer abschmecken und Kräuter-Dip zu den Gemüse-Puffern servieren.

Zubereitungszeit: ca. 25 Minuten
Garzeit: ca. 15 Minuten

Pro Person: 5 POINTS

AUBERGINEN-GEMÜSE

1. Kartoffeln in kochendem Salzwasser 20 Minuten garen. Gurken halbieren und entkernen. Gurken und Auberginen würfeln, beides salzen, 10 Minuten ziehen lassen und abspülen. Sellerie in Scheiben schneiden. Tomaten entkernen und achteln. Auberginenwürfel, Selleriescheiben und Gurkenwürfel in heißem Olivenöl in einer beschichteten Pfanne anbraten, Gemüsebrühe angießen, aufkochen lassen und zugedeckt 10 Minuten schmoren lassen.

2. Knoblauch zerdrücken und zugeben. Mit Pfeffer, Basilikum und Salz würzen. Oliven, Kapern und Tomatenachtel zugeben, mit Essig und Zucker süß-sauer abschmecken und weitere 10 Minuten bei geringer Hitze schmoren lassen. Auberginengemüse mit Kartoffeln auf Tellern anrichten und servieren.

Zubereitungszeit: ca. 15 Minuten
Garzeit: ca. 25 Minuten

Für 4 Personen:

800 g Kartoffeln
Salz
3 Schmorgurken
2 Auberginen
1 Stange Bleichsellerie
4 Tomaten
2 TL Olivenöl
150 ml Gemüsebrühe
(1 TL Instant)
1 Knoblauchzehe
Pfeffer
1 TL Basilikum, gerebelt
(z. B. von Fuchs)
10 schwarze Oliven,
ohne Stein
1 EL Kapern
2 EL Weißweinessig
1 EL Zucker

Pro Person: 4 POINTS

ZUCCHINI MIT POLENTA-FÜLLUNG

Für 4 Personen:

2 Zucchini
1 Karotte
1 Stange Bleichsellerie
2 Frühlingszwiebeln
1 Knoblauchzehe
2 TL Pflanzenöl
60 g Polenta (Maisgrieß)
10 g getrocknete Steinpilze (ersatzweise 5 Champignons)
350 ml Gemüsebrühe (2 TL Instant)
½ TL Thymian, gehackt
½ TL Rosmarinnadeln
Salz
Pfeffer
150 g Mozzarella (z.B. von Galbani)

1. Zucchini halbieren, entkernen und aushöhlen. Zucchinifruchtfleisch, Karotte und Sellerie würfeln, Frühlingszwiebeln in Ringe schneiden und Knoblauch zerdrücken. Gemüse in einer beschichteten Pfanne mit Öl ca. 5 Minuten andünsten. Polenta zugeben und mitdünsten. Steinpilze einweichen, abgießen, Einweichwasser auffangen, Steinpilze klein schneiden, mit der Hälfte der Gemüsebrühe und dem Einweichwasser zugeben, aufkochen und Polenta ca. 15 Minuten quellen lassen. Mit Thymian, Rosmarin, Salz und Pfeffer abschmecken.

2. Gemüsemischung in die Zucchinihälften füllen. Mozzarella abtropfen lassen, in Scheiben schneiden und auf Zucchinihälften verteilen. Die restliche Gemüsebrühe in eine Auflaufform geben, die gefüllten Zucchini hineinsetzen und bei 200 Grad (Gas: Stufe 3) im vorgeheizten Backofen ca. 20 Minuten überbacken.

Zubereitungszeit: ca. 15 Minuten
Garzeit: ca. 40 Minuten

Pro Person: 3,5 POINTS

EXOTISCHE THAIPFANNE

Für 4 Personen:

1 kleine Zwiebel
1 Knoblauchzehe
240 g Tatar
1 Eigelb
Salz
1 TL Currypulver
3 TL Pflanzenöl
je 1 rote, gelbe und grüne Paprikaschote
1 Bund Frühlingszwiebeln
1 Stängel Zitronengras
300 ml Tomatensaft
1 EL rote Currypaste (ersatzweise 1 TL Currypulver)
einige Tropfen flüssiger Süßstoff
Pfeffer
320 g gegarter Basmati-Reis
2 EL gehackte Petersilie

1. Zwiebel und Knoblauch fein hacken, mit Tatar, Eigelb, Salz und Currypulver vermischen. Masse zu kleinen Bällchen formen, in erhitztem Pflanzenöl rundherum braten und herausnehmen.

2. Paprikaschoten in Streifen, Frühlingszwiebeln und Zitronengras in Stücke schneiden. Beides im verbliebenen Bratfett anbraten, mit Tomatensaft ablöschen und ca. 10 Minuten köcheln lassen. Currypaste einrühren, mit Süßstoff, Salz und Pfeffer kräftig abschmecken. Fleischbällchen zufügen und kurz erhitzen. Thaipfanne mit Basmati-Reis und Petersilie bestreut servieren.

Zubereitungszeit: ca. 25 Minuten
Garzeit: ca. 25 Minuten

Pro Person: 4 POINTS

Tabasco

Tabasco ist die wohl bekannteste Pfeffersauce der Welt, die schon in kleinen Tropfen für eine große Wirkung sorgt. Der Name der Pfefferschoten-Salz-Paste stammt aus dem Indianischen, bedeutet so viel wie »heißes feuchtes Land« und spiegelt die extra scharfe Würze wider.
Aus Chilischoten erzeugt, reift Tabasco zunächst 3 Jahre in Eichenfässern, bevor es dann mit Branntweinessig versetzt wird. In der Küche findet Tabasco zum Würzen von Fleisch-, Reis- und Eierspeisen, Gemüsen, Salaten, Suppen und Saucen, aber auch Mixgetränken Verwendung.

SELLERIE MIT KÄSECREME

1. Sellerieknolle schälen und im Ganzen in reichlich Salzwasser ca. 35 Minuten garen.

2. Margarine in einem Topf zerlassen, Mehl darüber stäuben und hellgelb anschwitzen. Nach und nach Milch angießen und zu einer glatten Sauce verrühren. Kräuter hinzugeben und mit Salz, Pfeffer und Muskatnuss abschmecken.

3. Sellerieknolle aushöhlen, dabei einen etwa 2 cm dicken Rand stehen lassen. Ei trennen, Eiweiß mit einer Prise Salz steif schlagen. Sellerie-Inneres pürieren und mit Eigelb und Käse in die Sauce geben. Eischnee unterziehen und alles in die ausgehöhlte Sellerieknolle füllen. Sellerie im vorgeheizten Backofen bei 200 Grad (Gas: Stufe 3) ca. 20 Minuten backen. Sellerie mit Kartoffelpüree servieren.

Für 2 Personen:

1 Sellerieknolle
Salz
1 TL Pflanzenmargarine
1 EL Mehl
60 ml fettarme Milch
2 TL gehackte Kräuter
Pfeffer
1 Prise geriebene Muskatnuss
1 Ei
4 EL geriebener Käse (32% Fett i. Tr.)
8 EL Kartoffelpüree/-stock, verzehrfertig

Zubereitungszeit: ca. 20 Minuten
Garzeit: ca. 60 Minuten

Pro Person: 4 POINTS

GEFÜLLTE TOMATEN

Für 4 Personen:

8 Fleischtomaten
1 große Zwiebel
150 g Champignons
2 TL Pflanzenöl
150 g Blattspinat (TK)
Salz
Pfeffer
4 EL geriebener Käse
(32 % Fett i. Tr.)
160 g Reis, trocken

1. Tomatendeckel abschneiden und Tomaten aushöhlen. Zwiebel und Champignons würfeln. Öl in einer Pfanne erhitzen, Zwiebel- und Champignonwürfel mit Spinat ca. 5 Minuten darin andünsten. Mit Salz und Pfeffer abschmecken.

2. Tomaten in eine Auflaufform setzen, Gemüsemasse einfüllen, mit Käse bestreuen und Tomatendeckel zufügen. Gefüllte Tomaten im vorgeheizten Backofen bei 200 Grad (Gas: Stufe 3) ca. 20 Minuten garen.

3. Reis nach Packungsanweisung in Salzwasser ca. 20 Minuten garen und zu den Tomaten servieren.

Zubereitungszeit: ca. 10 Minuten
Garzeit: ca. 25 Minuten

Pro Person: 3 POINTS

LEICHTES PFANNENGEMÜSE

Für 4 Personen:

4 Zucchini
4 Karotten
2 Kohlrabi
3 gelbe Paprikaschoten
2 Knoblauchzehen
4 TL Olivenöl
3 EL Balsamicoessig
1 Bund glatte Petersilie
1 Bund Basilikum
8 Salbeiblätter
Salz
weißer Pfeffer

1. Zucchini und Karotten in Scheiben, Kohlrabi in Stifte, Paprikaschoten in Streifen und Knoblauchzehen in Würfel schneiden. Öl in einer Pfanne erhitzen, das Gemüse darin ca. 5 Minuten dünsten und mit Balsamicoessig ablöschen.

2. Petersilie, Basilikum und Salbei fein hacken, zum Pfannengemüse geben und alles mit Salz und Pfeffer abschmecken.

Zubereitungszeit: ca. 10 Minuten
Garzeit: ca. 5 Minuten

Pro Person: 1 POINT

BUNTE RÖSCHEN MIT ZITRONENSAUCE

1. Blumenkohl, Broccoli und Romanesco in Röschen teilen, in kochender Gemüsebrühe ca. 10 Minuten dünsten, abgießen und 200 ml Kochwasser auffangen.

2. Margarine zerlassen, mit Mehl bestäuben und anschwitzen. Kochwasser und Milch unter Rühren angießen, aufkochen lassen und Schmelzkäse unterrühren. Mit Salz, Pfeffer, Süßstoff und Zitronensaft pikant abschmecken und zum Gemüse servieren.

Zubereitungszeit: ca. 10 Minuten
Garzeit: ca. 10 Minuten

Für 4 Personen:

600 g Blumenkohl
600 g Broccoli
600 g Romanesco
1 Liter Gemüsebrühe (4 TL Instant)
4 TL Halbfettmargarine
2 TL Mehl
250 ml fettarme Milch
4 EL Schmelzkäse (45 % Fett i. Tr.)
Salz
Pfeffer
einige Tropfen flüssiger Süßstoff
3 EL Zitronensaft

Pro Person: 2 POINTS

Romanesco, der grüne Türmchenblumenkohl

In Italien und Frankreich sind farbige Blumenkohlsorten sehr beliebt. Zu ihnen gehört der hellgrüne Romanesco. Aber auch in unseren Gemüseregalen findet man diesen Vertreter der Blumenkohlfamilie immer häufiger. Charakteristisch sind die »minarettförmigen« Röschen, weshalb er häufig auch einfach nur Türmchenblumenkohl genannt wird. Übrigens ist diese Sorte nicht nur sehr dekorativ, sondern hat höhere Vitamin- und Mineralstoffgehalte als der weiße Blumenkohl. Romanesco wird wie herkömmlicher Blumenkohl zubereitet, er wird ganz oder zerteilt in Salzwasser gegart und dann nach Belieben weiter verarbeitet.

LEICHTE LAUCHWICKEL

Für 4 Personen:

4 Stangen Lauch
8 dünne Scheiben gekochter Schinken
500 ml Gemüsebrühe (2 TL Instant)
2 EL gemischte Kräuter
Pfeffer
Currypulver
8 EL geriebener Käse (32 % Fett i. Tr.)
160 g Langkorn- und Wildreis, trocken
Salz

1. Lauch in acht ca. 10 cm lange Stücke, restlichen Lauch in Ringe schneiden. Lauchstücke jeweils mit einer Scheibe Kochschinken umwickeln und in eine große Auflaufform setzen.

2. Gemüsebrühe aufkochen, Lauchringe und gemischte Kräuter zugeben und mit Pfeffer und Currypulver würzen. Sauce über die Lauchwickel gießen, mit Käse bestreuen und im vorgeheizten Backofen bei 200 Grad (Gas: Stufe 3) ca. 20 Minuten garen.

3. Reis nach Packungsanweisung in Salzwasser ca. 20 Minuten garen und zu den Lauchwickeln servieren.

Zubereitungszeit: ca. 15 Minuten
Garzeit: ca. 25 Minuten

Pro Person: 5 POINTS

GEBACKENER GEMÜSE-SCHAFKÄSE

Für 1 Person:

2 Tomaten
1 rote Paprikaschote
Salz
Bunter Pfeffer
½ TL Kräuter der Provence
1 Stück Schafkäse (60 g)
1 kleine Zwiebel
200 g grüne Bohnen (Konserve)
1 TL Sonnenblumenöl
3 EL Essig
1 TL Senf
1 kleines Stück Fladenbrot (50 g)

Pro Person: 7 POINTS

1. Tomaten und Paprikaschote fein würfeln, in eine Auflaufform geben und mit Salz, Pfeffer und Kräutern der Provence bestreuen.

2. Schafkäse zerbröseln, über das Gemüse geben und im vorgeheizten Backofen bei 175 Grad (Gas: Stufe 2) ca. 10 Minuten backen.

3. Zwiebel in feine Ringe schneiden und mit Bohnen vermengen. Öl mit Essig und Senf verrühren, mit Salz und Pfeffer abschmecken und zum Salat geben. Fladenbrot in kleine Stücke schneiden. Gemüse-Schafkäse mit Salat und Brot servieren.

Zubereitungszeit: ca. 5 Minuten
Garzeit: ca. 10 Minuten

Tipp
Wenn Sie das Fladenbrot lieber knusprig mögen, schneiden Sie es ein, bedecken es mit der Tomaten-Paprika-Schafkäsemasse und backen es im Ofen knusprig braun.

ZUCCHINI-TOPF

1. Zwiebeln fein hacken, Zucchini halbieren, in Scheiben schneiden und Fleisch würfeln. Zwiebeln und Fleisch in einer beschichteten Pfanne fettfrei anbraten.

2. Zucchini zugeben, kurz mitdünsten, Gemüsebrühe und Tomaten zugeben und ca. 5 Minuten schmoren lassen. Mit Kräutern, Salz und Pfeffer abschmecken.

3. Zucchini-Topf mit gekochten Kartoffeln anrichten und servieren.

Zubereitungszeit: ca. 5 Minuten
Garzeit: ca. 10 Minuten

Für 4 Personen:

4 Zwiebeln
4 Zucchini
400 g Schweinefleisch, mager, gegart
100 ml Gemüsebrühe (½ TL Instant)
1 Dose geschälte Tomaten
4 TL italienische Kräuter
Salz
Pfeffer
1 kg gekochte Kartoffeln

Pro Person: 4,5 POINTS

FALAFEL MIT GEMÜSE

Für 4 Personen:

160 g getrocknete Kichererbsen (ersatzweise 325 g Konserve)
1 Knoblauchzehe
1 kleine Zwiebel
1 grüne Chilischote, entkernt
je 1 EL frische gehackte Petersilie und Korianderkraut
2 EL Paniermehl
Salz
Pfeffer
4 Karotten
1 Gurke
je 2 rote und grüne Paprikaschoten
1 Kopf Eisbergsalat
200 g fettarmer Joghurt
50 g Edle Pastete »Madras Curry« (z.B. Tartex)
4 kleine Tortillafladen (à 30 g) (Fertigprodukt)
1 TL Pflanzenöl
1 TL französische Kräuter
1 TL Zitronensaft
einige Tropfen flüssiger Süßstoff

1. Kichererbsen in 2 Tassen Wasser ca. 12 Stunden einweichen, abgießen und in der Küchenmaschine fein zerkleinern. Knoblauch, Zwiebel und Chilischote fein hacken. Kichererbsen mit Petersilie, Korianderkraut, Knoblauch, Zwiebel, Paniermehl, Chili, Salz und Pfeffer pürieren, Masse ca. 30 Minuten ruhen lassen, zu kleinen Bällen formen und weitere ca. 15 Minuten ruhen lassen. In einer Pfanne Brat-Folie erhitzen und Kichererbsenbällchen rundherum ca. 10 Minuten anbraten.

2. Karotten, Gurke und Paprikaschoten würfeln. Eisbergsalat in mundgerechte Stücke zupfen und mit Gemüse vermischen. Joghurt mit Madras Curry verrühren. Tortillafladen in einer beschichteten Pfanne kurz von beiden Seiten erhitzen, herausnehmen, mit Curry-Creme bestreichen, mit der Hälfte des Salates und Kichererbsenbällchen belegen, aufrollen und auf Tellern anrichten.

3. Restlichen Joghurt mit Öl, Kräutern und Zitronensaft verrühren, mit Salz, Pfeffer und Süßstoff abschmecken. Sauce über restlichen Salat geben. Falafel-Tasche und Salat servieren.

Zubereitungszeit: ca. 25 Minuten
Einweichzeit: ca. 12 Stunden
Ruhezeit: ca. 45 Minuten
Garzeit: ca. 10 Minuten

Pro Person: 5,5 POINTS

GEMÜSE INDONESIA

Für 4 Personen:

4 kleine Zwiebeln
1 rote Chilischote
200 g Karotten
2 rote Paprikaschoten
1 Zucchini
250 g Broccoli
2 TL Pflanzenöl
1 TL Ingwerpulver
2 EL brauner Zucker
100 ml Weißweinessig
Salz
200 g kleine Maiskolben (Konserve)
200 g Bambussprossen (Konserve)
100 g Sojabohnenkeimlinge (Konserve)
einige Tropfen flüssiger Süßstoff
360 g gegarter Spitzen-Langkorn-Reis (z.B. Uncle Ben's)

1. Zwiebeln vierteln, Chilischote entkernen und in Ringe schneiden. Karotten und Paprikaschoten in Stücke und Zucchini längs in dünne Streifen schneiden. Broccoli in Röschen teilen.

2. Öl in einem breiten Topf erhitzen, Zwiebeln und Chiliringe darin glasig andünsten. Karotten und Broccoli zugeben und kurz anbraten. Ingwerpulver, Zucker, Essig und 250 ml Wasser unter das Gemüse rühren. Salzen und zugedeckt ca. 5 Minuten garen. Restliches Gemüse zufügen, alles weitere 10 Minuten garen. Mit Salz und Süßstoff abschmecken und mit Reis servieren.

Zubereitungszeit: ca. 10 Minuten
Garzeit: ca. 20 Minuten

Pro Person: 3,5 POINTS

KERNIGER BURGER MIT PAPRIKA-KÄSE-FÜLLUNG

1. Lauchzwiebeln in feine Ringe schneiden, Knoblauchzehe und Chilischote fein hacken und Paprikaschoten in feine Streifen schneiden. Öl in einer Pfanne erhitzen und das vorbereitete Gemüse ca. 5 Minuten darin andünsten.

2. Gemüsebrühe angießen und alles mit Salz, Pfeffer sowie Paprikapulver pikant abschmecken, zum Schluss Petersilie untermischen. Brötchen aufschneiden, die untere Hälfte mit einem Teil des warmen Paprikagemüses belegen, mit geriebenem Käse bestreuen und mit zweiter Brötchenhälfte abdecken. Kernigen Burger mit restlichem Paprikagemüse servieren.

Zubereitungszeit: ca. 10 Minuten
Garzeit: ca. 5 Minuten

Für 1 Person:

2 Lauchzwiebeln
1 Knoblauchzehe
1 Chilischote
2 grüne und 1 rote Paprikaschote
1 TL Pflanzenöl
75 ml Gemüsebrühe (½ TL Instant)
Salz
Pfeffer
Paprikapulver
2 TL gehackte Petersilie
1 Mehrkornbrötchen
2 EL geriebener Käse (32% Fett i. Tr.)

Pro Person: 4 POINTS

MANGOLD-PÄCKCHEN MIT TOFU

Für 4 Personen:

800 g Mangold
3 Tomaten
150 g Mozzarella
4 Tofuscheiben (150 g)
4 EL Würzsenfsauce (z.B. Würz- und Rouladentraum von Löwensenf)
2 rote Paprikaschoten
2 Zwiebeln
1 Knoblauchzehe
300 ml Gemüsebrühe (2 TL Instant)
Salz
Pfeffer
4 Ecken Fladenbrot (à 50 g)

1. 12 Mangoldblätter abnehmen und blanchieren. Tomaten und abgetropften Mozzarella in Scheiben schneiden. Blanchierte Mangoldblätter ausbreiten, Tofuscheiben von beiden Seiten dünn mit Würzsenfsauce bestreichen und darauf setzen. Mit je 1 Tomaten- und Mozzarellascheibe belegen, alles mit Mangold umwickeln, eventuell mit Küchengarn zusammenbinden und in Aluminiumfolie einschlagen. Mangold-Päckchen im Backofen bei 250 Grad (Gas: Stufe 4) 15 Minuten grillen.

2. Restlichen Mangold in Stücke und Paprika in Streifen schneiden. Zwiebeln und Knoblauch fein würfeln. Gemüsebrühe in einem Topf erhitzen, Gemüse hineingeben, 10 Minuten garen und mit Salz und Pfeffer pikant abschmecken. Mangold-Päckchen mit Fladenbrot und Mangoldgemüse servieren.

Zubereitungszeit: ca. 20 Minuten
Garzeit: ca. 25 Minuten

Pro Person: 5,5 POINTS

GEFÜLLTER KOHLRABI

Für 4 Personen:

4 Kohlrabi
Salz
1 kleines Hähnchenbrustfilet (120 g)
4 Schalotten
100 g Champignons
2 kleine Karotten
100 g Spargel (Konserve)
4 EL saure Sahne
1 Prise geriebene Muskatnuss
1 TL Zitronensaft
Pfeffer
8 EL geriebener Käse (32% Fett i. Tr.)
einige Blätter Zitronenmelisse

1. Kohlrabi schälen, aushöhlen und das Kohlrabifleisch würfeln. Ausgehöhlte Kohlrabi in wenig Salzwasser ca. 10 Minuten vorgaren und 150 ml Kochwasser auffangen.

2. Hähnchenbrustfilet, Schalotten und Champignons würfeln, Karotten in Stücke schneiden. Fleischwürfel in einer beschichteten Pfanne fettfrei anbraten, geschnittenes Gemüse und Kohlrabiwürfel kurz mit anschwitzen. Kohlrabi-Kochwasser angießen und zugedeckt ca. 15 Minuten garen. Spargel in Stücke schneiden, mit der sauren Sahne unterrühren und mit Muskatnuss, Zitronensaft, Salz und Pfeffer abschmecken.

3. Fleisch-Gemüse-Masse in die Kohlrabi füllen. Kohlrabi und restliche Füllung in eine Auflaufform geben und mit Käse bestreut im vorgeheizten Backofen bei 200 Grad (Gas: Stufe 3) ca. 15 Minuten gratinieren. Kohlrabi mit Zitronenmelisse garniert servieren.

Pro Person: 2 POINTS

Zubereitungszeit: ca. 15 Minuten
Garzeit: ca. 40 Minuten

Bulgur
Bulgur ist ein vorgegarter Weizengrieß, der aus ganzen geschälten Weizenkörnern nach einem jahrtausendealten Verfahren hergestellt wird. Dabei wird das Getreide zuerst leicht gedämpft, anschließend getrocknet und dann mehr oder weniger fein zermahlen. Zu den gefüllten Kohlrabi schmeckt Bulgur sehr gut. Für 4 Personen garen Sie 160 g Bulgur ca. 15 Minuten in 600 ml Gemüsebrühe (2 TL Instant). Berechnen Sie pro Person 2 POINTS.

BLUMENKOHL-AUFLAUF

1. Blumenkohl in Röschen zerteilen und in kochendem Salzwasser ca. 5 Minuten blanchieren. Blumenkohl abtropfen lassen, mit Kartoffelpüree vermengen, mit Muskatnuss würzen und in eine flache feuerfeste Auflaufform geben.

2. Putenbrustfilet in Streifen schneiden und mit Mehl bestäuben. Öl in einer beschichteten Pfanne erhitzen und das Fleisch darin ca. 5 Minuten braten. Zwiebeln in Ringe schneiden, zum Fleisch geben und kurz mitgaren. Fleischmasse mit Salz und Pfeffer würzen und auf der Püreemasse verteilen.

3. Käse und Paniermehl mischen, über dem Auflauf verteilen und im vorgeheizten Backofen bei 200 Grad (Gas: Stufe 3) ca. 25 Minuten backen.

Zubereitungszeit: ca. 10 Minuten
Garzeit: ca. 40 Minuten

Für 4 Personen:

2 Köpfe Blumenkohl
Salz
640 g Kartoffelpüree/-stock, verzehrfertig
geriebene Muskatnuss
360 g Putenbrustfilet
1 EL Mehl
1 TL Pflanzenöl
2 Zwiebeln
Pfeffer
6 EL geriebener Käse (32 % Fett i. Tr.)
3 EL Paniermehl

Pro Person: 5 POINTS

CHICORÉE IM KASSLERMANTEL

Für 1 Person:

2 Chicorée
Salz
4 Scheiben Kassleraufschnitt
3 EL Frischkäse (30% Fett i. Tr.)
Saft von 2 Orangen (ersatzweise 100 ml Orangensaft, ohne Zucker)
Pfeffer
3 mittelgroße gekochte Kartoffeln
einige Blätter Petersilie

1. Chicorée längs halbieren, in Salzwasser ca. 10 Minuten blanchieren, mit jeweils einer Scheibe Kassleraufschnitt umwickeln und mit Holzspießen feststecken. Chicorée in eine mit Back-Folie ausgelegte Auflaufform legen.

2. Frischkäse mit Orangensaft verrühren und mit Salz und Pfeffer würzen. Frischkäsemasse über dem Chicorée verteilen und im vorgeheizten Backofen bei 200 Grad (Gas: Stufe 3) ca. 15 Minuten garen. Chicorée im Kasslermantel mit Kartoffeln und Petersilie garniert servieren.

Zubereitungszeit: ca. 10 Minuten
Garzeit: ca. 25 Minuten

Pro Person: 6 POINTS

SPANISCHE KARTOFFEL-PAPRIKA-TORTILLA

Für 1 Person:

1 Zwiebel
1 gelbe Paprikaschote
2 gekochte Kartoffeln
1 Ei
125 ml fettarme Milch
Salz
Pfeffer
geriebene Muskatnuss
2 Tomaten

1. Zwiebel in Ringe, Paprikaschote in Streifen und Kartoffeln in Scheiben schneiden. Ei und Milch verquirlen und mit Salz, Pfeffer und Muskatnuss kräftig würzen.

2. Zwiebelringe und Paprikastreifen in einer beschichteten Pfanne fettfrei anbraten. Kartoffelscheiben hinzugeben, mit Eimasse übergießen und bei mittlerer Hitze ca. 10 Minuten stocken lassen.

3. Tomaten in Spalten schneiden und dekorativ auf der Kartoffel-Paprika-Tortilla anordnen.

Zubereitungszeit: ca. 5 Minuten
Garzeit: ca. 15 Minuten

Pro Person: 5 POINTS

GEGRILLTE CHAMPIGNONS

Für 2 Personen:

12 Riesenchampignons
1 Knoblauchzehe
2 Scheiben roher Schinken, ohne Fett
4 Frühlingszwiebeln
6 EL Magerquark
½ kleines Glas trockener Weißwein
1 EL geriebener Käse (32% Fett i. Tr.)
1 TL Majoran
Salz
Pfeffer
4 Scheiben Baguettebrot

1. Stiele aus den Champignons herausdrehen.

2. Champignonstiele, Knoblauchzehe und Schinken fein würfeln, Frühlingszwiebeln in Ringe schneiden und alles in einer beschichteten Pfanne ca. 5 Minuten fettfrei braten. Quark, Wein und Käse unterrühren und alles mit Majoran, Salz und Pfeffer abschmecken.

3. Masse in die Champignonköpfe füllen und im vorgeheizten Backofen bei 200 Grad (Gas: Stufe 3) ca. 10 Minuten gratinieren. Champignons mit Baguette servieren.

Zubereitungszeit: ca. 10 Minuten
Garzeit: ca. 15 Minuten

Pro Person: 4 POINTS

TOMATEN IN KRÄUTERSAUCE

Für 2 Personen:

1 TL Halbfettmargarine
1 EL Mehl
150 ml Gemüsebrühe (1 TL Instant)
60 ml fettarme Milch
1 Prise geriebene Muskatnuss
Salz
Pfeffer
2 TL gehackte Kräuter
4 Fleischtomaten
1 rote Zwiebel
1 Knoblauchzehe
300 g Blattspinat (frisch oder TK)
5 EL geriebener Käse (32% Fett i. Tr.)

1. Margarine und Mehl verkneten. Gemüsebrühe und Milch aufkochen und mit „Mehlbutter“ andicken. Sauce mit Muskatnuss, Salz und Pfeffer abschmecken und Kräuter unterrühren.

2. Von den Tomaten einen Deckel abschneiden, aushöhlen und Fruchtfleisch klein schneiden. Zwiebel und Knoblauchzehe fein würfeln und fettfrei anschwitzen. Spinat und Tomaten-Fruchtfleisch zugeben und mit Salz und Pfeffer würzen.

3. Spinatmasse in die Tomaten füllen und in eine Auflaufform legen. Kräutersauce angießen, Käse darüber streuen und im vorgeheizten Backofen bei 220 Grad (Gas: Stufe 3) ca. 10 Minuten gratinieren.

Zubereitungszeit: ca. 10 Minuten
Garzeit: ca. 20 Minuten

Pro Person: 2 POINTS

ZUCCHINI-SOUFFLÉ

Für 1 Person:

1 TL Pflanzenmargarine
1 EL Mehl
125 ml fettarme Milch
Salz
Pfeffer
1 Ei
3 EL Haferflocken
1 Zucchini
150 ml passierte Tomaten (Konserve)
1 TL Thymian

1. Margarine zerlassen, Mehl darin goldgelb rösten, mit Milch ablöschen, aufkochen und mit Salz und Pfeffer würzen. Ei trennen, Eigelb und Haferflocken in die Sauce rühren und etwas auskühlen lassen.

2. Eine größere Souffléform mit Back-Folie auskleiden. Zucchini in feine Streifen schneiden und in die Haferflocken-Masse geben. Eiklar mit 1 Prise Salz steif schlagen und vorsichtig unterheben.

3. Soufflé-Masse in die Form füllen und in eine mit Wasser gefüllte Fettpfanne oder Auflaufform stellen. Zucchini-Soufflé im vorgeheizten Backofen bei 175 Grad (Gas: Stufe 2) ca. 25 Minuten garen.

4. Tomaten erhitzen, mit Thymian, Salz und Pfeffer abschmecken und Tomatensauce zum Zucchini-Soufflé servieren.

Zubereitungszeit: ca. 20 Minuten
Garzeit: ca. 30 Minuten

Pro Person: 6 POINTS

SCHICHTGEMÜSE À LA GREEK

1. Squash, Gurken, Aubergine, Tomaten und Zwiebeln in Scheiben schneiden. Ein tiefes Backblech mit Öl einpinseln und Gemüsescheiben schuppenförmig überlappend darauf schichten.

2. Knoblauch zerdrücken. Käse mit Gemüsebrühe pürieren und mit saurer Sahne verquirlen. Knoblauch zugeben und mit Kräutersalz, Pfeffer, Thymian und Basilikum abschmecken. Schichtgemüse im vorgeheizten Backofen auf der mittleren Schiene bei 220 Grad (Gas: Stufe 3, Umluft: 200 Grad) ca. 25 Minuten backen.

Zubereitungszeit: ca. 20 Minuten
Backzeit: ca. 25 Minuten

Für 4 Personen:

2 Squash (Mini-Kürbis)
2 Salatgurken
1 kleine Aubergine
6 Fleischtomaten
2 Zwiebeln
2 TL Olivenöl
3 Knoblauchzehen
90 g Manouri (ersatzweise Feta)
⅛ l Gemüsebrühe (1 TL Instant)
300 g saure Sahne
Kräutersalz
Pfeffer
1 TL Thymian
1 TL Basilikum

Pro Person: 4,5 POINTS

Manouri
Manouri ist ein Frischkäse aus Griechenland, der aus Schafs- oder Ziegenmolke hergestellt wird. Der Manouri wird in Kugel- oder Wurstform angeboten und kann ein Gewicht bis zu 1 Kilogramm haben. Da er in Folien zum Reifen gelagert wird, ist die weiße Oberfläche rindenlos. Der Manouri ist cremig aber dennoch schnittfest und daher zum Belegen sehr beliebt. Er eignet sich gut als Zugabe in Salaten und zum Überbacken von Aufläufen.

PFANNENGEMÜSE MIT BANDNUDELN

Für 4 Personen:

240 g Bandnudeln, trocken
Salz
1 Bund Lauchzwiebeln
4 Karotten
4 Stangen Bleichsellerie
4 Zucchini
400 g Champignons
2 Knoblauchzehen
4 TL Pflanzenöl
Pfeffer
4 EL Sojasauce
2 TL Reiswein (Mirin)
200 g Radieschensprossen (ersatzweise andere Sprossen)
4 EL gemischte Kerne (z.B. Kürbiskerne, Sonnenblumenkerne)

1. Bandnudeln in kochendem Salzwasser nach Packungsanweisung bissfest garen. Lauchzwiebeln in Ringe, Karotten und Sellerie in feine Scheiben und Zucchini in Stücke schneiden. Champignons halbieren und Knoblauch fein hacken.

2. Öl in einer tiefen Pfanne erhitzen, Knoblauch darin andünsten, Gemüse zugeben und unter Rühren ca. 10 Minuten garen. Mit Salz, Pfeffer, Sojasauce und Reiswein pikant abschmecken.

3. Sprossen mit den Kernen untermischen und Pfannengemüse zu Bandnudeln servieren.

Zubereitungszeit: ca. 20 Minuten
Garzeit: ca. 15 Minuten

Pro Person: 5,5 POINTS

ÜBERBACKENE ZUCCHINI

1. Die Zucchini längs halbieren, aushöhlen und Fruchtfleisch würfeln. Tomaten kreuzweise einschneiden, mit heißem Wasser überbrühen, häuten, halbieren und entkernen. Tomatenfleisch und Schalotten würfeln.

2. Zucchini-, Tomaten- und Schalottenwürfel sowie Tatar in einer beschichteten Pfanne fettfrei anbraten. Die Masse mit Salz, Pfeffer sowie Kräutern der Provence würzen und in die Zucchini füllen. Zucchini in eine Auflaufform setzen, mit geriebenem Käse bestreuen und im vorgeheizten Backofen bei 175 Grad (Gas: Stufe 2) ca. 15 Minuten überbacken. Mit Brötchen servieren.

Zubereitungszeit: ca. 10 Minuten
Garzeit: ca. 20 Minuten

Für 1 Person:

2 Zucchini
4 Tomaten
4 Schalotten
4 EL Tatar (120 g)
Salz
Pfeffer
1 TL Kräuter der Provence
4 EL geriebener Käse (32 % Fett i. Tr.)
1 Brötchen

Pro Person: 6 POINTS

GEFÜLLTE PAPRIKA ORIENTAL

Für 1 Person:

1 Tomate
1 rote Paprikaschote
1 Zwiebel
1 Lauchzwiebel
120 g gegarter Couscous
1 TL gehackte Pfefferminze
Salz
Pfeffer
75 g Magermilch-Joghurt
1 EL geriebener Käse
(32 % Fett i. Tr.)

1. Tomate kreuzweise einschneiden, mit heißem Wasser überbrühen, häuten, halbieren und entkernen. Paprikaschote in kochendem Wasser blanchieren und einen Deckel abschneiden. Tomatenfleisch und Zwiebel würfeln, Lauchzwiebel in Ringe schneiden. Zwiebel in einer beschichteten Pfanne fettfrei andünsten.

2. Couscous, gedünstete Zwiebel, Tomatenwürfel und Lauchzwiebelringe mit Pfefferminze, Salz und Pfeffer abschmecken und in die Paprikaschote füllen. Paprikaschote in eine Auflaufform setzen. Joghurt und Käse mischen, über die Paprikaschote geben und im vorgeheizten Backofen bei 200 Grad (Gas: Stufe 3) ca. 8 Minuten überbacken.

Zubereitungszeit: ca. 10 Minuten
Garzeit: ca. 10 Minuten

Pro Person: 4 POINTS

TOMATEN AUS DEM GRILL

Für 2 Personen:

4 Fleischtomaten
2 Schalotten
2 Knoblauchzehen
1 kleines Putenbrustfilet (120 g)
1 Hand voll Austernpilze (ersatzweise Champignons)
100 g Sojasprossen
1 Ei
2 EL Paniermehl
3 EL Frischkäse (30% Fett i. Tr.)
1 TL Sojasauce
Salz
Pfeffer
3 EL geriebener Käse (32% Fett i. Tr.)
300 ml Gemüsebrühe (2 TL Instant)
80 g Hirse, trocken

1. Von den Fleischtomaten einen Deckel abschneiden und aushöhlen. Schalotten, Tomatenfleisch und Knoblauchzehen fein würfeln, Putenbrustfilet und Austernpilze in Streifen schneiden und alles mit den Sojasprossen in einer beschichteten Pfanne zugedeckt ca. 5 Minuten dünsten.

2. Ei verquirlen, mit Paniermehl und Frischkäse vermengen und mit Sojasauce, Salz und Pfeffer würzen.

3. Das Gemüse-Putenfleisch mit Ei-Masse mischen und in die ausgehöhlten Tomaten füllen. Käse darüber streuen und im vorgeheizten Backofen bei 200 Grad (Gas: Stufe 3) ca. 20 Minuten backen.

4. Gemüsebrühe aufkochen, Hirse einrühren und ca. 10 Minuten kochen lassen. Gegrillte Tomaten mit Hirse servieren.

Zubereitungszeit: ca. 15 Minuten
Garzeit: ca. 30 Minuten

Pro Person: 6 POINTS

GEFÜLLTES GEMÜSE

Für 4 Personen:

FÜR DIE GEFÜLLTEN TOMATEN:

4 Tomaten
2 rote Zwiebeln
10 grüne Oliven, ohne Kern
6 EL Frischkäse
(30 % Fett i. Tr.)
100 g fettarmer Joghurt
2 EL gehackte Petersilie
Salz, Pfeffer
einige Blätter Petersilie

Pro Person: 1,5 POINTS

FÜR DIE GEFÜLLTEN MINI-PAPRIKA:

4 bunte Mini-Paprikaschoten
1 EL Pinienkerne
90 g Ziegenkäse
100 g fettarmer Joghurt
1 TL Honig
Salz
Pfeffer
bunter Pfeffer

Pro Person: 2 POINTS

FÜR DIE GEFÜLLTEN GURKEN:

1 Salatgurke
210 g Tunfisch im eigenen Saft (Konserve)
6 EL Frischkäse
(30 % Fett i. Tr.)
2 Gewürzgurken
2 EL Kapern
Salz, Pfeffer
einige Dillzweige

Pro Person: 2,5 POINTS

1. Für die gefüllten Tomaten von den Tomaten den oberen Deckel abschneiden und das Kerngehäuse entfernen. Zwiebeln und Oliven fein würfeln, mit Frischkäse, Joghurt und Petersilie verrühren und mit Salz und Pfeffer pikant abschmecken. Die Frischkäsecreme in die ausgehöhlten Tomaten füllen und mit Petersilie garniert servieren.

2. Für die gefüllten Mini-Paprika Paprikaschoten längs halbieren und das Kerngehäuse herausschneiden, Pinienkerne hacken. Ziegenkäse mit Joghurt, Honig und Pinienkernen verrühren und mit Salz und Pfeffer abschmecken. Die Masse in die Paprikahälften füllen und mit buntem Pfeffer bestreut servieren.

3. Für die gefüllten Gurken Gurke mit einem Sparschäler längs so schälen, dass grüne Streifen bleiben, in 4 Stücke schneiden und einen Teil des Kerngehäuses mit einem Teelöffel herausnehmen. Tunfisch mit Frischkäse vermischen. Gewürzgurken in feine Würfel schneiden, mit den Kapern zur Tunfischmasse geben und pikant mit Salz und Pfeffer abschmecken. Masse in die Gurkenstücke füllen und mit Dill garniert servieren.

Zubereitungszeit: ca. 15 Minuten

GEMÜSEPFANNE

Für 4 Personen:

2 Knoblauchzehen
400 g Blumenkohl
4 Karotten
2 TL Pflanzenöl
250 g grüne Bohnen
300 ml Gemüsebrühe
(1 TL Instant)
250 g fettarmer Joghurt
1 TL Stärkemehl
8 mittelgroße, gekochte Kartoffeln
400 g Mais (Konserve)
Salz
Pfeffer

1. Knoblauchzehen zerdrücken, Blumenkohl in Röschen teilen und Karotten in Stifte schneiden. Öl in einer Pfanne erhitzen und Gemüse und Bohnen andünsten. 200 ml Brühe angießen und zugedeckt ca. 15 Minuten garen.

2. Restliche Brühe und Joghurt mit Stärkemehl verrühren und zum Gemüse geben. Kartoffeln würfeln, mit Mais hinzu geben und erhitzen. Gemüsepfanne mit Salz und Pfeffer kräftig abschmecken und servieren.

Zubereitungszeit: ca. 10 Minuten
Garzeit: ca. 20 Minuten

Pro Person: 4 POINTS

GEFÜLLTE ZWIEBELN

Für 4 Personen:

8 Gemüsezwiebeln
Salz
420 g Tatar
2 Eier
3 TL gehackte Petersilie
1 Msp. gemahlener Kümmel
Pfeffer
250 ml Gemüsebrühe (1 TL Instant)
2 EL heller Saucenbinder (Instantpulver)
12 gekochte Kartoffeln

Pro Person: 5 POINTS

1. Von den Zwiebeln einen Deckel abschneiden, aushöhlen und in Salzwasser zugedeckt ca. 10 Minuten garen.

2. Ausgelöstes Zwiebelfruchtfleisch fein hacken und mit Tatar, Eiern und Petersilie vermengen. Tatar-Masse mit Kümmel, Salz und Pfeffer würzen und in die Zwiebeln füllen.

3. Zwiebeln in eine kleine Auflaufform setzen, Gemüsebrühe angießen und im vorgeheizten Backofen bei 200 Grad (Gas: Stufe 3) ca. 20 Minuten garen. Zwiebeln herausnehmen und Sauce mit Saucenbinder andicken. Zwiebeln mit Sauce zu den Kartoffeln servieren.

Zubereitungszeit: ca. 10 Minuten
Garzeit: ca. 30 Minuten

Zwiebeln

Zwiebeln gehören zu den ältesten Kulturpflanzen. Charakteristisch ist der würzige Geschmack und Geruch, der durch den Gehalt an ätherischen Ölen bedingt ist. Letztere sind es, die die Schleimhäute reizen und die Tränen laufen lassen. Aus Spanien stammt eine besonders große Speisezwiebel, die Gemüsezwiebel. Die Gemüsezwiebel wird vorwiegend in südlichen Ländern angebaut, da sie hohe Wärmeansprüche hat. Die »großen« Zwiebeln erreichen ein Gewicht von 200 g und mehr. Das Fruchtfleisch ist mild und leicht süßlich. Gemüsezwiebeln können Sie vielseitig in der Küche einsetzen: für Zwiebelsalate, zum Schmoren und Kochen von Zwiebelgemüse, für Suppen, zum Grillen, besonders aber zum Füllen mit Hackfleisch oder Gemüse.

TOMATEN MIT FRISCHKÄSE-FÜLLUNG

1. Fleischtomaten aushöhlen und das Innere in Würfel schneiden. Für die Füllung Zwiebel, Knoblauchzehe und Champignons fein hacken und in einer beschichteten Pfanne fettfrei anbraten. Tomatenwürfel und Frischkäse hinzugeben und mit Basilikum, Salz und Pfeffer abschmecken.

2. Füllung in die Tomaten geben, mit Käse bestreuen und in eine flache Auflaufform setzen. Gemüsebrühe angießen und im vorgeheizten Backofen bei 200 Grad (Gas: Stufe 3) ca. 20 Minuten garen.

Zubereitungszeit: ca. 10 Minuten
Garzeit: ca. 20 Minuten

Für 4 Personen:

4 große Fleischtomaten
1 Zwiebel
1 Knoblauchzehe
100 g Champignons
4 EL Frischkäse
(30 % Fett i. Tr.)
2 TL gehacktes Basilikum
Salz
Pfeffer
4 EL geriebener Käse
(32 % Fett i. Tr.)
150 ml Gemüsebrühe
(1 TL Instant)

Pro Person: 1 POINT

SPARGEL IM KARTOFFELHEMD MIT KRÄUTERSAUCE

Für 2 Personen:

500 g grüner Spargel
Salz
200 g Kartoffeln
1 Ei
6 EL Stärkemehl
Pfeffer
geriebene Muskatnuss
1 dünne Scheibe gekochter Schinken
1 TL Schnittlauchringe
1 TL Pflanzenöl
3 EL fettarme Milch
1 EL heller Saucenbinder (Instantpulver)
1 Tasse frische Kräuter (Petersilie, Schnittlauch)

1. Spargel in ca. 5 cm lange Stücke schneiden, in Salzwasser ca. 15 Minuten bissfest garen und das Kochwasser beiseite stellen.

2. Kartoffeln kochen, zerstampfen, mit Ei und Stärkemehl verkneten und mit Salz, Pfeffer und Muskatnuss würzen. Teig halbieren und jeweils ca. 1 cm dick zu einem Rechteck ausrollen.

3. Schinken in Streifen schneiden, mit der Hälfte der Spargelstücke und Schnittlauchringe auf die Kartoffelteige verteilen. Rechtecke übereinanderschlagen und Ränder festdrücken. Öl in einer Pfanne erhitzen und Kartoffelhemden von beiden Seiten goldbraun braten.

4. 100 ml Spargelkochwasser mit Milch erhitzen und mit Saucenbinder binden. Den Rest des Spargels darin kurz erwärmen, Kräuter zugeben, mit Salz und Pfeffer abschmecken und zu den Kartoffelhemden servieren.

Zubereitungszeit: ca. 20 Minuten
Garzeit: ca. 25 Minuten

Pro Person: 6 POINTS

SPINAT-NUDEL-PFANNE

Für 1 Person:

2 Tomaten
1 Knoblauchzehe
1 Lauchzwiebel
200 g frischer Spinat
125 ml fettarme Milch
½ TL Gemüsebrühe, Instant
180 g gegarte Nudeln
Salz
Pfeffer
1 Msp. geriebene Muskatnuss
1 kleines Stück Schafkäse (45% Fett i. Tr.)

1. Tomaten kreuzweise einschneiden, mit heißem Wasser überbrühen, häuten, halbieren und entkernen. Tomatenfleisch und Knoblauchzehe würfeln, Lauchzwiebel in Ringe schneiden und alles mit Blattspinat in einer beschichteten Pfanne fettfrei ca. 10 Minuten andünsten.

2. Milch mit Gemüsebrühe würzen, mit Nudeln zum Gemüse geben und mit Salz, Pfeffer sowie Muskatnuss pikant abschmecken. Schafkäse würfeln. Spinat-Nudel-Pfanne auf einem Teller anrichten und mit Schafkäsewürfeln bestreut servieren.

Zubereitungszeit: ca. 10 Minuten
Garzeit: ca. 10 Minuten

Pro Person: 6 POINTS

BUNTES GEMÜSE MIT FARFALLE

1. Nudeln nach Packungsanweisung in kochendem Salzwasser garen. Spargel in 5 cm lange Stücke schneiden. Knoblauch fein hacken. Peperoni entkernen und mit Frühlingszwiebel in Ringe und Paprika in Rauten schneiden.

2. Spargelstücke, Zuckererbsenschoten, Paprikarauten, Peperoni, Frühlingszwiebelringe und Knoblauch im heißen Öl in einer beschichteten Pfanne unter Rühren ca. 5 Minuten anbraten. Mais, gegarte Farfalle, Petersilie, Koriander, Orangen- und Zitronensaft untermischen. Mit Salz und Cayennepfeffer abschmecken und servieren.

Zubereitungszeit: ca. 10 Minuten
Garzeit: ca. 15 Minuten

Für 4 Personen:

240 g Farfalle, trocken
Salz
200 g grüner Spargel
2 Knoblauchzehen
1 Peperoni
1 Frühlingszwiebel
2 rote Paprikaschoten
200 g Zuckererbsenschoten
1 TL Pflanzenöl
100 g Mais (Konserve)
1 EL Petersilie
1 EL Koriander
2 EL Orangensaft, ohne Zucker
2 EL Zitronensaft
Cayennepfeffer

Pro Person: 4 POINTS

MAIS-BOHNEN-KARTOFFEL-EINTOPF

Für 1 Person:

1 Zwiebel
3 Kartoffeln
200 g frische, grüne Bohnen
300 ml Gemüsebrühe
(2 TL Instant)
2 EL Mais (Konserve)
1 EL Kidneybohnen
(Konserve)
Salz
Cayennepfeffer

1. Zwiebel und Kartoffeln würfeln und Bohnen in mundgerechte Stücke schneiden. Zwiebelwürfel fettfrei anrösten, Gemüsebrühe angießen und aufkochen. Kartoffeln und Bohnen in der Gemüsebrühe zugedeckt ca. 15 Minuten garen.

2. Mais und Kidneybohnen in der Suppe erhitzen und mit Salz und Cayennepfeffer abgeschmeckt servieren.

Zubereitungszeit: ca. 20 Minuten
Garzeit: ca. 15 Minuten

Pro Person: 3 POINTS

WÜRZIGE WEISSKOHLPFANNE

Für 4 Personen:

300 g Schweineschnitzel, mager
2 EL Sojasauce
1 Zwiebel
1 kleines Stück Ingwer
1 Kopf Weißkohl
2 TL Pflanzenöl
100 ml Gemüsebrühe (1 TL Instant)
1 TL Paprikapulver
320 g gegarter Reis
Salz
Chilipulver
Sambal Oelek

1. Fleisch in feine Streifen schneiden und in der Sojasauce ca. 30 Minuten marinieren. Zwiebel würfeln und Ingwer fein hacken. Weißkohlstrunk entfernen und Kohl in Streifen schneiden.

2. Öl in einer Pfanne erhitzen, Zwiebel und Ingwer zufügen und darin glasig andünsten. Fleisch zugeben und von allen Seiten ca. 5 Minuten anbraten. Weißkohlstreifen unterrühren, Brühe angießen und ca. 10 Minuten garen.

3. Paprikapulver mit Reis unterheben, unter Rühren weitere ca. 5 Minuten garen, mit Salz, Chilipulver und Sambal Oelek würzig abschmecken und servieren.

Zubereitungszeit: ca. 15 Minuten
Marinierzeit: ca. 30 Minuten
Garzeit: ca. 20 Minuten

Pro Person: 4 POINTS

CHINESISCHE GEMÜSEPFANNE MIT HUHN

1. Hähnchenbrustfilet in grobe Würfel schneiden. Sellerie in Stücke, Frühlingszwiebeln in Ringe, Champignons in Scheiben und Paprikaschoten in Streifen schneiden.

2. Öl in einer Pfanne erhitzen, Fleischwürfel zufügen und von allen Seiten ca. 5 Minuten anbraten. Geschnittenes Gemüse zusammen mit den Sprossen und Zuckererbsenschoten zufügen und zugedeckt ca. 5 Minuten schmoren. Sojasauce mit Sherry verrühren und mit Glasnudeln und Cashewnüssen zum Gemüse geben. Alles einmal aufkochen, mit Salz, Pfeffer und Currypulver abschmecken und servieren.

Zubereitungszeit: ca. 10 Minuten
Garzeit: ca. 15 Minuten

Für 4 Personen:

480 g Hähnchenbrustfilet
2 Stangen Staudensellerie
1 Bund Frühlingszwiebeln
200 g Champignons
je 1 gelbe und rote Paprikaschote
2 TL Sesamöl (ersatzweise Pflanzenöl)
100 g Bambussprossen
50 g Sojasprossen
150 g Zuckererbsenschoten
5 EL Sojasauce
½ Glas Sherry (25 ml)
240 g gegarte Glasnudeln
4 TL gehackte Cashewnüsse
Salz
Pfeffer
Currypulver

Pro Person: 5 POINTS

GEMÜSE-MIX MIT HÄHNCHEN

Für 4 Personen:

1 Staude Mangold (ca. 500 g)
je 1 rote und gelbe Paprikaschote
200 g Champignons
2 Zwiebeln
1 Knoblauchzehe
320 g Kartoffeln
300 g Hähnchenbrustfilet
90 g Bauchspeck
2 TL Pflanzenöl
½ Liter Gemüsebrühe (2 TL Instant)
Salz
Pfeffer
1 TL Currypulver
einige Tropfen Zitronensaft
2 TL heller Saucenbinder (Instantpulver)

1. Mangold in Stücke, Paprikaschoten in Streifen schneiden und Champignons halbieren. Zwiebeln achteln, Knoblauchzehe zerdrücken und Kartoffeln in Stifte schneiden. Hähnchenbrustfilet und Speck in feine Streifen schneiden.

2. Öl in einer beschichteten Pfanne erhitzen, Speck- und Hähnchenbruststreifen darin anbraten, Kartoffelstifte, Zwiebeln, Paprikastreifen und Knoblauch zugeben und kurz mitdünsten. Brühe angießen und alles ca. 5 Minuten garen. Kurz vor Ende der Garzeit Mangoldstücke und Champignonhälften hinzufügen und mit Salz, Pfeffer, Currypulver und Zitronensaft abschmecken. Saucenbinder einstreuen, unter Rühren aufkochen lassen und den Gemüse-Mix servieren.

Zubereitungszeit: ca. 15 Minuten
Garzeit: ca. 10 Minuten

Pro Person: 5 POINTS

PAPRIKAPFANNE MIT SCHWEINEFLEISCH

Für 4 Personen:

600 g Schweinefleisch, mager
2 TL Pflanzenöl
Pfeffer
Paprikapulver
je 2 rote und gelbe Paprikaschoten
1 Gemüsezwiebel
400 g Champignons
2 TL italienische Kräuter
200 g Erbsen (ersatzweise TK)
Salz

1. Schweinefleisch in schmale Streifen schneiden. 1 Teelöffel Öl in einer Pfanne erhitzen, Fleischstreifen zufügen, mit Pfeffer und Paprikapulver würzen, von allen Seiten ca. 5 Minuten anbraten und herausnehmen.

2. Paprikaschoten in Streifen, Gemüsezwiebel in Ringe und Champignons in Scheiben schneiden. Restliches Öl in der Pfanne erhitzen, Zwiebeln zufügen und glasig andünsten. Fleisch-, Paprikastreifen, Pilze und Kräuter zufügen und ca. 10 Minuten schmoren. Erbsen zufügen, ca. 5 weitere Minuten garen, mit Salz, Pfeffer und Paprikapulver abschmecken und servieren.

Zubereitungszeit: ca. 10 Minuten
Garzeit: 20 Minuten

Pro Person: 4 POINTS

ZUCCHINI-NUDEL-PUFFER MIT TOMATENCHUTNEY

1. Zucchini grob raspeln und Zwiebel fein hacken. Käse in feine Würfel schneiden und Petersilie fein hacken. Gemüse mit Nudeln, Käse und Kräutern verrühren. Eier, Mehl und Milch verquirlen, unterrühren und mit Salz und Pfeffer würzen.

2. Öl in einer Pfanne erhitzen, Nudel-Zucchini-Masse esslöffelweise in die Pfanne geben und glatt streichen. Puffer bei mittlerer Hitze von beiden Seiten ca. 3 Minuten braten. Fertige Puffer auf ein mit Back-Folie ausgelegtes Blech setzen und warm stellen.

3. Für das Chutney Tomaten überbrühen, häuten, entkernen und in feine Würfel schneiden. Pflaumen abtropfen lassen, halbieren und Zwiebel fein hacken. Tomaten, Pflaumen und Zwiebeln in einen Topf geben und ca. 5 Minuten bei mittlerer Hitze dünsten. Essig und Honig einrühren und mit Ingwer und Chilipulver abschmecken. Zucchini-Nudel-Puffer mit Tomatenchutney servieren.

Zubereitungszeit: ca. 25 Minuten
Garzeit: ca. 20 Minuten

Für 4 Personen:

FÜR DIE ZUCCHINI-NUDEL-PUFFER:

400 g Zucchini
1 Zwiebel
90 g Emmentaler Käse (45% Fett i. Tr.)
½ Bund Petersilie
480 g gegarte Bandnudeln
1 TL Thymian
4 Eier
5 EL Mehl
60 ml fettarme Milch
Salz
Pfeffer
4 TL Pflanzenöl

FÜR DAS TOMATEN-CHUTNEY:

400 g Tomaten
100 g Pflaumen (Konserve ohne Zucker)
1 rote Zwiebel
2 EL Balsamicoessig
2 TL Honig
Ingwerpulver
Chilipulver

Pro Person: 8 POINTS

KNACKIGES WOK-GEMÜSE

Für 4 Personen:

2 Knoblauchzehen
4 Karotten
1 kleiner Chinakohl
1 Bund Frühlingszwiebeln
200 g grüne Bohnen (Konserve)
200 g Broccoli
Salz
2 TL Sesamöl
200 g Sprossen
250 ml Gemüsebrühe (2½ TL Instant)
2 EL Reiswein (Mirin)
Pfeffer
2 TL China-Würzmischung
320 g gegarter Reis

1. Knoblauch fein hacken, Karotten in feine Würfel und Chinakohl in Streifen schneiden. Frühlingszwiebeln in Ringe, Bohnen in Stücke schneiden und Broccoli in Röschen teilen. Broccoli in kochendem Salzwasser ca. 5 Minuten blanchieren.

2. Öl in einer Pfanne oder einem Wok erhitzen, Knoblauch andünsten, restliches Gemüse und Sprossen zugeben und ca. 5 Minuten unter Rühren anbraten. Mit Gemüsebrühe und Reiswein ablöschen und ca. 10 Minuten köcheln lassen. Mit Salz, Pfeffer und China-Würzmischung abschmecken und mit Reis servieren.

Zubereitungszeit: ca. 20 Minuten
Garzeit: ca. 20 Minuten

Pro Person: 2,5 POINTS

PIZZA, QUICHE, PIKANTE KUCHEN

SPINAT-CHAMPIGNON-LASAGNE

Für 4 Personen:

**500 g Spinat
(ersatzweise 400 g TK)
500 g Champignons
4 EL Mehl
Salz
Pfeffer
4 TL Sojasauce
160 g Lasagneblätter, trocken und ohne Vorkochen
1 TL Pflanzenmargarine
6 EL geriebener Emmentaler
(32 % Fett i. Tr.)**

1. Spinat waschen, nur wenig abgetropft in einen Topf geben und bei mittlerer Hitze zusammenfallen lassen. Champignons würfeln, in einer beschichteten Pfanne anbraten, herausnehmen und mit dem Spinat vermengen. Mehl über den Bratfond streuen, Spinatwasser mit Wasser auf 280 ml auffüllen, unter Rühren angießen und mit Salz, Pfeffer und Sojasauce würzen.

2. Lasagneblätter und Gemüse abwechselnd in eine ofenfeste mit Margarine gefettete Form schichten, dabei mit Lasagneblättern beginnen und mit Gemüse abschließen. Mit geriebenem Käse bestreuen, Sauce angießen und im Backofen 30 Minuten bei 200 Grad (Gas: Stufe 3) backen.

Zubereitungszeit: ca. 15 Minuten
Garzeit: ca. 35 Minuten

Pro Person: 3,5 POINTS

Tipp:
Besonders gut schmeckt die Lasagne, wenn Sie zusätzlich 200 g Tofuwürfel zufügen. Berechnen Sie pro Person 1 POINT extra.

WÜRZIGER CHAMPIGNON-LAUCH-KUCHEN

1. Mehl in eine Schüssel geben, Margarine, 1 Prise Salz und 3 Esslöffel Wasser dazugeben. Alles zu einem Mürbeteig verkneten, ca. 20 Minuten kühl stellen, ausrollen und auf ein mit Back-Folie ausgelegtes Backblech geben.

2. Lauch in Ringe, Champignons in Scheiben schneiden und mit Mais mischen. Gemüse mit Schmand vermengen, mit Salz, Pfeffer und Paprikapulver würzen, auf den Teig geben und im vorgeheizten Backofen auf der mittleren Schiene bei 200 Grad (Gas: Stufe 3, Umluft: 180 Grad) ca. 20 Minuten vorbacken. Champignon-Lauch-Kuchen mit geriebenem Käse bestreuen und nochmals bei 200 Grad (Gas: Stufe 3, Umluft: 180 Grad) ca. 20 Minuten backen. Champignon-Lauch-Kuchen mit Basilikum bestreuen, in Stücke schneiden und servieren.

Zubereitungszeit: ca. 25 Minuten
Kühlzeit: ca. 20 Minuten
Backzeit: ca. 40 Minuten

Für 12 Stücke:

FÜR DEN MÜRBETEIG:
280 g Mehl
140 g Halbfettmargarine
Salz

FÜR DEN BELAG:
3 Stangen Lauch
500 g Champignons
100 g Mais (Konserve)
3 EL Sauerrahm (Schmand, 24 % Fett)
Pfeffer
Paprikapulver
160 g geriebener Käse (32 % Fett i.Tr.)
1 EL gehacktes Basilikum

Pro Stück: 3,5 POINTS

DEFTIGER ZWIEBELKUCHEN

Für 12 Stücke:

FÜR DEN HEFETEIG:
560 g Mehl
1 Würfel frische Hefe
125 ml fettarme Milch
125 ml Wasser
2 EL Halbfettmargarine
Salz

FÜR DEN BELAG:
1 kg Gemüsezwiebeln
120 g Schinken, roh, ohne Fett
300 g saure Sahne
1 TL Kümmel
3 Eier
145 g geriebener Emmentaler (30 % Fett i.Tr.)
Pfeffer

1. Mehl in eine Schüssel geben und in die Mitte eine Vertiefung schieben. Hefe hineinbröckeln, Milch erwärmen, 3 Esslöffel lauwarme Milch zur Hefe geben und zugedeckt an einem warmen Ort ca. 15 Minuten gehen lassen. Margarine in der verbliebenen Milch auflösen, 1 Prise Salz zugeben und zusammen mit dem Wasser zu einem glatten Teig verkneten. Zugedeckt an einem warmen Ort ca. 30 Minuten gehen lassen. Backofen auf 200 Grad (Gas: Stufe 3, Umluft: 180 Grad) vorheizen.

2. In der Zwischenzeit Zwiebeln in Ringe und Schinken in Würfel schneiden. Schinkenwürfel in einer beschichteten Pfanne auslassen, herausnehmen, Zwiebelringe hineingeben und goldgelb anbraten. Saure Sahne, Kümmel, Eier, Käse, Salz und Pfeffer verquirlen.

3. Hefeteig in Blechgröße ausrollen und auf ein mit Back-Folie ausgelegtes Backblech legen. Zwiebelringe auf dem Teig verteilen, Schinkenwürfel darauf streuen. Sahne-Eier-Gemisch darüber gießen und im vorgeheizten Backofen auf der mittleren Schiene bei 200 Grad (Gas: Stufe 3, Umluft: 160 Grad) ca. 35 Minuten backen.

Zubereitungszeit: ca. 30 Minuten
Ruhezeit: ca. 45 Minuten
Backzeit: ca. 35 Minuten

Pro Stück: 5 POINTS

ROSENKOHL-AUFLAUF

Für 2 Personen:

500 g Rosenkohl
Salz
1 Schweineschnitzel (150 g)
1 TL Pflanzenöl
500 ml fettarme Milch
2 EL Maismehl (Polenta)
1 Msp. geriebene Muskatnuss
2 TL Zitronensaft
Pfeffer
1 TL Mandelblätter
2 mittelgroße gekochte Kartoffeln
2 rote Paprikaschoten
50 ml Gemüsebrühe (½ TL Instant)

1. Rosenkohl in Salzwasser ca. 15 Minuten garen. Schweineschnitzel in feine Streifen schneiden. Öl in einer Pfanne erhitzen und Fleischstreifen darin von allen Seiten anbraten.

2. Rosenkohl längs halbieren und mit der Schnittfläche nach unten in eine flache Auflauf- oder Quicheform legen. Fleischstreifen auf dem Rosenkohl verteilen. Für die Sauce Milch aufkochen, Maismehl einrühren und zugedeckt bei milder Hitze ca. 10 Minuten ausquellen lassen.

3. Sauce mit Muskatnuss, Zitronensaft, Salz und Pfeffer abschmecken und über den Rosenkohl gießen. Mandelblätter darüber streuen und im vorgeheizten Backofen bei 160 Grad (Gas: Stufe 1) ca. 25 Minuten überbacken.

4. Kartoffeln und Paprikaschoten würfeln. Kartoffelwürfel in einer beschichteten Pfanne fettfrei unter Rühren anbraten. Paprikawürfel und Brühe zufügen und ca. 5 Minuten garen. Rosenkohl-Auflauf mit Kartoffel-Paprikagemüse servieren.

Zubereitungszeit: ca. 10 Minuten
Garzeit: ca. 55 Minuten

Pro Person: 6 POINTS

KRÄUTER-QUARK-KUCHEN

1. Mehl in eine Schüssel geben, mit Margarine, Ei, 1 Prise Salz und ca. 2 Esslöffeln Wasser zu einem geschmeidigen Teig verkneten, zu einer Kugel formen und ca. 30 Minuten an einem warmen Ort zugedeckt gehen lassen. Zwiebeln fein hacken und in einer beschichteten Pfanne fettfrei andünsten.

2. Quark, Milch, Eier, Zwiebeln, Käse und Kräuter verrühren und mit Salz, Pfeffer und Muskat würzen. Ein Backblech mit Back-Folie auslegen, Teig ausrollen, darauf legen und einen Rand hochziehen. Quark-Masse darauf geben und im vorgeheizten Backofen auf der mittleren Schiene bei 200 Grad (Gas: Stufe 3, Umluft: 180 Grad) ca. 35 Minuten backen.

Zubereitungszeit: ca. 25 Minuten
Ruhezeit: ca. 30 Minuten
Backzeit: ca. 35 Minuten

Für 12 Stücke:

FÜR DEN TEIG:
250 g Mehl
130 g Halbfettmargarine
1 Ei
Salz

FÜR DIE FÜLLUNG:
2 Zwiebeln
825 g Magerquark
60 ml fettarme Milch
5 Eier
80 g geriebener Käse
(32 % Fett i.Tr.)
2 EL gehacktes Basilikum
2 EL gehackte Petersilie
2 EL Schnittlauchringe
1 EL gehackter Oregano
Pfeffer
geriebene Muskatnuss

Pro Stück: 4,5 POINTS

VERSTECKTES ZUCCHINIGEMÜSE

Für 4 Personen:

60 g schwarze Oliven, ohne Kern
100 g getrocknete Tomaten (ohne Öl)
4 Portionen Pizza-Frischteig (180 g)
300 g Artischockenherzen (Konserve)
4 Zucchini
6 Fleischtomaten
1 Knoblauchzehe
2 TL Olivenöl
Salz
Pfeffer
1 TL Kräuter der Provence

1. Oliven in Scheiben, getrocknete Tomaten in Würfel schneiden und mit dem Pizzateig verkneten. Artischockenherzen halbieren, Zucchini längs vierteln und in mundgerechte Stücke schneiden, Fleischtomaten grob würfeln.

2. Knoblauchzehe zerdrücken, in erhitztem Olivenöl kurz andünsten, vorbereitetes Gemüse zugeben und einige Minuten mitdünsten. Gemüse mit Salz, Pfeffer und Kräutern der Provence abschmecken und in eine Auflaufform geben. Teig dünn ausrollen, als Deckel auf den Auflauf setzen und im vorgeheizten Backofen bei 190 Grad (Gas: Stufe 2) ca. 20 Minuten backen.

Zubereitungszeit: ca. 10 Minuten
Backzeit: ca. 25 Minuten

Pro Person: 4,5 POINTS

UNGARISCHER BLECHKUCHEN

Für 12 Stücke:

FÜR DEN TEIG:
350 g Mehl
175 g Halbfettmargarine
Salz

FÜR DEN BELAG:
je 2 gelbe und rote Paprikaschoten
1 Gemüsezwiebel
1 Frühlingszwiebel
100 g Mais (Konserve)
200 ml Gemüsebrühe (2 TL Instant)
210 g saure Sahne
Pfeffer
80 g Geflügelsalami, in dünnen Scheiben
80 g geriebener Käse (32 % Fett i.Tr.)

1. Mehl in eine Schüssel geben, mit Margarine, 1 Prise Salz und 4 Esslöffeln Wasser zu einem glatten Mürbeteig verkneten und ca. 30 Minuten kühl stellen. Teig ausrollen und auf ein mit Back-Folie ausgelegtes Backblech geben. Paprikaschoten in Würfel, Gemüsezwiebel und Frühlingszwiebel in Ringe schneiden. Paprikawürfel, Mais, Zwiebel- und Frühlingszwiebelringe auf dem Teig verteilen.

2. Gemüsebrühe und saure Sahne verrühren, mit Salz und Pfeffer abschmecken und über das Gemüse geben. Salamischeiben in Streifen schneiden und mit geriebenem Käse über das Gemüse streuen. Ungarischen Blechkuchen im vorgeheizten Backofen auf der mittleren Schiene bei 200 Grad (Gas: Stufe 3, Umluft: 180 Grad) ca. 30 Minuten backen.

Zubereitungszeit: ca. 30 Minuten
Kühlzeit: ca. 30 Minuten
Backzeit: ca. 30 Minuten

Pro Stück: 4,5 POINTS

KNUSPRIGER GEMÜSE-TOFU-KUCHEN

1. Vollkornmehl in eine Schüssel geben, Margarine, Ei, 1 Prise Salz und 3 Esslöffel Wasser zugeben, alles zu einen Mürbeteig verarbeiten, ca. 20 Minuten kühl stellen, ausrollen und auf ein mit Back-Folie ausgelegtes Backblech geben.

2. Zwiebeln in Ringe, Champignons in Scheiben schneiden, beides in einer beschichteten Pfanne fettfrei andünsten und mit Salz, Pfeffer und Muskat würzen. Tomaten vierteln, mit Zwiebelringen und Champignonscheiben mischen und auf dem Teig verteilen.

3. Tofu mit Gemüsebrühe und Olivenöl pürieren, mit Senf, Salz und Pfeffer abschmecken und über das Gemüse geben. Gemüse-Tofu-Kuchen im vorgeheizten Backofen auf der mittleren Schiene bei 200 Grad (Gas: Stufe 3, Umluft: 180 Grad) ca. 25 Minuten backen.

Zubereitungszeit: ca. 5 Minuten
Kühlzeit: ca. 20 Minuten
Backzeit: ca. 25 Minuten

Für 12 Stücke:

FÜR DEN MÜRBETEIG:
240 g Vollkornmehl
120 g Halbfettmargarine
1 Ei
Salz

FÜR DEN BELAG:
400 g Zwiebeln
400 g Champignons
Pfeffer
geriebene Muskatnuss
400 g Strauchtomaten
100 g Tofu
⅛ l Gemüsebrühe
(1 TL Instant)
2 TL Olivenöl
1 TL Senf, mittelscharf

Pro Stück: 2,5 POINTS

ZUCCHINI-TOMATEN-KUCHEN

Für 12 Stücke:

FÜR DEN MÜRBETEIG:
260 g Mehl
130 g Halbfettmargarine
1 Eigelb
Salz

FÜR DEN BELAG:
1 kg Zucchini
800 g Fleischtomaten
250 g Mozzarella
125 ml fettarme Milch
60 ml Sahne (30 % Fett)
Pfeffer
Chilipulver
geriebene Muskatnuss

1. Mehl in eine Schüssel geben, Margarine, Eigelb, 1 Prise Salz und 3 Esslöffel Wasser zugeben, alles zu einem festen Teig verkneten und ca. 20 Minuten kühl stellen. Zucchini und Tomaten in dünne Scheiben schneiden.

2. Mürbeteig dünn ausrollen und auf ein mit Back-Folie ausgelegtes Backblech geben. Zucchini- und Tomatenscheiben auf den Teig schichten. Mozzarella mit Milch und Sahne pürieren. Mit Salz, Pfeffer, Chilipulver und Muskat würzen, über das Gemüse gießen und im vorgeheizten Backofen auf der mittleren Schiene bei 200 Grad (Gas: Stufe 3, Umluft: 180 Grad) ca. 30 Minuten backen.

Zubereitungszeit: ca. 25 Minuten
Kühlzeit: ca. 20 Minuten
Gar-/Backzeit: ca. 30 Minuten

Pro Stück: 4 POINTS

SPARGEL-SCHINKEN-GRATIN

Für 4 Personen:

1 kg Spargel
Salz
1 Bund Kerbel
(ersatzweise Schnittlauch)
200 g gekochter Schinken
600 g gekochte Kartoffeln
2 Eier
125 ml fettarme Milch
50 ml Gemüsebrühe
(½ TL Instant)
geriebene Muskatnuss
Pfeffer
Paprikapulver

1. Spargel in Stücke schneiden und in kochendem Salzwasser ca. 10 Minuten garen. Kerbel grob hacken, Kochschinken in Würfel und Kartoffeln in Scheiben schneiden. Spargel, Kartoffeln und Kochschinken in eine Auflaufform geben.

2. Eier mit Milch und Gemüsebrühe verquirlen, mit Kerbel, Muskatnuss, Salz, Pfeffer und Paprikapulver würzen und über das Gemüse geben. Spargel-Schinken-Gratin im vorgeheizten Backofen bei 200 Grad (Gas: Stufe 3) ca. 30 Minuten garen.

Zubereitungszeit: ca. 15 Minuten
Garzeit: ca. 40 Minuten

Pro Person: 4,5 POINTS

ITALIENISCHER KARTOFFELAUFLAUF

1. Kartoffeln mit Schale in reichlich kochendem Wasser ca. 20 Minuten garen und schälen. Kartoffeln, Zucchini und Aubergine in Scheiben schneiden. Auberginen- und Zucchinischeiben salzen, 15 Minuten ruhen lassen und in einer beschichteten Pfanne fettfrei goldbraun braten. Gemüse- und Kartoffelscheiben abwechselnd fächerförmig in eine Auflaufform schichten.

2. Knoblauchzehe fein hacken, mit Quark und Gemüsebrühe verrühren. Mit Salz, Cayennepfeffer und Paprikapulver würzig abschmecken und über das Gemüse gießen.

3. Mozzarella in Streifen schneiden und über dem Auflauf verteilen. Alles im vorgeheizten Backofen bei 200 Grad (Gas: Stufe 3) ca. 20 Minuten überbacken und mit Basilikum garniert servieren.

Zubereitungszeit: ca. 10 Minuten
Garzeit: ca. 45 Minuten

Für 1 Person:

2 große Kartoffeln
1 kleine Zucchini
1 kleine Aubergine
Salz
1 Knoblauchzehe
3 EL Magerquark
50 ml Gemüsebrühe
(½ TL Instant)
Cayennepfeffer
Paprikapulver
½ Kugel Mozzarella
einige Blätter Basilikum

Pro Person: 6 POINTS

KNUSPRIGE PIZZAMONDE

Für 12 Stück:

380 g Vollkornmehl
½ TL Backpulver
150 g Magerquark
1 Ei
2 TL Margarine
100 ml Mineralwasser
Salz
1 Zwiebel
1 kleines Hähnchenbrustfilet (120 g)
je 1 rote, gelbe und grüne Paprikaschote
1 Stange Staudensellerie
1 Tomate
10 grüne Oliven
200 ml passierte Tomaten (Konserve)
1 TL Kräuter der Provence
Paprikapulver
Pfeffer
200 g Mais (Konserve)
2 EL Ananasstücke (Konserve ohne Zucker)
80 g geriebener Gouda (30% Fett i. Tr.)

1. Mehl und Backpulver mischen und mit Quark, Ei, Margarine, Mineralwasser und Salz zu einem geschmeidigen Teig verkneten. Teig zugedeckt im Kühlschrank ca. 30 Minuten ruhen lassen.

2. Zwiebel und Hähnchenbrustfilet würfeln und in einer beschichteten Pfanne fettfrei braten. Paprikaschoten in Streifen, Staudensellerie, Tomate und Oliven in Scheiben schneiden. Passierte Tomaten mit Kräutern, Paprikapulver, Salz und Pfeffer würzen.

3. Teig durchkneten, ca. 1 cm dünn ausrollen und 12 Halbmonde ausstechen. Pizzamonde auf ein mit Back-Folie ausgelegtes Backblech legen und mit Tomatenmasse bestreichen. 4 Pizzamonde mit der Hälfte der Fleischmasse und roten Paprikastreifen belegen. 4 Pizzamonde mit Tomatenscheiben, gelben Paprikastreifen, Mais und Ananasstücken und die restlichen 4 Pizzamonde mit restlicher Fleischmasse, grünen Paprikastreifen, Staudensellerie- und Olivenscheiben belegen. Käse über alle Pizzamonde verteilen und im vorgeheizten Backofen bei 200 Grad (Gas: Stufe 3) ca. 20 Minuten backen.

Zubereitungszeit: ca. 30 Minuten
Ruhezeit: ca. 30 Minuten
Garzeit: ca. 30 Minuten

Pro Stück: 3 POINTS

CHAMPIGNON-GEFLÜGEL-AUFLAUF

Für 2 Personen:

240 g Hähnchenbrustfilet
Salz
Pfeffer
Ingwerpulver
500 g Champignons
4 Schalotten
180 ml fettarme Milch
1 EL heller Saucenbinder (Instantpulver)
3 EL gehackte Petersilie
240 g gegarte Spätzle
4 EL geriebener Käse (32 % Fett i. Tr.)
1 Salatgurke
½ Bund Frühlingszwiebeln
1 Päckchen Fix für Salatsauce
½ TL Dill

1. Hähnchenbrustfilet in Streifen schneiden, in einer beschichteten Pfanne fettfrei anbraten, mit Salz, Pfeffer und Ingwer würzen und herausnehmen. Champignons vierteln, Schalotten würfeln und beides in der gleichen Pfanne andünsten. Milch angießen, Saucenbinder unter Rühren einstreuen und aufkochen lassen. Petersilie einrühren und mit Salz und Pfeffer pikant abschmecken.

2. Champignongemüse mit Hähnchenstreifen und Spätzle in eine Auflaufform geben, mit Käse bestreuen und im vorgeheizten Backofen bei 200 Grad (Gas: Stufe 3) ca. 20 Minuten backen.

3. Salatgurke halbieren und in Halbmonde, Frühlingszwiebeln in Ringe schneiden. Fix für Salatsauce nach Packungsanweisung ohne Öl zubereiten, Dill einrühren, mit den Salatzutaten vermengen und zu dem Auflauf servieren.

Zubereitungszeit: ca. 25 Minuten
Garzeit: ca. 30 Minuten

Pro Person: 8 POINTS

KRABBEN-SPINAT-LASAGNE

1. Margarine zerlassen, Mehl darüber stäuben und goldgelb anschwitzen. Nach und nach Milch und Gemüsebrühe angießen und aufkochen lassen. Sauce mit Muskatnuss, Salz und Pfeffer abschmecken.

2. Spinat grob hacken. Zwiebeln und Knoblauchzehen würfeln, mit Krabben in einer beschichteten Pfanne andünsten. Spinat zugeben und mit Salz und Pfeffer abschmecken.

3. Abwechselnd Lasagneblätter, Spinatmasse und Sauce in eine flache eckige Auflaufform schichten, dabei mit Lasagneblättern beginnen und mit Sauce abschließen. Krabben-Spinat-Lasagne mit Käse bestreut im vorgeheizten Backofen bei 175 Grad (Gas: Stufe 2) ca. 40 Minuten backen.

Zubereitungszeit: ca. 25 Minuten
Garzeit: ca. 55 Minuten

Für 4 Personen:

1 TL Pflanzenmargarine
2 EL Mehl
125 ml fettarme Milch
200 ml Gemüsebrühe
(1 TL Instant)
1 Prise geriebene
Muskatnuss
Salz
Pfeffer
800 g Blattspinat
(frisch oder TK)
2 Zwiebeln
2 Knoblauchzehen
200 g Krabben
12 Lasagneblätter, trocken
80 g geriebener Käse
(32% Fett i. Tr.)

Pro Person: 6 POINTS

BUNTE KARTOFFEL-GEMÜSE-PIZZA

Für 12 Stücke:

FÜR DEN TEIG:
1 kg Kartoffeln
120 g saure Sahne
2 EL Mehl
4 Eier
1 EL Schnittlauchringe
1 EL gehackte Petersilie
Salz
Pfeffer
Thymian
Oregano

FÜR DEN BELAG:
4 EL Tomatenmark
4 EL Senf (z.B. Löwensenf mittelscharf)
je 1 rote und grüne Paprikaschote
200 g Champignons
1 Bund Frühlingszwiebeln
100 g Mais (Konserve)
40 g schwarze Oliven, entkernt
160 g geriebener Käse (32 % Fett i.Tr.)

1. Kartoffeln reiben und mit 90 g saurer Sahne, Mehl, Eiern, Schnittlauch und Petersilie verrühren. Kartoffelmasse mit Salz, Pfeffer, Thymian und Oregano würzen. Backblech mit Back-Folie auslegen, Masse darauf verteilen und im vorgeheizten Backofen auf der mittleren Schiene bei 200 Grad (Gas: Stufe 3, Umluft: 180 Grad) ca. 20 Minuten vorbacken.

2. Tomatenmark, Senf und restliche saure Sahne verrühren, mit Thymian und Oregano würzen und auf den Pizzaboden streichen. Paprikaschoten in Streifen, Champignons in Scheiben und Frühlingszwiebeln in Ringe schneiden.

3. Paprikastreifen, Champignonscheiben, Frühlingszwiebelringe, Mais und Oliven und auf dem Pizzaboden verteilen. Mit Käse bestreuen und im vorgeheizten Backofen auf der mittleren Schiene bei 180 Grad (Gas: Stufe 2, Umluft: 160 Grad) ca. 20 weitere Minuten backen.

Zubereitungszeit: ca. 35 Minuten
Backzeit: ca. 40 Minuten

Pro Stück: 3 POINTS

FISCH, GEFLÜGEL, FLEISCH

SCHOLLE MIT KRÄUTERKRUSTE

Für 4 Personen

4 Schollenfilets (à 140 g)
1 TL Zitronensaft
2 EL französische Kräuter
2 EL Paniermehl
2 TL Pflanzenmargarine
Salz
Pfeffer
1 Aubergine
4 große Karotten
1 Zucchini
½ Liter Gemüsebrühe
(3 TL Instant)
1 EL Pinienkerne
480 g Kartoffelpüree/
-stock, verzehrsfertig

1. Schollenfilets mit Zitronensaft beträufeln. Kräuter, Paniermehl und Margarine verrühren und mit Salz und Pfeffer würzen. Kräutermasse auf je 1 Seite der Schollenfilets streichen und anschließend im Backofen bei 200 Grad (Gas: Stufe 4) ca. 15 Minuten grillen.

2. Aubergine, Karotten und Zucchini würfeln. Gemüsebrühe in einem Topf erhitzen, Gemüsewürfel hineingeben, ca. 10 Minuten garen, abgießen, mit Salz und Pfeffer würzen, und mit Pinienkernen bestreuen. Scholle mit Gemüse und Kartoffelpüree servieren.

Zubereitungszeit: ca. 15 Minuten
Garzeit: ca. 15 Minuten

Pro Person: 4,5 POINTS

SEELACHS MIT GRÜNEM PFEFFER

1. Kartoffeln in kochendem Salzwasser ca. 20 Minuten garen. Seelachsfilets salzen und pfeffern. Zwiebeln in Ringe schneiden, Paprika würfeln und Knoblauch zerdrücken. Schinken würfeln, in einer beschichteten Pfanne fettfrei anbraten, Zwiebelringe dazugeben und glasig dünsten. Paprikawürfel, Knoblauch und grüne Pfefferkörner zugeben, unter Rühren braten, Mais zufügen, Gemüsebrühe angießen, mit Salz, Pfeffer und Paprika würzen und zugedeckt bei mittlerer Hitze ca. 10 Minuten garen.

2. Fischfilet auf das Gemüse legen und zugedeckt weitere 10 Minuten garen. Fischfilet herausnehmen und warm stellen. Sauerrahm in das Gemüse einrühren und mit Salz und Pfeffer abschmecken. Fisch mit Salzkartoffeln und Gemüse auf Tellern anrichten und mit fein gehackter Petersilie bestreut servieren.

Zubereitungszeit: ca. 15 Minuten
Garzeit: ca. 30 Minuten

Für 4 Personen:

600 g Kartoffeln
Salz
450 g Seelachsfilet
Pfeffer
2 Zwiebeln
je 2 rote und gelbe Paprikaschoten
2 Knoblauchzehen
60 g gekochter Schinken
1 EL grüne Pfefferkörner
150 g Mais (Konserve)
150 ml Gemüsebrühe (1 TL Instant)
Paprikapulver, edelsüß
1 EL Sauerrahm (Schmand, 24 % Fett)
1 EL Petersilie, gehackt

Pro Person: 4,5 POINTS

ROTER KABELJAU MIT TOMATENREIS

Für 4 Personen:

4 kleine Kabeljaufilets (à 150 g)
Saft von ½ Zitrone
einige Tropfen flüssiger Süßstoff
4 TL Paprikapulver, (z.B. von Fuchs)
Salz
Pfeffer
2 EL Sesam
1 Stange Bleichsellerie
650 ml Gemüsebrühe (4 TL Instant)
4 Zwiebeln
8 Tomaten
180 g Langkornreis, trocken

1. Kabeljaufilets in breite Streifen schneiden, in eine Auflaufform legen, mit Zitronensaft und Süßstoff beträufeln und mit 1 Teelöffel Paprikapulver, Salz, Pfeffer und Sesam bestreuen. Sellerie in Stücke schneiden und um den Fisch verteilen, 125 ml Brühe angießen und im vorgeheizten Backofen bei 150 Grad (Gas: Stufe 1) ca. 20 Minuten garen.

2. Zwiebeln und Tomaten würfeln und in einer beschichteten Pfanne fettfrei andünsten. Restliches Paprikapulver und Reis zugeben, kurz mitdünsten, mit restlicher Brühe ablöschen und zugedeckt unter gelegentlichem Umrühren ca. 20 Minuten garen. Tomatenreis mit Salz und Pfeffer abschmecken und zum Paprikafisch servieren.

Zubereitungszeit: ca. 15 Minuten
Garzeit: ca. 25 Minuten

Pro Person: 5 POINTS

Tipp:
Dazu passt besonders gut ein grüner Salat.

SEEZUNGEN-KRÄUTERROULADE

Für 4 Personen:

5 Tomaten
7 EL Tomatenmark
2 TL Koriander, gehackt
2 TL Thymian, gehackt
2 TL Majoran, gehackt
Salz
Pfeffer
1 EL Sojasauce
8 Seezungenfilets (à 70 g)
2 TL Zitronensaft
16 Wirsingblätter
500 ml Gemüsebrühe
(3 TL Instant)
20 Kirschtomaten
2 TL italienische Kräuter
600 g gekochte Kartoffeln

1. Tomaten würfeln und mit 6 Esslöffeln Tomatenmark, Koriander, Thymian und Majoran vermischen. Tomaten-Kräutermasse mit Salz, Pfeffer und Sojasauce abschmecken. Fischfilets mit Zitronensaft beträufeln und salzen. Wirsingblätter blanchieren. Die Filets auf je zwei Wirsingblätter legen, mit der Hälfte der Tomaten-Kräutermasse bestreichen, aufrollen und mit Küchengarn zubinden.

2. Rouladen in einer beschichteten Pfanne von allen Seiten vorsichtig anbraten und in einen Topf geben. Von der Gemüsebrühe 2 Esslöffel zur Seite stellen, Rest angießen und ca. 10 Minuten garen. Seezungen-Kräuterrouladen herausnehmen und warm stellen. Für die Sauce den Sud reduzieren, restliche Tomaten-Kräutermasse zugeben, verrühren, mit Salz und Pfeffer abschmecken und kurz aufkochen lassen.

3. Kirschtomaten halbieren, mit Kräutern in eine Schüssel geben und vermengen. Restliche Gemüsebrühe mit restlichem Tomatenmark verrühren. Mit Salz und Pfeffer abschmecken, über den Salat geben und durchmischen. Fisch-Kräuterrouladen mit Sauce, Tomatensalat und Kartoffeln servieren.

Zubereitungszeit: ca. 30 Minuten
Garzeit: ca. 15 Minuten

Pro Person: 4 POINTS

GRÜNE BOHNEN MIT SEELACHS

1. Bohnen halbieren, in kochendem Salzwasser ca. 5 Minuten blanchieren, abgießen und abtropfen lassen.

2. Fischfilet in grobe Würfel schneiden, mit Zitronensaft säuern und salzen. Margarine in einer Pfanne erhitzen, Fischwürfel zufügen und kurz anbraten. Bohnen zum Fisch geben und zugedeckt ca. 5 Minuten dünsten.

3. Saure Sahne mit Gemüsebrühe und Senf verrühren und mit Salz und Pfeffer abschmecken. Tomaten halbieren, mit der sauren Sahne zur Fischpfanne geben und erhitzen. Grüne Bohnenpfanne mit Kresse bestreuen und mit Kartoffeln servieren.

Zubereitungszeit: ca. 10 Minuten
Garzeit: ca. 15 Minuten

Für 4 Personen:

800 g grüne Bohnen
Salz
600 g Seelachsfilet
2 EL Zitronensaft
2 TL Pflanzenmargarine
180 g saure Sahne
150 ml Gemüsebrühe
(1 TL Instant)
1 EL Senf
Pfeffer
250 g Kirschtomaten
3 EL Kresse
800 g gekochte Kartoffeln

Pro Person: 6 POINTS

FISCHFILET MIT PAPRIKAGEMÜSE

Für 4 Personen:

2 Knoblauchzehen
1 Gemüsezwiebel
je 3 rote und gelbe Paprikaschoten
4 Tomaten
2 TL Pflanzenöl
Kräutersalz
Pfeffer
Paprikapulver
1 EL weißer Balsamicoessig
einige Tropfen flüssiger Süßstoff
600 g fettarmes Fischfilet (z.B. Kabeljau, Seelachs)
2 EL Zitronensaft
Salz
4 EL saure Sahne
2 TL gehackter Dill
4 Scheiben Baguette

1. Knoblauchzehen hacken, Gemüsezwiebel in grobe Würfel und Paprikaschoten in feine Streifen schneiden. Tomaten kreuzweise einritzen, überbrühen, häuten, entkernen und würfeln.

2. Öl in einer großen Pfanne erhitzen, Knoblauch und Zwiebelwürfel kurz andünsten, Paprikastreifen zugeben und ebenfalls mitdünsten. Tomatenstücke zufügen und alles mit Kräutersalz, Pfeffer, Paprikapulver, Essig und Süßstoff abschmecken.

3. Fischfilets mit Zitronensaft beträufeln, salzen, auf das Paprikagemüse setzen und bei geschlossenem Deckel ca. 10 Minuten dünsten. Saure Sahne mit Dill verrühren und mit Salz und Pfeffer abschmecken. Fischfilet mit Paprikagemüse und einem Klecks Dill-Creme anrichten und zu Baguette servieren.

Zubereitungszeit: ca. 15 Minuten
Garzeit: ca. 15 Minuten

Pro Person: 4 POINTS

KABELJAU-PFANNE

1. Fischfilet in Würfel schneiden, mit Zitronensaft beträufeln und salzen. Öl in einer Pfanne erhitzen, Fischwürfel darin vorsichtig anbraten, herausnehmen und warm stellen.

2. Knoblauch und Zwiebeln fein würfeln und im verbliebenen Fett dünsten. Paprikaschoten in Streifen, Zucchini und Tomaten in Würfel, getrocknete Tomaten in Stücke schneiden und alles zufügen. Gemüsebrühe und Wein angießen und ca. 5 Minuten garen lassen.

3. Weichweizen und Fisch zufügen, erhitzen und mit Salz und Pfeffer abschmecken. Basilikum und Thymian unterheben und servieren.

Zubereitungszeit: ca. 15 Minuten
Garzeit: ca. 15 Minuten

Für 4 Personen:

450 g Kabeljaufilet
Saft von ½ Zitrone
Salz
3 TL Pflanzenöl
2 Knoblauchzehen
2 Zwiebeln
2 rote Paprikaschoten
1 Zucchini
4 Tomaten
20 g getrocknete Tomaten (ohne Öl)
150 ml Gemüsebrühe (½ TL Instant)
50 ml trockener Weißwein
390 g gegarter Weichweizen (ersatzweise 130 g Reis)
Pfeffer
2 EL gehacktes Basilikum
1 TL Thymian

Pro Person: 4 POINTS

SPARGEL MIT LACHS

Für 4 Personen:

1,5 kg Spargel
Salz
1 Prise Zucker
800 g junge Kartoffeln
4 kleine Lachssteaks (à 125 g)
Saft einer Zitrone
bunter Pfeffer
1 Zwiebel
200 ml Fischfond (Glas)
1 EL heller Saucenbinder (Instantpulver)
1 EL Frischkäse (30 % Fett i. Tr.)
1 EL Pinienkerne
einige Erdbeeren

1. Spargel in Salzwasser mit Zucker ca. 20 Minuten garen. Kartoffeln schälen und in Salzwasser ca. 15 Minuten garen.

2. Lachssteaks mit etwas Zitronensaft beträufeln und mit Pfeffer würzen. Lachssteaks in einer beschichteten Pfanne von jeder Seite ca. 3 Minuten braten und im vorgeheizten Backofen bei 100 Grad (Gas: Stufe 1) warm stellen.

3. Zwiebel fein würfeln und in dem Bratsatz anschwitzen. Fischfond angießen, Saucenbinder einrühren und aufkochen. Frischkäse in die Sauce geben und mit restlichem Zitronensaft, Salz und Pfeffer abschmecken. Lachs und Spargel mit Sauce auf Tellern anrichten und mit Pinienkernen bestreuen. Mit Erdbeeren garnieren und mit Kartoffeln servieren.

Zubereitungszeit: ca. 20 Minuten
Garzeit: ca. 25 Minuten

Pro Person: 6 POINTS

FISCHEINTOPF LAGOS

Für 4 Personen:

600 g Fischfilet
(z.B. Seelachs, Kabeljau)
Salz
Pfeffer
2 EL Zitronensaft
2 Zwiebeln
1 Knoblauchzehe
3 Lorbeerblätter
4 Stangen Bleichsellerie
4 Fleischtomaten
400 g grüner Spargel
1 Bund Dill
500 ml Gemüsebrühe
(2 TL Instant)
4 Scheiben Weißbrot
2 TL Kräuterbutter

1. Fisch in Würfel schneiden, in einen Bräter geben, salzen, pfeffern und mit Zitronensaft beträufeln. Zwiebeln fein würfeln, Knoblauchzehe zerdrücken und mit Lorbeerblättern zum Fisch geben.

2. Bleichsellerie in Stücke schneiden. Tomaten überbrühen, häuten, entkernen und in Spalten schneiden. Spargel in ca. 3 cm lange Stücke schneiden. Dill fein hacken. Gemüse und Kräuter auf dem Fisch verteilen, Brühe angießen und im vorgeheizten Backofen bei 200 Grad (Gas: Stufe 3) ca. 25 Minuten schmoren.

3. Weißbrot kurz im Backofen anrösten. Fischeintopf aus dem Ofen nehmen und abschmecken. Geröstetes Brot mit Kräuterbutter bestreichen und zum Fischtopf servieren.

Zubereitungszeit: ca. 10 Minuten
Garzeit: ca. 25 Minuten

Pro Person: 4,5 POINTS

LACHSSTREIFEN MIT LAUCHZWIEBELN

1. Lauchzwiebeln in Ringe schneiden, Knoblauchzehen fein hacken, Zitronengras in feine Stücke schneiden und zerstoßen. Lauchzwiebeln in einer beschichteten Pfanne fettfrei andünsten, Knoblauch und Zitronengras zugeben und mitdünsten.

2. Zuckererbsenschoten diagonal halbieren, in die Pfanne geben und unter Rühren ca. 3 Minuten andünsten. Mit Salz und Pfeffer würzen, mit Sojasauce ablöschen und Sambal Oelek unterrühren.

3. Lachsfilet in feine Streifen schneiden, mit Zitronensaft säuern, salzen, pfeffern und zum gedünsteten Gemüse geben. Zugedeckt wenige Minuten gar ziehen lassen. Reis mit Koriander vermengen, mit Lachsstreifen und Gemüse anrichten und servieren.

Zubereitungszeit: ca. 10 Minuten
Garzeit: ca. 12 Minuten

Für 4 Personen:

1 Bund Lauchzwiebeln
2 Knoblauchzehen
1 Zitronengrasstängel (ersatzweise 1 EL Zitronenmelisse)
200 g Zuckererbsenschoten
Salz
Pfeffer
3 EL Sojasauce
½ TL Sambal Oelek
250 g Lachsfilet
2 EL Zitronensaft
360 g gegarter Reis
4 TL gehackter Koriander

Pro Person: 4,5 POINTS

FISCHFILET AUF GEMÜSEJULIENNE

Für 1 Person:

1 große Karotte
1 kleine Stange Lauch
1 gelbe Paprikaschote
Salz
Pfeffer
½ TL gehackte Petersilie
½ TL gehackter Dill
1 kleines Seelachsfilet (150 g)
1 TL Zitronensaft
100 ml Gemüsebrühe (½ TL Instant)
4 EL Kartoffelpüree/-stock, verzehrfertig

1. Karotte, Lauch und Paprikaschote in feine Streifen schneiden, eine Auflaufform mit der Hälfte des Gemüses auslegen, salzen, pfeffern und mit Petersilie und Dill bestreuen.

2. Seelachsfilet mit Zitronensaft säuern, salzen, auf das Gemüse legen und mit restlichem Gemüse bedecken. Gemüsebrühe angießen und im vorgeheizten Backofen bei 175 Grad (Gas: Stufe 2) ca. 15 Minuten garen.

3. Fischfilet mit Gemüsejulienne und Kartoffelpüree anrichten und servieren.

Zubereitungszeit: ca. 10 Minuten
Garzeit: ca. 15 Minuten

Pro Person: 3 POINTS

DORSCH-PAPRIKA-PFANNE

1. Fischfilet salzen, mit Zitronensaft säuern und in Würfel schneiden. Schinken in Würfel schneiden und in einer beschichteten Pfanne knusprig anbraten. Zwiebeln in Ringe und Paprikaschoten in Streifen, Sellerie in Stücke schneiden, Gemüse zufügen, kurz anbraten, mit Brühe ablöschen und ca. 5 Minuten garen.

2. Essig und Tomatenmark unterrühren und mit Salz, Pfeffer und Paprikapulver kräftig würzen. Fischwürfel zufügen und ca. 5 Minuten erhitzen. Dorsch-Paprika-Pfanne mit Kartoffeln und mit Petersilie bestreut servieren.

Zubereitungszeit: ca. 15 Minuten
Garzeit: ca. 15 Minuten

Für 4 Personen:

600 g Dorschfilet
Salz
Saft von ½ Zitrone
160 g roher Schinken, ohne Fett
2 Zwiebeln
je 2 gelbe und rote Paprikaschoten
2 Stangen Bleichsellerie
250 ml Gemüsebrühe (2 TL Instant)
2 EL heller Balsamicoessig
2 EL Tomatenmark
Pfeffer
Paprikapulver
800 g gekochte Kartoffeln
2 EL gehackte Petersilie

Pro Person: 5 POINTS

TAGLIATELLE MIT SCAMPI-KÄSE-SAUCE

Für 4 Personen:

240 g Tagliatelle, trocken
Salz
300 g Scampi (TK)
1 Fenchelknolle
½ Bund Frühlingszwiebeln
400 ml Gemüsebrühe
(2 TL Instant)
2 Knoblauchzehen
2 TL Dillspitzen
(z.B. von Fuchs)
1 EL heller Saucenbinder
(Instantpulver)
2 EL Schmelzkäse
(30 % Fett i. Tr.)
Pfeffer
1 Salatgurke
4 Tomaten
100 g fettarmer Joghurt
2 TL französische Kräuter
1 TL weißer Balsamicoessig
2 TL Walnüsse, fein gehackt

1. Tagliatelle nach Packungsanweisung in kochendem Salzwasser bissfest garen. Brat-Folie in einer Pfanne erhitzen und Scampi von allen Seiten ca. 10 Minuten anbraten. Fenchel in Streifen, Frühlingszwiebeln in Ringe schneiden. Brat-Folie herausnehmen, Gemüse in die Pfanne geben, Gemüsebrühe angießen, aufkochen lassen und bei milder Hitze ca. 10 Minuten dünsten. Knoblauch zerdrücken, die Hälfte davon mit Dill, Saucenbinder und Schmelzkäse einrühren und mit Salz und Pfeffer abschmecken.

2. Für den Salat Gurke in Scheiben schneiden, Tomaten achteln und beides vermischen. Joghurt mit restlichem Knoblauch, Kräutern und Balsamicoessig verrühren. Mit Salz und Pfeffer abschmecken und über den Gurken-Tomaten-Salat geben. Tagliatelle mit Sauce auf Tellern anrichten, mit Walnüssen bestreuen und dazu Gurken-Tomaten-Salat servieren.

Zubereitungszeit: ca. 15 Minuten
Garzeit: ca. 20 Minuten

Pro Person: 5,5 POINTS

SCHLEMMERFILET À LA BORDELAISE

Für 4 Personen:

4 kleine Kabeljaufilets (à 150 g)
1 EL Zitronensaft
Salz
½ rote und 2 gelbe Paprikaschoten
1 Schalotte
1 Knoblauchzehe
2 EL Paniermehl
1 TL Basilikum, gehackt
1 TL Thymian, gehackt
abgeriebene Schale 1 unbehandelten Zitrone
1 TL Pflanzenmargarine
1 EL Crème fraîche
Pfeffer
350 ml Gemüsebrühe (3 ½ TL Instant)
1 EL Sauerrahm (Schmand, 24 % Fett)
300 g Kirschtomaten
1 Bund Frühlingszwiebeln
150 g Zuckererbsenschoten
4 EL Tomatenmark
1 EL Sojasauce
240 g gegarter Reis

1. Kabeljaufilets mit Zitronensaft beträufeln und salzen. Rote Paprika, Schalotte und Knoblauch fein hacken. Paniermehl, Kräuter, Zitronenschale, Paprika, Schalotte, Knoblauch, Margarine und Crème fraîche verkneten. Masse mit Salz und Pfeffer würzen, Fischfilets in eine Auflaufform legen, Paprika-Kräutermasse darauf verteilen und etwas andrücken.

2. 150 ml Gemüsebrühe mit Sauerrahm verrühren, mit Salz und Pfeffer abschmecken und in die Auflaufform gießen. Schlemmerfilet im Backofen bei 200 Grad (Gas: Stufe 2) ca. 15 Minuten grillen.

3. Kirschtomaten halbieren, Frühlingszwiebeln in Ringe schneiden, Zuckererbsenschoten diagonal durchschneiden und gelbe Paprika würfeln. Gemüse vermengen, salzen, pfeffern und in einer beschichteten Pfanne anbraten. Restliche Gemüsebrühe angießen und unter Rühren ca. 5 Minuten kochen lassen. Tomatenmark unterrühren, aufkochen lassen und mit Sojasauce abschmecken. Schlemmerfilet à la Bordelaise mit buntem Tomatengemüse und Reis servieren.

Zubereitungszeit: ca. 30 Minuten
Garzeit: ca. 20 Minuten

Pro Person: 5 POINTS

PROVENÇALISCHER LACHS-TOPF

1. Lachs grob würfeln, mit Zitronensaft beträufeln und salzen. Schalotten grob würfeln und Knoblauchzehen zerdrücken. Bleichsellerie sowie Karotten in Scheiben und Frühlingszwiebeln in Ringe schneiden. Margarine in einem Topf erhitzen und das vorbereitete Gemüse darin andünsten. Mehl darüber stäuben, kurz anschwitzen, unter Rühren mit Brühe, Fischfond sowie Milch ablöschen und kurz aufkochen.

2. Senf und Meerrettich unterrühren und alles mit Salz, Pfeffer und Muskatnuss abschmecken. Fischwürfel in der heißen Suppe bei mittlerer Hitze ca. 10 Minuten gar ziehen lassen. Suppe mit Estragon bestreut servieren.

Zubereitungszeit: ca. 10 Minuten
Garzeit: ca. 15 Minuten

Für 4 Personen:

500 g frischer Lachs
2 EL Zitronensaft
Salz
2 Schalotten
2 Knoblauchzehen
4 Stangen Bleichsellerie
4 Karotten
1 Bund Frühlingszwiebeln
3 TL Margarine
2 EL Mehl
500 ml Gemüsebrühe (2 TL Instant)
250 ml Fischfond (Fertigprodukt)
250 ml fettarme Milch
1 TL Dijon-Senf
½ TL geriebener Meerrettich
Pfeffer
geriebene Muskatnuss
2 EL gehackter Estragon

Pro Person: 5 POINTS

SEELACHS MIT KOHLRABI-KARTOFFEL-SALAT

Für 1 Person:

250 g Frühkartoffeln
1 Kohlrabi
Salz
100 g fettarmer Joghurt
Pfeffer
geriebene Muskatnuss
1 kleines Seelachsfilet (150 g)
1 TL Zitronensaft

1. Kartoffeln und Kohlrabi in dünne Stifte schneiden und in Salzwasser ca. 15 Minuten garen. Gemüse herausnehmen, Joghurt mit 100 ml Kochwasser verrühren, mit Salz, Pfeffer und Muskatnuss abschmecken und zu dem gegarten Gemüse geben.

2. Seelachsfilet waschen, mit Zitronensaft beträufeln, leicht salzen und in einer mit Brat-Folie ausgelegten Pfanne ca. 10 Minuten bei geringer Hitze fettfrei braten. Seelachsfilet zu dem warmen Kohlrabi-Kartoffel-Salat servieren.

Zubereitungszeit: ca. 10 Minuten
Garzeit: ca. 25 Minuten

Pro Person: 5 POINTS

PUTEN-PFANNE IN FRUCHTIGER SAUCE

1. Putenfilet in Streifen schneiden. Öl in einer Pfanne erhitzen, Putenfleisch darin rundherum anbraten. Mit Salz und Pfeffer würzen, herausnehmen und warm stellen.

2. Brühe angießen. Aprikosen und Paprikaschoten in Streifen, Ananas in Stücke schneiden, alles zufügen und ca. 10 Minuten köcheln lassen. Reis und saure Sahne untermischen, Fleisch wieder zufügen und kurz erhitzen.

3. Für den Salat Kopfsalate in mundgerechte Stücke zupfen. Schnittlauch in feine Ringe schneiden. Schnittlauch mit saurer Sahne und Essig vermischen und mit Salz, Pfeffer und Süßstoff abschmecken. Salat mit dem Dressing beträufeln und mit der Puten-Pfanne servieren.

Zubereitungszeit: ca. 25 Minuten
Garzeit: ca. 15 Minuten

Für 4 Personen:

FÜR DIE PUTEN-PFANNE:

480 g Putenfilet
3 TL Pflanzenöl
Salz
Pfeffer
150 ml Geflügelbrühe (1 ½ TL Instant)
60 g getrocknete Aprikosen
3 gelbe Paprikaschoten
200 g Ananas (Konserve ohne Zucker)
320 g gegarte Wildreismischung
4 EL saure Sahne

FÜR DEN KOPFSALAT:

2 kleine grüne Kopfsalate
1 Bund Schnittlauch
3 EL saure Sahne
4 EL Weißweinessig
einige Tropfen flüssiger Süßstoff

Pro Person: 6 POINTS

PUTEN-CURRY INDIA

Für 4 Personen:

360 g Putenbrustfilet
3 TL Geflügel-Würzer (z. B. Fuchs)
3 TL Pflanzenöl
3 rote Paprikaschoten
200 g Bambussprossen (ersatzweise Konserve)
150 g Erbsen (TK)
100 ml Orangensaft, ohne Zucker
2 EL geschälte Erdnüsse
4 EL saure Sahne
1 ½ TL Currypulver
¼ TL gemahlener Koriander
Salz
Pfeffer
½ Bund Petersilie
320 g gegarter Reis

1. Putenbrustfilet in Streifen schneiden, mit Geflügel-Würzer bestreuen und in erhitztem Öl anbraten. Paprikaschoten grob würfeln, Bambussprossen in Streifen schneiden und mit Erbsen zugeben. Orangensaft angießen und bei geringer Hitze ca. 10 Minuten dünsten.

2. Erdnüsse einstreuen, saure Sahne hinzufügen und mit Currypulver, Koriander, Salz und Pfeffer abschmecken. Petersilie fein hacken, mit dem Reis mischen und zum Puten-Curry servieren.

Zubereitungszeit: ca. 20 Minuten
Garzeit: ca. 20 Minuten

Pro Person: 6 POINTS

PUTENROLLE MIT SCHMORTOMATEN UND KARTOFFELN

Für 1 Person:

1 kleines Putenschnitzel (120 g)
2 Scheiben roher Schinken, ohne Fett
1 TL Pflanzenöl
3 Tomaten
Thymian
Salz
Pfeffer
50 ml Fleischbrühe (½ TL Instant)
3 gekochte Kartoffeln

1. Putenschnitzel mit Schinken belegen und einrollen. Öl in einer beschichteten Pfanne erhitzen und die Putenrolle kräftig von allen Seiten ca. 5 Minuten anbraten.

2. Tomaten kreuzförmig einschneiden, mit Thymian, Salz und Pfeffer würzen und zu der Putenrolle geben. Mit Brühe aufgießen und ca. 10 Minuten abgedeckt dünsten. Putenrolle mit Schmortomaten und Kartoffeln servieren.

Zubereitungszeit: ca. 5 Minuten
Garzeit: ca. 15 Minuten

Pro Person: 6 POINTS

PUTEN-GESCHNETZELTES

Für 1 Person:

1 kleines Putenschnitzel (120 g)
2 Tomaten
2 Schalotten
1 Knoblauchzehe
200 g Champignons
1 grüne Paprikaschote
120 g gegarte Wildreis-Mischung
Sojasauce
Salz
Pfeffer
½ TL gehackte Petersilie

1. Putenschnitzel in dünne Streifen schneiden und in einer beschichteten Pfanne fettfrei anbraten. Tomaten kreuzweise einschneiden, mit heißem Wasser überbrühen, häuten, halbieren und entkernen. Tomatenfleisch, Schalotten sowie Knoblauchzehe würfeln, Champignons in Scheiben und Paprikaschote in Streifen schneiden. Gemüse zum Puten-Geschnetzelten geben und ca. 5 Minuten mitdünsten.

2. Wildreis-Mischung zugeben und alles kräftig mit Sojasauce, Salz und Pfeffer abschmecken und mit Petersilie bestreut servieren.

Zubereitungszeit: ca. 5 Minuten
Garzeit: ca. 12 Minuten

Pro Person: 5 POINTS

SÜSS-SCHARFE PUTENBRUST

Für 4 Personen:

2 TL süßer Senf
4 EL Ketchup
4 TL Honig
4 EL Sojasauce
1 EL Chilisauce
1 TL Ingwerpulver
Salz
einige Tropfen flüssiger Süßstoff
480 g Putenbrustfilet
1 TL grober Pfeffer

1. Senf mit Ketchup, Honig, Soja- und Chilisauce verrühren. Marinade mit Ingwer, Salz und Süßstoff abschmecken. Putenfleisch in 4 Stücke schneiden und in der Marinade ca. 6 Stunden einlegen.

2. Fleisch aus der Marinade nehmen, abtropfen lassen und auf Aluminiumgrillschalen setzen. Auf dem Grill ca. 15 Minuten grillen, dabei mehrmals wenden und mit der Marinade bestreichen. Mit Pfeffer bestreut servieren.

Zubereitungszeit: ca. 5 Minuten
Marinierzeit: ca. 6 Stunden
Garzeit: ca. 15 Minuten

Pro Person: 3 POINTS

PUTENFILET MIT PREISELBEERSAUCE

1. Putenbrust mit Salz und Pfeffer einreiben, in erhitztem Öl von beiden Seiten scharf anbraten und bei mittlerer Hitze abgedeckt ca. 20 Minuten garen.

2. Preiselbeeren mit Zucker und 7 Esslöffeln Wasser in einen Topf geben. 2 Äpfel schälen, in feine Spalten schneiden und zu den Preiselbeeren geben. Zugedeckt bei mittlerer Hitze ca. 15 Minuten köcheln lassen. Zwischendurch umrühren und etwa 2–3 Esslöffel Wasser nachgießen. Mit Orangenschale und Nelkenpulver abschmecken und kalt stellen.

3. Restliche Äpfel grob raspeln, Sellerie in feine Scheiben, Zwiebeln in Würfel schneiden und alles mischen. Quark mit Mineralwasser glatt rühren, mit Salz, Pfeffer, Zitronensaft und Süßstoff pikant abschmecken und über die Salatzutaten träufeln.

4. Fleisch in Scheiben schneiden und mit Preiselbeeren auf Tellern anrichten. Reis mit Schnittlauch mischen und mit Salat dazu servieren.

Für 4 Personen:

480 g Putenbrustfilet
Salz
Pfeffer
2 TL Pflanzenöl
100 g Preiselbeeren
2 EL brauner Zucker
4 säuerliche Äpfel (z. B. Elstar)
1 TL abgeriebene Orangenschale
1 Msp. Nelkenpulver
4 Stangen Bleichsellerie
2 Zwiebeln
150 g Magerquark
50 ml Mineralwasser
1 EL Zitronensaft
einige Tropfen flüssiger Süßstoff
320 g gegarter Langkorn-Reis & Wildreis (z.B. Uncle Ben's)
2 EL Schnittlauchringe

Zubereitungszeit: ca. 15 Minuten
Garzeit: ca. 25 Minuten

Pro Person: 5,5 POINTS

SCHAFKÄSE-PUTENROLLEN

Für 4 Personen:

120 g Schafkäse
½ rote Paprikaschote
1 Knoblauchzehe
5 grüne Oliven, mit Paprikafüllung
4 EL fettarme Milch
1 EL geriebener Parmesan (32 % Fett i. Tr.)
2 TL Schnittlauchringe
Salz
bunter Pfeffer
Paprikapulver
2 dünne Putenschnitzel (à 120 g)
2 TL Pflanzenöl
einige Salatblätter
8 Baguettescheiben

1. Schafkäse zerdrücken, Paprikaschote in sehr feine Würfel schneiden, Knoblauchzehe zerdrücken und Oliven in Scheiben schneiden. Alles mit Milch, Parmesan und Schnittlauchringen verrühren und mit Salz, buntem Pfeffer und Paprikapulver abschmecken.

2. Putenschnitzel flach klopfen, mit der Creme bestreichen, aufrollen und feststecken. Öl in einer beschichteten Pfanne erhitzen, Putenrollen rundherum ca. 20 Minuten braten und schräg in jeweils 4 Scheiben schneiden. Die Scheiben dekorativ mit Salatblättern auf Baguettescheiben anrichten und mit Holzspießen feststecken.

Zubereitungszeit: ca. 10 Minuten
Garzeit: ca. 20 Minuten

Pro Person: 6 POINTS

PUTENSCHNITZEL IN ORANGEN-INGWER-SAUCE

1. Putenschnitzel salzen und pfeffern. Öl in einer Pfanne erhitzen, Schnitzel zufügen und von beiden Seiten jeweils ca. 5 Minuten anbraten. Putenschnitzel aus der Pfanne nehmen, auf ein mit Back-Folie ausgelegtes Blech setzen, mit Erdnusscreme bestreichen und mit Kokosnussraspel bestreuen. Im Backofen bei 150 Grad (Gas: Stufe 1) ca. 15 Minuten garen.

2. Orangen heiß abwaschen und von 1/2 Orange die Schale fein abreiben. Orangen halbieren und Saft auspressen. Ingwer fein reiben. Bratensud von den Putenschnitzeln mit Orangensaft loskochen, Ingwer, Orangenschale und Brühe zufügen und ca. 10 Minuten kochen lassen. Joghurt einrühren und mit Currypulver und Süßstoff abschmecken.

3. Chinakohl in Streifen schneiden. Essig, Brühe und Petersilie verrühren, mit Salz, Pfeffer und Süßstoff abschmecken und mit dem Chinakohl vermengen. Die Putenschnitzel aus dem Backofen nehmen, mit der Sauce auf Tellern anrichten und zu Reis und Salat servieren.

Für 4 Personen:

4 Putenschnitzel (à 120 g)
Salz
Pfeffer
3 TL Pflanzenöl
2 TL Erdnusscreme
4 TL Kokosnussraspel
2 unbehandelte Orangen
1 kleines Stück frischer Ingwer (ca. 4 cm lang)
100 ml Gemüsebrühe (1 TL Instant)
250 g fettarmer Joghurt
Currypulver
einige Tropfen flüssiger Süßstoff
1 Chinakohl
3 EL Weißweinessig
4 EL Gemüsebrühe (1 Msp. Instant)
2 EL gehackte Petersilie
360 g gegarter Reis

Zubereitungszeit: ca. 15 Minuten
Garzeit: ca. 30 Minuten

Pro Person: 7 POINTS

PUTENSCHNITZEL »ALTES LAND«

Für 1 Person:

1 Zwiebel
2 Scheiben roher Schinken, ohne Fett
2 Äpfel (z. B. Boskoop)
2 EL geriebener Parmesan (32% Fett i. Tr.)
Salz
Pfeffer
1 dünnes Putenschnitzel (120 g)
1 TL Pflanzenöl
3 gekochte Kartoffeln
2 TL Weißwein
1 TL Zucker

1. Zwiebel, Schinken und einen halben Apfel fein würfeln. Die Hälfte der Zwiebel- und Schinkenwürfel mit Apfelwürfeln in einer beschichteten Pfanne ohne Fett ca. 5 Minuten anbraten. Mit Parmesan, Salz und Pfeffer vermengen und auf dem Putenschnitzel verteilen. Schnitzel zusammenklappen und mit Holzstäbchen feststecken.

2. Öl in einer Pfanne erhitzen, Putenschnitzel darin von jeder Seite anbraten und zugedeckt ca. 10 Minuten schmoren lassen. Kartoffeln in Scheiben schneiden, in der gleichen Pfanne goldbraun braten und mit Salz und Pfeffer würzen.

3. Restliche Äpfel in grobe Stücke schneiden und mit restlichen Schinken- und Zwiebelwürfeln andünsten. Weißwein und Zucker zugeben und ca. 5 Minuten weich dünsten. Putenschnitzel mit gebratenen Äpfeln und Bratkartoffeln servieren.

Zubereitungszeit: ca. 30 Minuten
Garzeit: ca. 20 Minuten

Pro Person: 7 POINTS

PUTENRAGOUT UNTER DER HAUBE

Für 4 Personen:

480 g Putenbrustfilet
Saft einer Zitrone
2 Zwiebeln
500 g Champignons
1 Bund Frühlingszwiebeln
Salz
Pfeffer
375 ml fettarme Milch
2 EL Mehl
2 TL mittelscharfer Senf
180 g Hefe-Frischteig
(Fertigprodukt)

1. Putenbrustfilet in schmale Streifen schneiden und mit Zitronensaft beträufeln. Zwiebeln fein würfeln, Champignons in Scheiben und Frühlingszwiebeln in Ringe schneiden.

2. Fleischstreifen in einer beschichteten Pfanne fettfrei anbraten, salzen, pfeffern, herausnehmen und beiseite stellen. Zwiebelwürfel, Champignonscheiben und Frühlingszwiebelringe ebenfalls fettfrei in der beschichteten Pfanne andünsten. Filetstreifen dazugeben und mit dem Gemüse vermengen. Nochmals mit Salz und Pfeffer abschmecken und alles in eine Auflaufform füllen.

3. Milch und Mehl in einem kleinen Topf verrühren und einmal kurz aufkochen lassen. Mit Senf, Salz und Pfeffer abschmecken und über das Fleisch gießen. $^3/_4$ des Hefeteiges in Größe der Auflaufform ausrollen und über das Fleisch legen. Aus dem restlichen Teig Verzierungen ausschneiden und auf dem Teig verteilen. Im vorgeheizten Backofen bei 200 Grad (Gas: Stufe 3) ca. 15 Minuten goldbraun backen.

Zubereitungszeit: ca. 20 Minuten
Garzeit: ca. 15 Minuten
Backzeit: ca. 15 Minuten

Pro Person: 5 POINTS

ROTES HÜHNER-CURRY

1. Kokosnussmilch erhitzen, Currypaste einrühren, Chilischoten zufügen und ca. 3 Minuten garen. Hähnchenfleisch in Streifen schneiden, mit Sojasauce und Limettenblättern zufügen und aufkochen.

2. Auberginen in Würfel und Champignons in Scheiben schneiden. Beides zufügen, mit Salz, Zucker und Limettensaft abschmecken und ca. 8 Minuten garen. Rotes Hühner-Curry mit Reis servieren.

Zubereitungszeit: ca. 5 Minuten
Garzeit: ca. 15 Minuten

Für 4 Personen:

200 ml Kokosnussmilch zum Kochen, Konzentrat
1 EL rote Currypaste
2 getrocknete Chilischoten
360 g Hähnchenbrustfilet
2 EL helle Sojasauce
2 Limettenblätter (ersatzweise 1 TL abgeriebene Zitronenschale)
2 Auberginen
200 g Champignons
Salz
1 TL Zucker
1 EL Limettensaft (ersatzweise Zitronensaft)
320 g gegarter Reis

Pro Person: 5,5 POINTS

Currypaste
Currypasten werden in Thailand meist selbst hergestellt. Besonders praktisch sind fertige Currypasten, die in Asia-Shops erhältlich sind. Die fertigen Würzpasten erleichtern die Zubereitung erheblich und sorgen für das besondere exotische Aroma. Die bekanntesten Currypasten sind:
Rote Currypaste (Gäng Ped Bäng), Grüne Currypaste (Gäng Kiau Wan) und Pänang Currypaste (Gäng Pänang). Die würzigen Saucen bestehen aus Chilischoten, Koriander, Kreuzkümmel, schwarzem Pfeffer, Zimt, Muskatnuss, Knoblauch, Zitronengras, Ingwer, Garnelenpaste und Salz.

SCHARFES CURRY MIT HUHN

Für 4 Personen:

360 g Hähnchenbrustfilet
3 EL Sojasauce
3 TL Erdnussöl (ersatzweise Pflanzenöl)
100 g Maiskölbchen (Konserve)
1 grüne Chilischote
3 Tomaten
1 Stängel Zitronengras
Pfeffer
100 g Zuckerschoten
200 g Sojabohnensprossen
200 ml Kokosnussmilch zum Kochen, Konzentrat
2 TL grüne Currypaste (ersatzweise Currypulver)
½ Bund Thai-Basilikum (ersatzweise Basilikum)
einige Tropfen flüssiger Süßstoff
Salz
2 EL gehackte Erdnüsse
320 g gegarter Basmati-Reis

1. Hähnchenfleisch in Würfel schneiden. Sojasauce und Erdnussöl verrühren und Fleisch darin ca. 20 Minuten marinieren. Maiskolben abtropfen lassen, halbieren, Chilischote entkernen, fein hacken, Tomaten entkernen und in Spalten, Zitronengras in Stücke schneiden.

2. Hähnchenmarinade in einer Pfanne erhitzen, Fleisch darin rundherum anbraten, pfeffern und herausnehmen. Vorbereitetes Gemüse, Zuckerschoten, Sprossen und Chilischote zugeben und kurz anbraten. Kokosnussmilch angießen, Currypaste einrühren, Zitronengras zufügen und kurz köcheln lassen.

3. Basilikum in Streifen schneiden, mit dem Hähnchenfleisch zufügen und mit Süßstoff, Salz und Pfeffer abschmecken. Gehackte Erdnüsse mit Basmati-Reis mischen und zum scharfen Curry servieren.

Zubereitungszeit: ca. 20 Minuten
Marinierzeit: ca. 20 Minuten
Garzeit: ca. 15 Minuten

Pro Person: 7,5 POINTS

HÄHNCHENBRUST MIT MANGO-CHUTNEY

Für 4 Personen:

1 Knoblauchzehe
1 kleine Mango (200 g)
2 kleine Zwiebeln
je 2 rote und gelbe Paprikaschoten
200 g Pfirsiche (Konserve ohne Zucker)
1 TL Erdnussöl (ersatzweise Sonnenblumenöl)
600 g passierte Tomaten (Konserve)
4 TL Honig
2 EL Sojasauce
2 EL Tomatenmark
Salz
Pfeffer
einige Tropfen flüssiger Süßstoff
480 g Hähnchenbrustfilet
320 g gegarter Reis

Pro Person: 5 POINTS

1. Knoblauchzehe zerdrücken. Mango, Zwiebeln, Paprikaschoten und Pfirsiche in feine Würfel schneiden. Öl in einem Topf erhitzen, Knoblauch und Zwiebeln glasig andünsten. Mango-, Paprika- und Pfirsichwürfel zufügen, kurz anschwitzen und mit Tomaten ablöschen.

2. Honig, Sojasauce und Tomatenmark unterrühren und mit Salz, Pfeffer und Süßstoff abschmecken. Mango-Chutney bei milder Hitze ca. 30 Minuten einkochen. Kräftig abschmecken und abkühlen lassen.

3. Fleisch in eine flache Auflaufform setzen, mit Mango-Chutney übergießen und über Nacht ziehen lassen. Im vorgeheizten Backofen bei 200 Grad (Gas: Stufe 3) ca. 40 Minuten garen. Hähnchenbrust und Mango-Chutney mit Reis servieren.

Zubereitungszeit: ca. 15 Minuten
Garzeit: ca. 1 Stunde + 20 Minuten
Marinierzeit: ca. 12 Stunden

Chutneys: Würziges Obst und Gemüse

Die Bezeichnung Chutney kommt aus der indischen Küche. Es handelt sich um süß-sauer scharfes, eingekochtes Gemüse oder Obst, das gerne zum Dippen oder Würzen von kurzgebratenem Fleisch, Fisch und Gemüse gegessen wird. Wie in diesem Rezept können Sie das Fleisch auch wunderbar im Chutney einlegen. Das Fleisch bekommt eine feine Würznote und bleibt außerdem schön saftig.

HÄHNCHENBRUST MIT CURRY-REIS

1. Honig und Sojasauce mit 3 Teelöffeln Öl zu einer Marinade anrühren und die Hähnchenbrust darin mindestens 2 Stunden einlegen.

2. Hähnchenbrust in eine flache Auflaufform oder in die Fettpfanne legen und im vorgeheizten Backofen bei 180 Grad (Gas: Stufe 2) ca. 30 Minuten garen, dabei mehrmals mit der Marinade bestreichen.

3. Reis und Currypulver im restlichen Öl anschwitzen, Wasser angießen, salzen und zugedeckt ca. 20 Minuten garen, bis der Reis die gesamte Flüssigkeit aufgenommen hat.

4. Chinakohl in Streifen, Karotten in Scheiben schneiden und in einer beschichteten Pfanne fettfrei andünsten. 4 Esslöffel Wasser angießen und zugedeckt ca. 5 Minuten dünsten. Gemüse mit Salz und Pfeffer abschmecken und mit Fleisch und Reis servieren.

Für 4 Personen:

- 4 TL Honig
- 2 EL Sojasauce
- 4 TL Pflanzenöl
- 420 g Hähnchenbrust
- 160 g Reis, trocken
- 1 TL Currypulver
- 320 ml Wasser
- Salz
- 1 Chinakohl
- 3 Karotten

Zubereitungszeit: ca. 20 Minuten
Marinierzeit: ca. 2 Stunden
Garzeit: ca. 30 Minuten

Pro Person: 5 POINTS

HÄHNCHEN-SPARGEL-PFANNE

Für 4 Personen:

360 g Hähnchenbrustfilet
1 TL Speisestärke
2 TL Sesamöl
je 500 g weißer und grüner Spargel
2 Stängel Zitronengras
2 TL Pflanzenöl
Salz
Pfeffer
100 ml Gemüsebrühe (1 TL Instant)
Saft von 1 Zitrone
100 ml Kokosnussmilch zum Kochen, Konzentrat
Sojasauce
einige Tropfen flüssiger Süßstoff
20 g Kokoschips
einige Petersilienblätter

1. Hähnchenbrustfilet in Würfel schneiden, erst mit Speisestärke und anschließend mit Sesamöl vermischen. Spargel schräg in ca. 2 cm lange Stücke schneiden, Zitronengras in grobe Stücke schneiden. Öl in einer beschichteten Pfanne erhitzen und Hähnchenbrust darin anbraten, mit Salz und Pfeffer würzen und herausnehmen.

2. Zitronengras und Spargel im verbliebenen Fett unter ständigem Rühren ca. 5 Minuten braten, mit Gemüsebrühe ablöschen, Zitronensaft und Kokosnussmilch zugeben und ca. 5 Minuten köcheln lassen. Hähnchenfleisch zugeben, mit Sojasauce, Süßstoff und Pfeffer abschmecken, mit Kokoschips bestreut und mit Petersilie garniert servieren.

Zubereitungszeit: ca. 20 Minuten
Garzeit: ca. 20 Minuten

Pro Person: 4,5 POINTS

SAFTIGE HÄHNCHEN-SPIESSE MIT CURRYSAUCE

Für 1 Person:

1 kleines Hähnchenbrustfilet (120 g)
Salz
Currypulver
1 Kiwi
1 Scheibe Ananas (Konserve ohne Zucker)
1 Orange
2 Holzspieße
75 g Magermilch-Joghurt
1 EL saure Sahne
1 EL Ananassaft, ohne Zucker
einige Tropfen flüssiger Süßstoff
1 Vollkornbrötchen

1. Hähnchenbrustfilet würfeln, mit Salz und Currypulver würzen und in einer beschichteten Pfanne von allen Seiten ca. 8 Minuten fettfrei anbraten. Kiwi, Ananas und Orange in Stücke schneiden. Fleischwürfel abwechselnd mit Kiwi-, Ananas- sowie Orangenstücken auf Spieße stecken.

2. Joghurt, saure Sahne und Ananassaft verrühren und mit Currypulver, Salz und Süßstoff abschmecken. Hähnchenspieße mit Currysauce und Vollkornbrötchen servieren.

Zubereitungszeit: ca. 10 Minuten
Garzeit: ca. 8 Minuten

Pro Person: 5 POINTS

TANDOORI-HÄHNCHEN

1. Hähnchenfilets in grobe Stücke teilen und mehrmals einschneiden, damit die Gewürze besser eindringen können. Mit Essig einreiben und mit Salz bestreuen. Ingwer fein reiben, Knoblauchzehen zerdrücken und mit Joghurt und Tandoori-Würzmischung verrühren. Fleisch mit der Joghurt-Marinade verrühren und ca. 12 Stunden darin marinieren. Fleisch auf ein mit Aluminiumfolie ausgelegtes Backblech setzen und im vorgeheizten Backofen bei 175 Grad (Gas: Stufe 2) ca. 30 Minuten garen.

2. Zwiebeln in Ringe, Karotten in Stifte schneiden und Spinat in grobe Stücke zupfen. Öl in einem Topf erhitzen, Zimtstange, Nelken und Kardamomkapseln zufügen und kurz anrösten. Karottenstifte, Zwiebelringe und Erbsen zufügen und ca. 2 Minuten anbraten. Spinat unterheben und zusammenfallen lassen. Reis, Brühe, Salz und Cayennepfeffer in den Topf geben, aufkochen und bei milder Hitze ca. 15 Minuten garen. Abschmecken und mit Tandoori-Hähnchen servieren.

Zubereitungszeit: ca. 10 Minuten
Marinierzeit: ca. 12 Stunden
Garzeit: ca. 35 Minuten

Für 4 Personen:

FÜR DAS TANDOORI-HÄHNCHEN:

4 Hähnchenbrustfilets (à 120 g)
4 EL Obstessig
Salz
1 Stück frischer Ingwer (ca. 4 cm)
2 Knoblauchzehen
250 g fettarmer Joghurt
3 EL Tandoori-Würzmischung

FÜR DEN GEMÜSE-REIS:

2 Zwiebeln
4 Karotten
200 g frischer Spinat (ersatzweise 100 g TK)
2 TL Pflanzenöl
1 Zimtstange (ersatzweise ½ TL Zimtpulver)
2 Gewürznelken
4 Kardamomkapseln
200 g Erbsen (TK)
160 g Reis, trocken
½ l Gemüsebrühe (2 TL Instant)
1 Prise Cayennepfeffer

Pro Person: 5,5 POINTS

ASIATISCHE HÄHNCHENPFANNE MIT KOKOS

Für 4 Personen:

480 g Hähnchenbrustfilets
1 TL Pflanzenöl
1 Chinakohl
4 rote Paprikaschoten
200 ml Kokosnussmilch zum Kochen, Konzentrat
2 EL heller Saucenbinder (Instantpulver)
Salz
Cayennepfeffer
1 TL Currypulver
1 TL geriebener Ingwer
1 TL Kreuzkümmel
1 Msp. Kardamom

1. Hähnchenbrustfilets in feine Streifen schneiden, Öl in einer beschichteten Pfanne erhitzen und das Fleisch darin anbraten.

2. Chinakohl und Paprikaschoten in Streifen schneiden. Gemüse zum Fleisch in die Pfanne geben und kurz mitdünsten. Kokosmilch angießen, mit Saucenbinder andicken und mit Salz, Cayennepfeffer, Currypulver, Ingwer, Kreuzkümmel und Kardamom abschmecken.

Zubereitungszeit: ca. 10 Minuten
Garzeit: ca. 10 Minuten

Pro Person: 4,5 POINTS

CONU
MILK

SCHMORBRATEN MIT ROSMARINSAUCE

Für 4 Personen:

4 große Knoblauchzehen
500 g Rinderfilet
10 kleine Zweige Rosmarin
2 Zwiebeln
400 g Champignons
300 ml dunkler Rinderfond (Glas) (ersatzweise Gemüsebrühe)
1 kg Kartoffeln
1 kg Broccoli
Salz
4 EL dunkler Saucenbinder (Instantpulver)
4 EL saure Sahne
Pfeffer

1. Knoblauchzehen längs halbieren oder vierteln. Mit einem spitzen Küchenmesser kleine Schnitte in das Rinderfilet schneiden. Knoblauchspalten und 5 Rosmarinzweige in die vorbereiteten Taschen stecken.

2. Fleisch in einen beschichteten Bräter legen und im vorgeheizten Backofen bei 220 Grad (Gas: Stufe 3) ca. 10 Minuten anbraten. Zwiebeln grob würfeln, mit Champignons, restlichem Rosmarin und Rinderfond zum Fleisch geben und zugedeckt ca. 20 Minuten schmoren.

3. Kartoffeln und Broccoli jeweils ca. 20 Minuten in Salzwasser garen.

4. Fleisch aus dem Bräter nehmen und abgedeckt einige Minuten ruhen lassen. Rosmarinsauce mit 100 ml Wasser auffüllen, mit Saucenbinder andicken und nochmals aufkochen lassen. Saure Sahne einrühren und mit Salz und Pfeffer abschmecken. Fleisch in Scheiben schneiden und mit Rosmarinsauce, Kartoffeln und Broccoli servieren.

Zubereitungszeit: ca. 30 Minuten
Garzeit: ca. 40 Minuten

Pro Person: 6 POINTS

ROULADE MIT ROSENKOHL UND KARTOFFELN

Für 1 Person:

1 kleine Gewürzgurke
2 Zwiebeln
1 kleine Rinderroulade (160 g)
1 TL Senf
Salz
Pfeffer
2 Karotten
100 ml Gemüsebrühe (¼ TL Instant)
200 g Rosenkohl
1 Prise geriebene Muskatnuss
1 TL dunkler Saucenbinder (Instant)
3 gekochte Kartoffeln

1. Gewürzgurke längs in Scheiben, ½ Zwiebel in Streifen schneiden. Rouladenfleisch mit Senf bestreichen, salzen und pfeffern. Gurkenscheiben und Zwiebelstreifen darauf legen. Roulade aufrollen und mit Küchengarn festbinden oder mit Rouladennadeln feststecken.

2. Restliche Zwiebeln und Karotten grob zerkleinern. Roulade in einer beschichteten Pfanne fettfrei rundherum anbraten, Zwiebel- und Karottenstücke hinzugeben, Gemüsebrühe angießen und zugedeckt ca. 40 Minuten schmoren.

3. Rosenkohl ca. 20 Minuten in Salzwasser mit Muskatnuss garen.

4. Roulade aus der Pfanne nehmen, Bratsatz pürieren und mit Saucenbinder andicken. Roulade mit Rosenkohl, Kartoffeln und Sauce servieren.

Zubereitungszeit: ca. 20 Minuten
Garzeit: ca. 40 Minuten

Pro Person: 6 POINTS

KALBSROULADEN PARISIENNE

Für 2 Personen:

2 dünne Scheiben Kalbfleisch, mager (à 125 g)
1 TL Senf
Salz
Pfeffer
Paprikapulver
2 Scheiben roher Schinken, ohne Fett
4 EL saure Sahne
250 g Champignons
½ Bund Frühlingszwiebeln
8 kleine Zwiebeln
250 ml Gemüsebrühe (1 TL Instant)
2 EL heller Saucenbinder (Instantpulver)
6 mittelgroße gekochte Kartoffeln

1. Kalbfleisch platt klopfen, mit Senf bestreichen und mit Salz, Pfeffer und Paprikapulver würzen. Schinken längs in breite Streifen schneiden, auf die beiden Fleischscheiben legen und dünn mit 2 Esslöffeln saurer Sahne bestreichen. Ein Drittel der Champignons fein würfeln, Frühlingszwiebeln in feine Ringe schneiden und auf den Rouladen verteilen. Rouladen vorsichtig fest aufrollen und mit Küchengarn umwickeln.

2. Zwiebeln abziehen und mit Rouladen in einem beschichteten Bräter fettfrei anbraten. Restliche Champignons und Gemüsebrühe in den Bräter geben und im vorgeheizten Backofen bei 200 Grad (Gas: Stufe 3) ca. 30 Minuten schmoren.

3. Rouladen herausnehmen und warm stellen. Saucenbinder einrühren und aufkochen lassen. Restliche saure Sahne und nach Wunsch etwas Senf in die Sauce geben und mit Salz und Pfeffer abschmecken. Rouladen in Scheiben schneiden und mit Kartoffeln und Zwiebel-Sauce servieren.

Zubereitungszeit: ca. 20 Minuten
Garzeit: ca. 45 Minuten

Pro Person: 6 POINTS

ZÜRICHER GESCHNETZELTES

Für 4 Personen:

FÜR DAS GESCHNETZELTE:
500 g mageres Kalbfleisch
250 g weiße Champignons
250 g braune Champignons
8 Gewürzgurken
4 kleine Zwiebeln
2 TL Pflanzenöl
200 ml trockener Weißwein
100 ml Gemüsebrühe
(1 TL Instant)
125 ml fettarme Milch
2 EL heller Saucenbinder
(Instantpulver)
Salz
Pfeffer

FÜR DEN GURKENSALAT:
2 kleine Salatgurken
2 Schalotten
3 EL Weißweinessig
2 TL Olivenöl
2 EL Gemüsebrühe
(1 Msp. Instant)
1 EL milder Senf
einige Tropfen flüssiger
Süßstoff
320 g gegarter Naturreis

1. Kalbfleisch in Streifen, Champignons in Scheiben, Gewürzgurken und Zwiebeln in Würfel schneiden. Öl in einer beschichteten Pfanne erhitzen, Kalbfleischstreifen darin anbraten und herausnehmen. Zwiebelwürfel im verbliebenen Bratsud andünsten, Champignonscheiben zugeben und ca. 5 Minuten unter gelegentlichem Rühren anbraten.

2. Weißwein, Brühe und Milch angießen, aufkochen lassen, mit Saucenbinder binden. Kalbfleisch und Gewürzgurkenwürfel zugeben und mit Salz und Pfeffer pikant abschmecken.

3. Für den Salat Gurken schälen, längs halbieren, Kerne entfernen und in Halbmonde schneiden. Schalotten würfeln, mit Essig, Öl, Brühe und Senf zu einer Vinaigrette verrühren, mit Salz, Pfeffer und Süßstoff pikant abschmecken und mit den Gurkenscheiben vermischen. Züricher Geschnetzeltes mit Reis und Gurkensalat servieren.

Zubereitungszeit: ca. 20 Minuten
Garzeit: ca. 15 Minuten

Pro Person: 6 POINTS

BROCCOLI-PFANNE MIT SCHWEINEFLEISCH

1. Fleisch in kleine Würfel schneiden, salzen, pfeffern und in erhitztem Öl anbraten. Zwiebeln würfeln, Ingwer fein reiben, beides zugeben und ca. 5 Minuten mitbraten. Broccoli in kleine Röschen teilen, Gurke entkernen, mit den Paprikaschoten in feine Streifen schneiden, alles zufügen und kurz mitdünsten.

2. Geflügelbrühe, Zitronensaft und passierte Tomaten zugeben und ca. 10 Minuten köcheln lassen. Mit Salz, Pfeffer, Currypulver, Cayennepfeffer und Koriander abschmecken. Reis und Sesam vermischen und zur Broccoli-Pfanne servieren.

Zubereitungszeit: ca. 20 Minuten
Garzeit: ca. 20 Minuten

Für 4 Personen:

300 g Schweineschnitzel, mager
Salz
Pfeffer
2 TL Pflanzenöl
4 weiße Zwiebeln
1 kleines Stück Ingwer
400 g Broccoli
1 kleine Salatgurke
2 rote Paprikaschoten
200 ml Geflügelbrühe (2 TL Instant)
1 EL Zitronensaft
200 g passierte Tomaten
Currypulver
Cayennepfeffer
Koriander
320 g gegarter Reis
4 TL Sesam

Pro Person: 4,5 POINTS

NUDEL-FILET-PFANNE

Für 4 Personen:

1 Romanesco
(ersatzweise Blumenkohl)
Salz
300 g Schweinefilet
2 TL Pflanzenöl
Pfeffer
4 Karotten
1 Bund Frühlingszwiebeln
200 g Champignons
(Konserve oder frisch)
100 g Erbsen (TK)
480 g gegarte Nudeln
(z. B. Penne)
45 g Parmesan, am Stück
(32 % Fett i.Tr.)

1. Romanesco in Röschen teilen und in kochendem Salzwasser kurz blanchieren. Schweinefilet in schmale Streifen schneiden, in erhitztem Pflanzenöl in einer tiefen Pfanne braten, salzen, pfeffern, herausnehmen und warm stellen. Karotten und Frühlingszwiebeln in feine Streifen schneiden und in verbliebenem Bratfond ca. 5 Minuten dünsten.

2. Pilze und Romanesco gut abtropfen lassen, Pilze klein schneiden, beides mit den Erbsen zugeben und weitere ca. 5 Minuten garen. Zum Schluss Filet und Nudeln unterheben, mit erwärmen und alles pikant mit Salz und Pfeffer abschmecken. Parmesan grob hobeln und Nudel-Filet-Pfanne damit bestreut servieren.

Zubereitungszeit: ca. 20 Minuten
Garzeit: ca. 15 Minuten

Pro Person: 5 POINTS

SCHWEINESCHNITZEL MIT GEMÜSE

1. Sellerie in Stücke und Paprikaschoten in schmale Streifen schneiden. Schnitzel flach klopfen, salzen, pfeffern und in Mehl wenden. Öl in einer Pfanne erhitzen, die Schnitzel darin von jeder Seite ca. 5 Minuten braten und warm stellen.

2. Sellerie und Paprika in der gleichen Pfanne ca. 4–5 Minuten andünsten, mit Weißwein und Gemüsebrühe ablöschen, Sauce einkochen lassen und mit Cayennepfeffer abschmecken. Schnitzel mit Paprikagemüse und Kartoffeln servieren.

Zubereitungszeit: ca. 10 Minuten
Garzeit: ca. 15 Minuten

Für 4 Personen:

6 Stangen Bleichsellerie
4 rote Paprikaschoten
4 Schweineschnitzel (600 g)
Salz
Pfeffer
2 EL Mehl
2 TL Pflanzenöl
100 ml trockener Weißwein (ersatzweise Gemüsebrühe)
150 ml Gemüsebrühe (½ TL Instant)
Cayennepfeffer
4 mittelgroße gekochte Kartoffeln

Pro Person: 5 POINTS

GRATINIERTES BANANENFILET

Für 2 Personen:

1 Stück Schweinefilet, mager (250 g)
Salz
Pfeffer
1 Zwiebel
60 ml fettarme Milch
150 ml Gemüsebrühe (1 TL Instant)
2 EL heller Saucenbinder (Instantpulver)
½ TL Currypulver
2 kleine Bananen
4 EL geriebener Käse (32% Fett i. Tr.)
2 TL Mandelblätter
150 g Magermilch-Joghurt
2 TL Mayonnaise (20% Fett)
2 TL Zitronensaft
1 kleiner Kopfsalat
4 EL gegarte Wildreismischung

1. Schweinefilet in Scheiben schneiden und in einer beschichteten Pfanne fettfrei von jeder Seite ca. 2 Minuten braten. Fleisch salzen und pfeffern und in eine flache Auflaufform legen.

2. Zwiebel fein würfeln und fettfrei anschwitzen, Milch und Gemüsebrühe angießen und mit Saucenbinder andicken. Sauce aufkochen lassen und mit Currypulver, Salz und Pfeffer abschmecken.

3. Bananen jeweils quer und längs halbieren, auf das Fleisch legen und mit Sauce übergießen. Bananenfilet mit Käse und Mandeln bestreuen und im vorgeheizten Backofen bei 200 Grad (Gas: Stufe 3) ca. 15 Minuten gratinieren.

4. Joghurt, Mayonnaise und Zitronensaft verrühren und mit Salz und Pfeffer abschmecken. Salat in mundgerechte Stücke zupfen und mit Dressing vermengen. Bananenfilet mit Reis und Salat servieren.

Zubereitungszeit: ca. 15 Minuten
Garzeit: ca. 30 Minuten

Pro Person: 8 POINTS

GEFÜLLTE ANANAS »KARIBIK«

1. Ananas längs halbieren, aushöhlen und das Fruchtfleisch in kleine Stücke schneiden. Schweinefleisch in Streifen, Lauchzwiebel in fingerbreite Ringe, Bleichsellerie und Champignons in Scheiben schneiden.

2. Schweinefleisch in erhitztem Öl von allen Seiten ca. 5 Minuten kräftig anbraten. Vorbereitetes Gemüse und Scampi zugeben und weitere ca. 5 Minuten mitbraten. Reis und Ananasstücke zugeben und alles mit Salz und Pfeffer abschmecken. Die Masse in die ausgehöhlten Ananas füllen und servieren.

Zubereitungszeit: ca. 10 Minuten
Garzeit: ca. 10 Minuten

Für 2 Personen:

1 Ananas
100 g Schweinefleisch, mager
1 Lauchzwiebel
1 Stange Bleichsellerie
50 g Champignons
2 TL Pflanzenöl
120 g Scampi
280 g gegarter Reis
Salz
weißer Pfeffer

Pro Person: 6,5 POINTS

SCHWEINEFLEISCH SÜSS-SAUER

Für 4 Personen:

450 g Schweinefleisch, mager
1 EL Zitronensaft
2 TL Stärkemehl
2 EL Sojasauce
1 Knoblauchzehe
1 kleines Stück Ingwer (ca. 3 cm)
1 Gemüsezwiebel
2 Stangen Lauch
2 rote Paprikaschoten
4 TL Erdnussöl (ersatzweise Pflanzenöl)
Salz
Pfeffer
100 g Ananas (Konserve ohne Zucker)
200 ml Ananassaft (Konserve ohne Zucker)
3 EL Obstessig
1 EL Tomatenmark
50 ml Gemüsebrühe (½ TL Instant)
einige Tropfen flüssiger Süßstoff
320 g gegarter Duftreis (ersatzweise Basmati-Reis)

1. Schweinefleisch in schmale Streifen schneiden. Zitronensaft mit 1 Teelöffel Stärke und Sojasauce verrühren. Schweinefleisch darin ca. 30 Minuten marinieren.

2. Knoblauchzehe und Ingwer fein hacken. Zwiebel und Lauch in Stücke und Paprikaschoten in Streifen schneiden. Öl in einem Wok erhitzen, Fleisch, Knoblauch und Ingwer zufügen, salzen, pfeffern und unter Rühren rundherum anbraten. Gemüse zufügen und ca. 5 Minuten bissfest andünsten.

3. Ananas abtropfen lassen, Saft auffangen, in Stücke schneiden und unterheben. Restliche Stärke mit Ananassaft, Essig, Tomatenmark und Brühe verrühren, angießen, aufkochen lassen, mit Süßstoff abschmecken und mit Reis servieren.

Zubereitungszeit: ca. 10 Minuten
Marinierzeit: ca. 30 Minuten
Garzeit: ca. 15 Minuten

Pro Person: 5,5 POINTS

GYROS MIT FLADENBROT

1. Schweinefilet in schmale Streifen schneiden. Öl in einer beschichteten Pfanne erhitzen und Fleischstreifen darin von allen Seiten ca. 10 Minuten braten. Mit Pfeffer, Knoblauchsalz und Gyrosgewürz pikant würzen. Knoblauchzehe zerdrücken und mit Joghurt und Pfefferminze verrühren. Knoblauchsauce mit Salz abschmecken.

2. Kopfsalat in mundgerechte Stücke zupfen, Tomaten achteln, Gurke würfeln und Zwiebeln in Ringe scheiden. Fladenbrot aufschneiden, mit der Joghurtsauce bestreichen und das Gemüse einfüllen. Mit Gyros und restlicher Joghurtsauce servieren.

Zubereitungszeit: ca. 10 Minuten
Garzeit: ca. 10 Minuten

Für 4 Personen:

600 g Schweinefilet
2 TL Pflanzenöl
Pfeffer
Knoblauchsalz
2 TL Gyrosgewürz
1 Knoblauchzehe
250 g fettarmer Joghurt
1 TL getrocknete Pfefferminze
Salz
1 Kopfsalat
8 Tomaten
1 Salatgurke
2 Zwiebeln
4 Ecken Fladenbrot (à 75 g)

Pro Person: 7 POINTS

SCHNITZEL »LANDHAUS-ART«

Für 1 Person:

1 TL Pflanzenöl
1 Schweineschnitzel (150 g)
Salz
Pfeffer
2 Karotten
1 Fenchel
1 Zucchini
100 ml Gemüsebrühe
(½ TL Instant)
1 Msp. geriebene Muskatnuss
4 EL Kartoffelpüree/-stock, verzehrfertig

1. Beschichtete Pfanne mit Öl einstreichen, Schnitzel von beiden Seiten braten und mit Salz und Pfeffer würzen.

2. Karotten, Fenchel und Zucchini in kleine Würfel schneiden. Gemüsebrühe mit Salz, Pfeffer und Muskatnuss aufkochen und das Gemüse darin bissfest garen. Schnitzel mit dem Gemüse und Kartoffelpüree anrichten.

Zubereitungszeit: ca. 5 Minuten
Garzeit: ca. 10 Minuten

Pro Person: 5 POINTS

SCHNITZEL MIT KARTOFFELSALAT

1. Fix für Salatsauce mit 4 Esslöffeln Wasser und Senf anrühren und je nach Geschmack mit Salz, Pfeffer und Süßstoff abschmecken. Kartoffeln in Scheiben, Lauchzwiebeln in Ringe schneiden, Gurke längs vierteln und in Stücke schneiden. Alle Zutaten mit dem Dressing vermengen und ca. 20 Minuten ziehen lassen.

2. Schweineschnitzel mit Salz und Pfeffer würzen. Öl in einer Pfanne erhitzen, das Fleisch darin von beiden Seiten ca. 8 Minuten braten und zu dem Kartoffelsalat servieren.

Zubereitungszeit: ca. 10 Minuten
Marinierzeit: ca. 20 Minuten
Garzeit: ca. 20 Minuten

Für 1 Person:

½ Päckchen Fix für Salatsauce
1 TL Senf
Salz
Pfeffer
einige Tropfen flüssiger Süßstoff
3 mittelgroße gekochte Kartoffeln
2 Lauchzwiebeln
½ Salatgurke
1 kleines Schweineschnitzel (150 g)
1 TL Pflanzenöl

Pro Person: 6 POINTS

BALKANPFANNE MIT LAMM

Für 4 Personen:

500 g Lammfilet
4 TL Pflanzenöl
2 Knoblauchzehen
300 g Zwiebeln
160 g Reis, trocken
300 ml Gemüsebrühe
(1 ½ TL Instant)
1 TL Paprikapulver
Salz
Pfeffer
1 Aubergine
2 Zucchini
je 1 gelbe, rote und grüne
Paprikaschote
6 Tomaten
2 EL gehackte Petersilie

1. Lammfilet in Würfel schneiden. Öl in einer Pfanne erhitzen und die Fleischwürfel darin von allen Seiten einige Minuten anbraten. Knoblauchzehen zerdrücken und Zwiebeln würfeln, beides zugeben und mit anbraten. Reis, Brühe und Paprikapulver zufügen und mit Salz und Pfeffer würzen. Bei milder Hitze ca. 25 Minuten schmoren lassen.

2. Aubergine, Zucchini, Paprikaschoten und Tomaten in Würfel schneiden. Gemüse zum Fleisch geben und weitere ca. 20 Minuten garen. Balkanpfanne mit Salz und Pfeffer abschmecken und mit Petersilie bestreut servieren.

Zubereitungszeit: ca. 15 Minuten
Garzeit: ca. 50 Minuten

Pro Person: 6 POINTS

TEXANISCHE BOHNENPFANNE MIT HACKSTEAK

Für 4 Personen:

90 g Käse (30 % Fett i. Tr.)
4 Zwiebeln
240 g Tatar
400 g Mais (Konserve)
Salz
Pfeffer
½ TL Majoran
1 EL Senf
2 EL Ketchup
400 g Baked Beans (Konserve)
einige Tropfen flüssiger Süßstoff
2 Baguettebrötchen

1. Käse und 2 Zwiebeln würfeln, mit Tatar und Mais vermengen. Masse mit Salz, Pfeffer, Majoran, Senf und Ketchup würzen und 4 flache Hacksteaks formen. Brat-Folie in einer Pfanne erhitzen und Hacksteaks darauf von jeder Seite ca. 5 Minuten braten.

2. Restliche Zwiebeln in Ringe schneiden und in einer beschichteten Pfanne fettfrei glasig dünsten. Baked Beans hinzufügen, erhitzen und mit Salz, Pfeffer und Süßstoff abschmecken. Hacksteaks mit Baked Beans und Brötchen servieren.

Zubereitungszeit: ca. 15 Minuten
Garzeit: ca. 15 Minuten

Pro Person: 7 POINTS

SÜSSSPEISEN, DESSERTS, GEBÄCK

APFEL-PFANNKUCHEN MIT ZIMT

Für 4 Personen:

160 g Mehl
1 Prise Salz
2 EL Zucker
500 ml fettarme Milch
4 Eier
2 rote Äpfel (z. B. Red Delicious)
4 TL Pflanzenöl
1 TL Apfel Zimt-Zucker (z. B. Fuchs)

1. Mehl, Salz und Zucker in eine Schüssel geben. Mit Milch verrühren und ca. 15 Minuten quellen lassen. Eier unterrühren. Äpfel gründlich waschen und in Spalten schneiden.

2. Öl in einer Pfanne erhitzen, jeweils ¼ des Teiges in die Pfanne geben, mit Apfelspalten belegen und ca. 4 Minuten goldgelb backen. Mit Hilfe eines großen Tellers wenden und von der anderen Seite fertig backen. Apfel-Pfannkuchen mit Apfel Zimt-Zucker bestreut servieren.

Zubereitungszeit: ca. 15 Minuten
Quellzeit: ca. 15 Minuten
Backzeit: ca. 25 Minuten

Pro Stück: 6,5 POINTS

CRÊPES MIT VANILLEBEEREN

Für 4 Personen:

3 Eier
240 g Mehl
1 Prise Salz
375 ml fettarme Milch
4 EL Wasser
2 EL Vanillepuddingpulver
2 EL Vanillezucker
500 g gemischte Beeren (TK)
einige Tropfen flüssiger Süßstoff

1. Eier, Mehl, Salz, 250 ml Milch und Wasser zu einem glatten Teig verrühren und ca. 15 Minuten quellen lassen. Brat-Folie in einer Pfanne erhitzen und nacheinander 4 dünne Crêpes backen.

2. Puddingpulver mit restlicher Milch und Vanillezucker verrühren und aufkochen lassen. Beeren zufügen und kurz erhitzen, bis die Beeren aufgetaut sind. Mit Süßstoff abschmecken. Crêpes mit Vanillebeeren servieren.

Zubereitungszeit: ca. 20 Minuten
Quellzeit: ca. 15 Minuten
Backzeit: ca. 15 Minuten

Pro Person: 6 POINTS

KANDIERTE KIRSCHEN AUF VANILLECREME

1. Kirschen abtropfen lassen, mit Rum beträufeln und ca. 10 Minuten ziehen lassen. Zucker in einer Pfanne schmelzen lassen. Kirschen hineingeben und unter Rühren kandieren.

2. Quark mit Joghurt, Milch und Vanillezucker verrühren. Vanilleschote längs aufschlitzen, Mark mit einem Messer herauskratzen und unterrühren. Kandierte Kirschen mit Vanillecreme servieren.

Zubereitungszeit: ca. 20 Minuten
Marinierzeit: ca. 10 Minuten
Garzeit: ca. 10 Minuten

Für 4 Personen:

FÜR DIE KANDIERTEN KIRSCHEN:

400 g Kirschen (Konserve ohne Zucker)
1 kleines Glas Rum (20 ml)
5 EL Zucker

FÜR DIE VANILLECREME:

225 g Magerquark
250 g fettarmer Joghurt
60 ml fettarme Milch
1 EL Vanillezucker
1 Vanilleschote

Pro Person: 3,5 POINTS

GRIESS-SCHNITTEN MIT GEEISTER FRUCHTSAUCE

Für 4 Personen:

8 Aprikosen (Konserve ohne Zucker)
2 TL Halbfettmargarine
150 g Grieß
200 ml Aprikosensaft, ohne Zucker (Konserve)
7 Pistazien
einige Tropfen flüssiger Süßstoff
2 EL Zitronensaft
250 g Magermilch-Joghurt

1. Aprikosen abtropfen lassen, dabei Saft auffangen. Margarine in einem Topf erhitzen, Grieß zufügen und darin anschwitzen. Mit 200 ml Aprikosensaft und 500 ml Wasser ablöschen und zugedeckt ca. 15 Minuten quellen lassen.

2. Pistazien grob hacken, unter den Grieß rühren und mit Süßstoff abschmecken. Grieß ca. 1 cm dick auf eine Platte oder ein Backblech streichen, erkalten lassen und in Stücke schneiden.

3. Aprikosen würfeln und mit Zitronensaft pürieren. Joghurt unterrühren, in eine flache Form füllen und ca. 20 Minuten einfrieren. Fruchtsauce nochmals mit dem Pürierstab durcharbeiten und zu den Grießschnitten servieren.

Zubereitungszeit: ca. 20 Minuten
Garzeit: ca. 15 Minuten
Kühlzeit: ca. 20 Minuten

Pro Person: 3 POINTS

HIRSESCHMARREN MIT BEERENSAUCE

Für 4 Personen:

FÜR DEN HIRSESCHMARREN:
160 g Hirse
600 ml Wasser
3 Eier
1 Prise Salz
2 EL Mehl
3 EL Puderzucker
3 TL gehackte Walnüsse

FÜR DIE BEERENSAUCE:
600 g gemischte Beeren (TK)
2 TL Stärkemehl
2 EL Wasser
einige Tropfen flüssiger Süßstoff
Zimt
2 EL saure Sahne
einige Minzblätter

1. Hirse in Wasser nach Packungsanweisung ca. 25 Minuten garen. Eier trennen. Eigelb, Salz, Mehl, 2 Esslöffel Puderzucker und Walnüsse unter die Hirse ziehen. Masse kurz abkühlen lassen.

2. Für die Beerensauce Beeren auftauen lassen, in einen Topf geben und vorsichtig erhitzen. Stärkemehl mit Wasser anrühren, Beerensauce damit andicken und mit Süßstoff abschmecken.

3. Eiweiß steif schlagen und unter die Hirsemasse ziehen. Hirsemasse portionsweise in einer beschichteten Pfanne backen, wenden, mit einer Gabel zerkleinern und goldbraun backen.

4. Hirseschmarren und Beerensauce auf Tellern anrichten. Hirseschmarren mit restlichem Puderzucker und Zimt bestreuen. Saure Sahne cremig rühren, tropfenweise in die Beerensauce geben, mit einem Zahnstocher verzieren und mit Minze garniert servieren.

Zubereitungszeit: ca. 20 Minuten
Garzeit: ca. 25 Minuten
Backzeit: ca. 15 Minuten

Pro Person: 5,5 POINTS

ORANGEN-SCHOKO-PLÄTZCHEN

1. Puderzucker, Salz und Margarine cremig rühren. Ei, Orangensaft und Orangenschale mit Vollkornmehl, Mehl, Mandeln und Schokoladenstreuseln unterkneten und Teig in Klarsichtfolie gewickelt ca. 1 Stunde kühl stellen.

2. Teig dünn ausrollen, Plätzchen ausstechen, auf ein mit Back-Folie belegtes Backblech legen und im vorgeheizten Backofen bei 175 Grad (Gas: Stufe 2) ca. 15 Minuten backen.

Zubereitungszeit: ca. 20 Minuten
Ruhezeit: ca. 1 Stunde
Backzeit: ca. 15 Minuten

Für 50 Stück:

90 g Puderzucker
1 Prise Salz
160 g Halbfettmargarine
1 Ei
100 ml Orangensaft, ohne Zucker
abgeriebene Schale einer unbehandelten Orange
140 g Weizenvollkornmehl
160 g Mehl
2 TL gemahlene Mandeln
½ Packung Schokoladenstreusel (100 g)

Pro Stück: 1 POINT

DAMPFNUDELN MIT APFELFÜLLUNG

Für 9 Stück:

340 g Mehl
1 Würfel Hefe
250 ml warme fettarme Milch
2 EL Zucker
1 Prise Salz
2 Äpfel
1 TL Zitronensaft
½ TL Zimt
400 ml Apfelsaft, ohne Zucker
2 TL Halbfettmargarine
2 EL Vanille-Pudding-Pulver
250 ml fettarme Milch
einige Tropfen flüssiger Süßstoff

1. Mehl in eine Schüssel geben, in die Mitte eine Mulde schieben, Hefe hineinbröckeln und mit Milch, Zucker und Salz zu einem Vorteig anrühren. Vorteig zugedeckt ca. 15 Minuten gehen lassen. Den Teig glatt verkneten und weitere 30 Minuten gehen lassen.

2. Äpfel würfeln, mit Zitronensaft und Zimt vermengen. Teig in 9 Portionen teilen, zu Kugeln formen und jeweils etwas Apfelfüllung hineingeben. Dampfnudeln in eine hohe Auflaufform setzen, Apfelsaft angießen und mit zerlassener Margarine bestreichen. Dampfnudeln im vorgeheizten Backofen bei 175 Grad (Gas: Stufe 2) ca. 35 Minuten backen.

3. Puddingpulver mit etwas Milch anrühren. Restliche Milch erhitzen, angerührtes Puddingpulver einrühren und aufkochen lassen. Vanillesauce mit Süßstoff abschmecken und zu den Dampfnudeln servieren.

Zubereitungszeit: ca. 30 Minuten
Ruhezeit: ca. 45 Minuten
Garzeit: ca. 40 Minuten

Pro Stück: 3 POINTS

MANDEL-ORANGEN-HÄUFCHEN

Für 60 Stück:

125 g fettarme Milch
90 g gemahlene Mandeln
90 g gehackte Mandeln
140 g zarte Haferflocken
150 g Honig
Salz
1 TL Zimt
20 ml Orangenlikör
30 Stück geschälte ganze Mandeln
60 Backoblaten (5 cm Ø)

1. Milch, Mandeln, Haferflocken, Honig und 1 Prise Salz verrühren, in einen Topf geben und ca. 8–10 Minuten hellbraun karamellisieren lassen. Zimt und Orangenlikör unterrühren.

2. Masse 30 Minuten kühl stellen und Mandeln halbieren. Mit 2 Teelöffeln kleine Haufen auf Backoblaten geben und mit je einer halben Mandel verzieren. Backoblaten auf ein Backblech setzen und im vorgeheizten Backofen auf der mittleren Schiene bei 180 Grad (Gas: Stufe 2, Umluft: 160 Grad) ca. 15 Minuten backen.

Zubereitungszeit: ca. 25 Minuten
Kühlzeit: ca. 30 Minuten
Backzeit: ca. 15 Minuten

Pro Stück: 1 POINT

KIRSCH-MOHN-KUCHEN

1. Margarine mit Zucker und Vanillemark cremig rühren. Eier einzeln unterrühren. Mehl und Backpulver mischen, sieben und unterheben. Zuletzt Mohnback unter den Teig mengen.

2. Teig auf ein mit Back-Folie ausgelegtes Backblech streichen. Kirschen entkernen, Teig damit belegen und im vorgeheizten Backofen auf der mittleren Schiene bei 180 Grad (Gas: Stufe 1, Umluft: 160 Grad) ca. 45 Minuten backen. Den fertigen Kirsch-Mohn-Kuchen mit etwas Puderzucker bestäubt servieren.

Zubereitungszeit: ca. 25 Minuten
Backzeit: ca. 45 Minuten

Für 12 Stücke:

140 g Halbfettmargarine
60 g Zucker
Mark von 1 Vanilleschote
2 Eier
280 g Mehl
1 EL Backpulver
125 g Mohnback
1400 g Sauerkirschen (ersatzweise Konserve ohne Zucker)
2 EL Puderzucker

Pro Stück: 5 POINTS

HÖRNCHEN MIT NUSSFÜLLUNG

Für 12 Stück:

FÜR DIE FÜLLUNG:
1 Packung TK-Hefeteig à 450 g (z.B. von Koopmans)
5 TL Sonnenblumenkerne
100 g geriebene Haselnüsse
45 g Zucker
Mark von 1 Vanilleschote
3 EL fettarme Milch

FÜR DEN GUSS:
45 g Puderzucker
2 EL Zitronensaft

Pro Stück: 4,5 POINTS

1. Hefeteig nach Packungsanweisung auftauen, kneten und gehen lassen. Teig dünn ausrollen und zu 12 Quadraten schneiden. Sonnenblumenkerne in einer Küchenmaschine fein zermahlen. Nüsse, Sonnenblumenkerne, Zucker, Vanillemark und Milch vermischen. Nuss-Masse auf die Quadrate streichen und diese von einer Ecke her aufrollen.

2. Hörnchen auf ein mit Back-Folie ausgelegtes Backblech legen und im vorgeheizten Backofen auf der mittleren Schiene bei 180 Grad (Gas: Stufe 2, Umluft: 160 Grad) ca. 20 Minuten backen. Hörnchen auskühlen lassen. Puderzucker mit Zitronensaft glatt rühren und Hörnchen damit verzieren.

Zubereitungszeit: ca. 25 Minuten
Backzeit: ca. 20 Minuten

Sonnenblumenkerne sind die Kerne der Sonnenblume aus der Familie der Korbblütler. Die Blume stammt aus Amerika, vermutlich aus Mexiko oder Peru. Sonnenblumenkerne wurden bereits vor mehr als 5000 Jahren von den Indianern genutzt. 1569 wurde die Sonnenblume nach Spanien gebracht und war schon um 1600 in ganz Europa bekannt. Die kegelförmigen Kerne haben einen milden, nussartigen Geschmack. Typisch für die Sonnenblumenkerne ist die weiße, schwarze oder weißschwarz gestreifte Färbung und das leichte Gewicht. Sie sind eine klassische Ölsaat, die vor allem zur Erzeugung von hochwertigem Speiseöl dient. Sonnenblumenkerne spielen in der Vollwerternährung als leckere Zutat in Müsli und Backwaren eine besondere Rolle. In Russland und Polen sind Sonnenblumenkerne als Knabberware sehr beliebt. Sie werden im Handel mit und ohne Schale, geröstet, gesalzen oder ungesalzen angeboten.

FRUCHTIGE NUSSECKEN

Für 24 Stücke:

FÜR DEN TEIG:
360 g Mehl
50 g gemahlene Haselnüsse
1 TL Backpulver
120 g Zucker
Mark von 1 Vanilleschote
2 Eier
140 g Halbfettmargarine

FÜR DEN BELAG:
4 EL Aprikosenmarmelade
120 g gehackte Mandeln
100 g gehackte Haselnüsse
200 g getrocknete Aprikosen
80 g Honig
100 g Halbfettmargarine

1. 340 g Mehl, Haselnüsse, Backpulver, Zucker, die Hälfte des Vanillemarks, Eier und Margarine zu einem Mürbeteig verkneten, 30 Minuten kalt stellen, mit restlichem Mehl ausrollen und auf ein mit Back-Folie ausgelegtes Backblech geben. Teig mit Aprikosenmarmelade bestreichen.

2. Mandeln und Haselnüsse in einer beschichten Pfanne fettfrei goldgelb rösten. Aprikosen in feine Würfel schneiden. Restliches Vanillemark, Honig, Aprikosen, Nüsse und Margarine verrühren. Nuss-Masse auf den Mürbeteig geben, im vorgeheizten Backofen auf der mittleren Schiene bei 160 Grad (Gas: Stufe 1, Umluft: 140 Grad) ca. 25 Minuten abbacken, auskühlen lassen und in Dreiecke schneiden.

Zubereitungszeit: ca. 25 Minuten
Kühlzeit: ca. 30 Minuten
Backzeit: ca. 25 Minuten

Pro Stück: 5 POINTS

HASELNUSS-STANGEN

1. Margarine, Zucker, Vanillemark und Ei schaumig schlagen, Haselnüsse, Mehl, Backpulver und Stärkemehl mischen, unterheben und alles zu einem geschmeidigen Teig verkneten. Teig ca. 1 Stunde kühl stellen.

2. Teig zu bleistiftdicken Stangen ausrollen, in 60 ca. 4 cm lange Stücke schneiden, Milch und Eigelb verquirlen und Haselnussstangen damit bestreichen. Plätzchen auf ein mit Back-Folie ausgelegtes Backblech legen und im vorgeheizten Backofen auf der mittleren Schiene bei 180 Grad (Gas: Stufe 2, Umluft: 160 Grad) ca. 15 Minuten backen.

Zubereitungszeit: ca. 30 Minuten
Kühlzeit: ca. 1 Stunde
Backzeit: ca. 15 Minuten

Für 60 Stück:

FÜR DEN TEIG:
160 g Halbfettmargarine
90 g Zucker
Mark von 2 Vanilleschote
1 Ei
100 g gemahlene Haselnüsse
210 g Mehl
1 gestrichener TL Backpulver
80 g Stärkemehl

FÜR DEN GUSS:
3 EL fettarme Milch
1 Eigelb

Pro Stück: 1 POINT

BUNTE WALDBEEREN-SCHNITTE

Für 20 Stücke:

FÜR DEN TEIG:
6 Eier
150 g Zucker
180 g Weizenvollkornmehl
1 TL Backpulver

FÜR DEN BELAG:
8 Blatt weiße Gelatine
4 Blatt rote Gelatine
200 ml Johannisbeersaft, ohne Zucker
30 ml Mineralwasser
1 EL Vanillezucker
525 g Magerquark
einige Tropfen flüssiger Süßstoff
1 kg Waldbeeren (TK)

1. Eier trennen. Eigelb mit Zucker und 3 Esslöffeln lauwarmem Wasser dickschaumig schlagen. Mehl mit Backpulver vermischen und darüber sieben. Eiweiß sehr steif schlagen und vorsichtig unterheben.

2. Teig auf ein mit Back-Folie ausgelegtes Backblech streichen und im vorgeheizten Backofen auf der mittleren Schiene bei 220 Grad (Gas: Stufe 3, Umluft: 200 Grad) ca. 10 Minuten backen. Teigplatte sofort auf ein Küchentuch stürzen und Back-Folie vorsichtig abziehen.

3. Teigplatte wieder auf das Backblech legen. Gelatine nach Packungsanweisung einweichen, ausdrücken und auflösen, mit Johannisbeersaft, Mineralwasser und Vanillezucker vermischen, etwas andicken lassen. Quark unterziehen und mit Süßstoff abschmecken. Creme auf die Biskuitplatte streichen und ca. 1 Stunde kalt stellen. Beeren auftauen lassen und auf der Creme verteilen.

Zubereitungszeit: ca. 35 Minuten
Kühlzeit: ca. 1 Stunde
Backzeit: ca. 10 Minuten

Pro Stück: 2 POINTS

ALTDEUTSCHER OBSTKUCHEN

Für 12 Stücke:

FÜR DEN TEIG:
120 g Halbfettmargarine
120 g Zucker
Mark von 1 Vanilleschote
abgeriebene Schale von
1 unbehandelten Orange
4 Eier
190 g Mehl
200 g Stärkemehl
2 TL Backpulver
3 EL fettarme Milch

FÜR DEN BELAG:
500 g Pflaumen
(ersatzweise Konserve
ohne Zucker)
500 g Äpfel (z.B. Boskop)
½ TL Zimt
1 EL Zucker

1. Margarine, Zucker, Vanillemark und Orangenschale schaumig rühren. Eier einzeln zugeben und verrühren. Mehl, Stärkemehl und Backpulver mischen, sieben, nach und nach unterziehen. Milch hinzufügen, bis der Teig schwer reißend vom Löffel fällt und dann gleichmäßig auf ein mit Back-Folie ausgelegtes Backblech streichen.

2. Pflaumen entsteinen und halbieren, Äpfel entkernen, in Spalten schneiden und mit beidem den Teig belegen. Zimt und Zucker mischen und darüber streuen. Obstkuchen im vorgeheizten Backofen auf der mittleren Schiene bei 180 Grad (Gas: Stufe 2, Umluft: 160 Grad) ca. 35 Minuten backen.

Zubereitungszeit: ca. 30 Minuten
Backzeit: ca. 35 Minuten

Pro Stück: 4,5 POINTS

MAKRONEN

Für 35 Stück:

85 g Kokosnussraspeln
2 Eiweiß
145 g Zucker
1 TL Zimt
einige Tropfen Mandelbacköl
40 g gemahlene Haselnüsse
35 Backoblaten

1. Kokosnussraspeln auf ein mit Back-Folie belegtes Backblech verteilen, im Backofen bei 150 Grad (Gas: Stufe 1) ca. 5 Minuten leicht anrösten und erkalten lassen.

2. Eiweiß steif schlagen. Zucker einrieseln lassen und so lange schlagen, bis sich der Zucker gelöst hat. Zimt und Backöl unterschlagen, Kokosnussraspeln und Haselnüsse vorsichtig unter den Eischnee ziehen.

3. Mit Hilfe von 2 Teelöffeln kleine Makronen auf die Backoblaten geben, auf ein mit Back-Folie ausgelegtes Backblech setzen und im vorgeheizten Backofen bei 175 Grad (Gas: Stufe 2) ca. 20 Minuten backen.

Zubereitungszeit: ca. 20 Minuten
Backzeit: ca. 25 Minuten

Pro Stück: 1 POINT

Frische für Qualität
Makronen sind typische Eiweißgebäcke. Damit sie bestens gelingen, müssen die Eier ganz frisch sein. Beim Aufschlagen ist frisches Eiweiß ganz klar und hat eine gelartige Konsistenz.

Ein einfacher Trick:
Ei in ein großes Glas mit Wasser tauchen. Nur, wenn das Ei ganz bis auf den Boden sinkt und nicht schwebt oder gar an die Oberfläche kommt, ist es superfrisch.

GLÜHWEIN-GEWÜRZKUCHEN

1. Früchtetee mit Glühweingewürz aufkochen und erkalten lassen. Margarine mit Zucker, Süßstoff und Vanillezucker schaumig rühren und nach und nach die Eier unterrühren. Vollkornmehl, Mehl und Backpulver mischen und mit den Schokoladenstreuseln unter den Teig rühren. Vom Glühweintee 2 Esslöffel für die Dekoration abnehmen und den Rest unter den Teig mischen.

2. Eine Kastenform (Länge 26 cm) mit Back-Folie auslegen, Teig einfüllen und im vorgeheizten Backofen bei 200 Grad (Gas: Stufe 3) ca. 60 Minuten backen, in der Form abkühlen lassen und stürzen. Restlichen Glühweintee mit Puderzucker vermischen, in einen kleinen Gefrierbeutel füllen, eine Ecke abschneiden und den Kuchen damit verzieren.

Zubereitungszeit: ca. 20 Minuten
Backzeit: ca. 60 Minuten

Für 20 Stücke:

100 ml Früchtetee
1 TL Glühweingewürz
160 g Halbfettmargarine
165 g Zucker
einige Tropfen flüssiger Süßstoff
1 TL Vanillezucker
4 Eier
150 g Weizenvollkornmehl
140 g Mehl
2 TL Backpulver
100 g Schokoladenstreusel
2 EL Puderzucker

Pro Stück: 3 POINTS

ZITRONEN-KEKSE

Für 40 Stück:

FÜR DEN TEIG:
140 g Stärkemehl
140 g Mehl
90 g Zucker
1 Ei
100 g Halbfettmargarine
1 TL Zitronensaft
½ TL Zitronen-Aroma

FÜR DEN GUSS:
120 g Puderzucker
3 EL Zitronensaft

1. Stärkemehl, Mehl und Zucker in eine Schüssel geben. In die Mitte eine Vertiefung schieben und das Ei hineingeben. Margarine in Flöckchen, Zitronensaft und Zitronen-Aroma hinzufügen, verkneten und ca. 30 Minuten kalt stellen.

2. Teig dünn ausrollen, nach Belieben Formen ausstechen. Plätzchen auf ein mit Back-Folie ausgelegtes Backblech setzen und im vorgeheizten Backofen auf der mittleren Schiene bei 180 Grad (Gas: Stufe 2, Umluft: 160 Grad) ca. 15 Minuten backen. Zitronenkekse auskühlen lassen. Puderzucker mit Zitronensaft glatt rühren und fertige Plätzchen damit verzieren.

Zubereitungszeit: ca. 25 Minuten
Kühlzeit: ca. 30 Minuten
Backzeit: ca. 15 Minuten

Pro Stück: 1 POINT

REZEPT-REGISTER

für beide Bände

ALPHABETISCHES REZEPTREGISTER

A

B

C

D

E

F

G

H

I

J

K

L

M

N

O

P

Q

R

S

T

U

V

W

Z

REZEPTREGISTER NACH POINTS

0 Points

0,5 Points

1 Point

1,5 Points

2 Points

2,5 Points

3 Points

3,5 Points

4 Points

4,5 Points

5 Points

5,5 Points

6 Points

6,5 Points

7 Points

7,5 Points

8 Points

8,5 Points